임동석중국사상100

한비자

韓非子

韓非 撰 / 林東錫 譯註

〈韓非子〉

象犀珠玉怪珍之物，有悦於人之耳目而不適於用。金石草木絲麻五穀六材，有適於用而用之則弊，取之則竭。悦於人之耳目而適於用，用之而不弊，取之而不竭，賢不肖之所得，各因其才，仁智之所見，各隨其分，而求無不獲者，惟書乎！

丁亥菊秋錄東坡李氏山房藏書記　丘堂呂元九

"상아, 물소 뿔, 진주, 옥. 진괴한 이런 물건들은 사람의 이목은 즐겁게 하지만 쓰임에는 적절하지 않다. 그런가 하면 금석이나 초목, 실, 삼베, 오곡, 육재는 쓰임에는 적절하나 이를 사용하면 닳아지고 취하면 고갈된다. 그렇다면 사람의 이목을 즐겁게 하면서 이를 사용하기에도 적절하며, 써도 닳지 아니하고 취하여도 고갈되지 않고, 똑똑한 자나 불초한 자라도 그를 통해 얻는 바가 각기 그 자신의 재능에 따라주고, 어진 사람이나 지혜로운 사람이나 그를 통해 보는 바가 각기 그 자신의 분수에 따라주되 무엇이든지 구하여 얻지 못할 것이 없는 것은 오직 책뿐이로다!"

《소동파전집》(34) 〈이씨산방장서기〉에서 구당(丘堂) 여원구(呂元九) 선생의 글씨

책머리에

이 책의 역주를 마치고 나서 '한비는 천재'라는 느낌으로 표현하고 싶다. '인간을 부리는(驅使) 방법'에서 말이다. '그 당시 어쩌면 이런 생각을 했을까' 그 발상에 놀라움을 금치 못하고 있다. 더구나 잔인殘忍할 정도의 관점에서 통치를 보는 눈은, 오늘 같은 법치 시대가 결국 출발이 그런 것이었나 할 만큼 두려움까지 앞선다. 말더듬이 한비는 그러한 사상을 언변으로 내놓기 어려우니 글쓰기에 매달렸을 것이다. 그 글은 정말 대단하고 충격적이다.

한비의 사상은 '성악설'에 기초를 두고 있다. 이익이 없이는 그 어떤 일도 시킬 수 없으며, 사람은 이익만을 위해 일을 한다는 대전제는 지금 이 시대의 현실을 보는 것만 같다. 부모자식 사이에도 강제와 이익이 없이는 움직이게 할 수 없다는 극단적 기준을 세우고 있는데 이해타산으로 맺어진 임금과 신하 사이에 무슨 인간적 호소가 필요하겠는가? 나아가 지배를 받는 백성이 어찌 지배자의 은덕이라는 기준에 의해서 움직이겠는가? 그러니 힘이 필요하고 칼이 필요하고 공포가 필요한 것이다. 그것을 직접 쓰면 폭군이요 악인이 되는 것이니 법이라는 거창한 그물을 만들어 명분으로 하되 위세와 권력, 나아가 생사여탈권을 그대로 집행할 수 있는 칼자루까지 쥐고 통치해야 한다는 주장이다. 따라서 자신의 말대로 움직였고 나아가 그로 인해 공적을 이루었다면 반드시 상을 내려야 하며, 이 두 가지가 병행될 때만이 군주는 그 자리를 잃지 않게 된다는 뜻이다.

인간이 너무 영악해졌다는 전제가 깔려 있다. "나라에 정책이 있으면 개인에게는 대책이 있다"고 자신하는 피지배자들에게, 유가에서 말하는 인의도덕

따위는 허울 좋은 하소연일 뿐 아무런 효과를 발휘할 수 없다고 하였다.

　유가나 법가가 언필칭 들먹이는 법고法古는 앞으로만 흐르도록 되어 있는 시간의 논리에 전혀 맞지 않으며 다가올 미래밖에 없는 시간에서 창신創新만이 그 줄에서 떨어지지 않을 수 있는 절대적 가치라고 보는 것이다. 그 창신이 바로 법치요, 술수요, 궤휼詭譎이며 권병權柄이라는 것이다.

　도가는 그 밑바탕에 세상의 네거티브 요소, 즉 결여성缺如性을 깔고 고차원적인 논리로 우리를 수긍하게 하는 맛이 있다. 그러한 도가에 근원을 두고 있는 법가는 이를 직접 실행에 옮기도록 강요하면서 효율의 극대화를 꾀하는 행동대원인 셈이다.

　그 때문에 뒷사람들은 "도가·황로술·법가 셋은 모두가 같은 뿌리로서 한결같이 '인忍'이라는 대원칙에서 출발하였으나 그 '인'의 갈래가 다를 뿐이다. 그리하여 '인내忍耐'의 길을 터득한 자들은 노장老莊의 학술로 발전하였고, '은인隱忍'의 방법을 터득한 자들은 황로술의 일파로 흘렀으며, '잔인殘忍'으로 변질된 원리를 터득한 자들은 한비와 같은 법술法術로 변화하였다" 이르는 것이리라.

　이 때문에 법가의 유가나 묵가는 마치 전쟁터에서 적군에게 인의를 부르짖는 것과 같으며 사람은 싸움을 싫어하지만 피할 수 없는 싸움이라면 어떤 술수를 써서라도 이기는 것이 옳다는 것이다. 이러한 논리를 한비는 아주 뚜렷하게 분석하고 있다. 그리고 이런 논리체계를 군주의 통치에 두어 그 때문에 그의 이론을 '군주론'이라 한다. 그러나 군주만을 위한 것이 아니다. 만물의 원리를 그에 맞추어보면 어디에나 잘 맞다. 다만 소은少恩이라는 것에 대한 당송 이래 많은 문인, 나아가 유가를 신봉하는 이들은 격렬하게 이를 비판하고 나섰지만 이는 단장취의斷章取義한 것일 뿐이다. 시대가 바뀌면 일을 처리하는 방법도 달라야 한다. 전국시대 그 난마 같은 정세, 참혹한 생존 속에 어찌 인의도덕만 외우며 참고 또 참고 꿇어앉아만 있을 수 있겠는가?

물론 파괴적인 삶만을 강요한 것은 아니다. 뒤집어보면 해결책이 있다는 주장이다. 뒤집어보려고도 하지 않는 세태를 안타까워한 것이리라.

자! 이제 한비의 논리가 어떤 것인지 차분히 일독해 보기를 권한다. 그리하여 도리어 사람에 따라서는 반면교사의 지혜도 얻을 수 있으며 처세의 바른 길을 터득할 수도 있으리라. 고전은 큰 저수지와 같다. 그 물을 쓰는 자, 그리고 그 물을 뜨러 나선 자의 그릇의 크기, 나아가 왜 그 물이 필요한지에 따라 얻는 소득과 효용, 떠가는 양이 저마다 다르리라.

莎浦 林東錫이 負郭齋에서 적다

일러두기

1. 이 책은 《韓非子集解》(王先愼, 新編諸子集成本, 中華書局 2010 北京)와 《韓非子集釋》(陳奇猷. 河洛圖書出版社 1974 臺北)을 저본으로 하여 전체를 완역한 것이다.

2. 현대 백화어 역주본도 수집하여 참고하였으며 큰 도움을 받았다. 특히 《韓非子今註今譯》(邵增樺 臺灣商務印書館 1995 臺北)과 《韓非子全譯》(張覺 貴州人民出版社 1992 貴陽) 등은 구체적인 주석이 세밀하여 번역에 많은 참고가 되었음을 밝힌다.

3. 총 762장으로 나누었으나 이는 절대적인 것이 아니며 필자가 임의로 나눈 것이다. 아울러 매 장마다 일련번호를 매기고 괄호 안에 해당 편별 번호도 제시하여 찾아보기 쉽도록 하였다.

4. 각 편별로 전면에 간단한 해제를 실어 이해에 도움이 되도록 하였다.

5. 각 장마다 제목을 달았으나 이는 그 장의 전체를 아우를 수 있는 것은 아니며 필자가 임의로 작성하여 읽기 편하도록 한 것일 뿐이다.

6. 해석은 되도록 직역을 위주로 하였으나 일부 의역한 곳도 있다.

7. 한글 번역을 먼저 싣고 원문을 제시하였으며 원문은 줄바꾸기 등을 통하여 시각적으로 잘 통하도록 구성하였고, 문장 부호는 중국 현대 표점법을 따랐다.

8. 주석은 인명, 지명, 사건명, 역사 내용 등을 위주로 하되 이미 거론한 표제어도 반복하여 실었으며 이는 읽는 이로 하여금 다시 찾는 번거로움을 피하기 위한 것이다.

9. 매 장마다 여러 전적에 전재되거나 혹 이미 실려 있는 고사, 문장, 내용 등은 여러 사서史書 및 제자서諸子書, 유서類書 등에서 일일이 찾아내어 해당 부분 끄트머리 「참고 및 관련 자료」 난에 실어 대조와 연구에

도움이 되도록 하였다.

10. 부록으로 서발序跋 등《韓非子》관련 자료를 되도록 모두 찾아 실어 연구에 도움이 될 수 있게 하였다.

11. 해제에는 전국시대 법가의 개황과 한비자의 인물됨, 서적의 교주 상황 등을 실어 이해에 도움이 되도록 하였다.

12. 이 책의 역주에 참고한 문헌은 대략 다음과 같다.

❋ 참고문헌

1. 《韓非子集解》淸, 王先愼(撰) 鍾哲(點校) 新編諸子集成 中華書局(活字本) 2010 北京

2. 《韓非子集解》淸, 王先愼(撰) 新編諸子集成 世界書局(活字本) 1978 臺北

3. 《韓非子集釋》陳奇猷(校注) 河洛圖書出版社 1974 臺北 臺灣

4. 《韓非子》四庫全書(文淵閣本) 子部 法家類 臺灣商務印書館 印本 臺北 臺灣

5. 《韓非子》四部叢刊(本) 初編 子部

6. 《韓非子今註今譯》(上下) 邵增樺(註譯) 臺灣商務印書館 1995 臺北 臺灣

7. 《韓非子全譯》(上下) 張覺(譯注) 貴州人民出版社 1992 貴州 貴陽

8. 《韓非子》(上下) 〈漢籍國字解全書(本)〉 早稻田大學出版部 明治 44년(1911) 東京

9. 《韓非子》百子全書(本) 岳麓書社 1993 湖南 長沙

10. 《韓非子集釋》續修四庫全書本

11. 《春秋左傳注》楊伯峻(編) 中華書局 2009 北京

12. 《戰國策》林東錫(譯註) 東西文化社 2010 서울

13. 《老子》林東錫(譯註) 東西文化史 2010 서울

14. 《諸子平議》(俞樾) 新編諸子集成 世界書局(活字本) 1978 臺灣 臺北

15. 《群書治要》唐, 魏徵(等) 四部叢刊本

16. 《北堂書鈔》唐, 虞世南(等) 學苑出版社(印本) 1998 北京

17. 《意林》唐, 馬總(撰) 四部備要本

18. 《初學記》唐, 徐堅(等) 鼎文書局(活字本) 1976 臺北

19. 《藝文類聚》唐, 歐陽詢(等) 文光出版社(印本) 1977 臺北

20. 《白孔六帖》唐, 白居易(編) 四庫全書本

21. 《太平御覽》宋, 李昉(等) 中華書局(印本) 1995 北京

22. 《事類賦》宋, 吳淑 廣陵古籍刻印社(印本) 1989 揚州 江蘇

23. 《老子》林東錫(譯註) 東西文化史 2010 서울

24. 《商君書解詁》朱師轍 鼎文書局 1979 臺北

25. 《史記》,《漢書》등 二十五史 鼎文書局(活字本) 臺北

26. 《尚書》,《詩經》,《周易》,《禮記》,《公羊傳》,《穀梁傳》,《管子》,《墨子》,
    《莊子》,《列子》,《愼子》,《公孫龍子》,《吳越春秋》,《越絶書》,《國語》,
    《韓詩外傳》,《說苑》,《新序》,《晏子春秋》,《論衡》,《淮南子》,《呂氏春秋》,
    《孫子》,《吳子》등

27. 기타 工具書는 기재를 생략함.

해제

I. 先秦諸子學과 法家

1. 戰國시대 諸子學

서주西周 말 유왕幽王 때에 이르러 포사襃姒로 인해 신후申侯와 서융西戎의
난이 일어나고 이에 나라가 망하자 태자 宜臼(東周 平王)가 洛邑으로 도읍을
옮겨 다시 주나라를 일으켜 동주東周가 되면서 왕실의 위세는 급격히 저하
되었고, 제후들 또한 패권 다툼에 여념이 없는 시대로 변질되고 말았다.
추상적이며 형식적이었던 예禮에 의해 소위 '봉건제封建制'라는 주나라 특유의
제도는 무너지고 오로지 힘에 의해 천하 질서가 겨우 유지되던 시기가 되었
던 것이다. 그리하여 천하 권력은 제후 가운데 힘이 센 자에 의해 강압적
으로 국제 질서를 이끌어가던 '패자霸者'에게 주어지게 되었고, 이 또한
불안전한 변화를 겪었지만 그나마 기치旗幟는 '존왕양이尊王攘夷'를 내걸었었
으며, 중원中原의 제후국들은 명분도 지켜 '公'을 칭하기는 하였으나 이미
무너진 예교禮敎는 필연적 시대 변화에 따라 돌이킬 수 없게 되었다.

이를 한탄한 공자孔子가 '예교 회복'의 구호를 외치며 육경六經을 정리하고
주유천하의 길에 나섰으나 대세는 이미 기울고 만 상황이었다. 이에 난신
적자亂臣賊子를 가려 포폄襃貶과 미언대의微言大義를 기준으로 《춘추春秋》를
저술하는 작업으로 생을 마치게 되었고, 이 기간, 즉 노魯 은공(隱公, B.C.722)
원년부터 애공哀公 17년(B.C.478)까지 242년간을 역사적으로는 속칭 '춘추
시대'라 일컫게 되었다.

그러나 춘추 말에 이르러 각 제후국조차 경卿, 대부大夫들이 각기 자신들의 군주를 시해하고 왕권을 찬탈하며 이웃 약소국을 겸병하여 격심한 투쟁의 길로 들어서게 된다. 즉 중원의 진晉나라는 육경六卿의 발호 끝에 결국 삼진(三晉: 韓, 魏, 趙)으로 쪼개지고, 노魯나라는 삼환三桓, 송宋나라는 대씨戴氏의 난, 제齊나라는 진씨(陳氏, 田氏)의 찬탈 등을 거쳤으며, 그 밖에 소국들도 내부 혼란과 강대국의 공격을 견뎌내지 못하고 결국 역사 속으로 사라지면서, 남은 일곱 나라를 중심으로 국제 정세가 판도를 확정한 소위 전국칠웅戰國七雄의 시대가 진시황秦始皇의 천하통일 때까지 이어진다. 이 시기에 종주국 주나라는 아무런 실권은 물론 명분조차도 없는 존재로 전락하였고, 제후국들은 누구나 '王'을 참칭하며 심지어 한때 제帝를 칭하고자 국제 관계에서 명분 싸움의 알력까지 벌인 경우도 있었다.

이 시대의 기록은 유향劉向이 정리한 《전국책戰國策》에 자세히 나타나 있어 역사적으로 흔히 '전국시대'라 부른다. 따라서 동주의 전반기는 '춘추', 후반기는 '전국'시대인 셈이다.

특히 전국시대는 미증유의 치열한 전쟁과 복잡한 국제 관계, 온갖 사기와 궤휼詭譎이 난무하는 '상상할 수 있는 모든 일이 실제로 있었던' 시대였다.

이처럼 나라는 물론 개인들조차 온갖 참혹한 고통에 시달리자 선각자들은 저마다 자신들의 철학을 내세워 어떻게 하든 그러한 국면은 해결되어야 하고 인간을 그러한 질곡에서 구제해야 한다는 사명을 가지고 나서게 되었다. 이들은 집단을 이루어 자신들의 주의주장을 널리 알리기도 하고 제후 왕들을 찾아다니며 유세를 하기도 하였으며 도제徒弟들을 모아 교육과 실행에 온 힘을 기울이기도 하였다. 제자들은 그 스승을 '子'라 불렀으며 그들의 이론이나 언행을 기록하여 제목을 역시 '子'라 불렀다. 그 때문에 뒷날 이들의 학술을 흔히 '제자학諸子學', '선진제자학先秦諸子學'이라 한다. 이들 제자학은 중국 학술 분류의 '經史子集'에서 '子'에 해당하며 '文史哲'로 나눌 때는 철학에 속한다. 그러나 그 철학은 '순수철학'이라기보다 전국시대 특유의 국제 정세에 따른 천하관天下觀과 통치관統治觀을 나름대로 주창 主唱한 '정치철학'이며 예교까지 무너진 상황을 수습하고자 나선 규범정립의 사회철학이다.

한대漢代에 들어서서 유씨부자(劉向, 劉歆)에 의해 이러한 제자학을 유가儒家, 도가道家, 묵가墨家, 명가名家, 음양가陰陽家, 종횡가縱橫家, 법가法家, 소설가 小說家, 잡가雜家, 농가農家의 열 가지로 나누되 그중 농가는 정치적 주의주장 이 약하다고 보아 열 번째의 '家'라 하여 흔히 '구류십가九流十家'로 불렀다.

즉 예교와 인의를 숭상하여 요堯, 순舜, 우禹, 탕湯, 문文, 무武, 주공周公을 종지로 삼고 공자를 지성선사至聖先師로 모시고 맹자孟子, 순자荀子로 이어져 오늘날까지 중국은 물론 동양 사상의 근간을 이룬 것이 유가이며, 자연과 무위를 종지宗旨로 황제黃帝와 노자老子를 모시고 열어구列禦寇와 장주莊周 등이 이어받아 뒤에 종교로까지 발전한 것이 도가이다.

그리고 겸애兼愛와 각고刻苦, 애타적 평화만이 전국시대 혼란을 해결할 수 있다고 믿었던 부류가 묵적墨翟을 시작으로 한 묵가이며, 사물의 이름과 명분이 정확하기만 하면 정치도, 국제정세도 해결될 수 있다고 주장한 공손

룡자公孫龍子, 혜시惠施 등의 주장이 명가이며 이는 인명학因名學이나 나집학 (邏輯學, Logic)으로 발전하기도 하였다.

음양오행을 기본으로 한 천지 자연의 순환을 바탕으로 길흉화복을 내세워 난국타파의 길을 찾고자 했던 부류가 추연鄒衍을 중심으로 한 음양가이며, 국제정세가 서쪽 진나라와 산동육국山東六國의 대립관계로 변질되자 합종(合縱: 六國聯合)과 연횡(連橫: 각국 개별적으로 秦과 우호관계 조성)을 주장하여 외교가를 풍미했던 소진蘇秦과 장의張儀의 주장이 종횡가이다.

무엇보다 본업(農事)을 권장하여 생산량을 늘리고 경제정책이 바로서면 나라 사이에 분쟁도 없어진다는 주장을 편 것이 허행許行 등의 농가이며, 일반 백성의 여론을 수렴하여 이를 정책 결정에 적극 반영하여야 한다는 주장이 소설가이고, 이상의 모든 제자들 주장을 발췌하여 종합적으로 재구성하여 통치의 자료로 삼고자 한 것이 여불위呂不韋를 중심으로 한 잡가이다.

2. 법가(法家)

그러나 이상 여러 학설이나 주장은 그 어느 것도 '오로지 힘만이 정의' 였던 전국시대를 해결할 열쇠는 되지 못하였다. 예컨대 이것들이 개인 생활이나 통치, 수양과 우주관, 사물에 대한 인식론 등에 많은 영향은 미쳤다 할지라도 전국시대 국제정세를 해결하기에는 너무나 무력한 논리들 이었다. 더구나 현실적으로 눈앞에 닥친 난제, 죽고 사는 절박한 상황이 간단間斷없이 압박하고, 국파신망國破身亡의 변화가 나날이 벌어지고 있던 그 무렵, 공리허담空理虛談의 이론은 아무런 도움도 되지 못하였다.

이에 오로지 강력한 법으로써 무자비할 만큼 실행함으로써만이 통치를 이룰 수 있고 나아가 전국시대 국제정세 속에서 패자의 면모를 실천하며 끝내 천하통일까지 이룰 수 있다는 생각을 가진 급진적 개혁 사상을 가진 이들이 등장하게 된다. 인의도덕과 예교가 무너진 상태에서 더 이상 강제적 수단을 쓰지 않고는 그 어떤 일도 해낼 수 없다는 절박함과 이익에 의해 움직이는 인간 군상群像을 부릴 수 있는 것은 그 어떤 다른 인간적 호소로도 통하지 않는다는 인식이 팽배한 것이다. 법이란 치사治事의 준칙으로 만인에게 공리公理로 인정되기만 하면 통치, 법치의 정치도구로서 가장 강한 힘을 발휘한다고 믿은 것이다.

이러한 법을 빈틈없이 제정하고 사사로움 없이 적용, 평등을 추구하여 낭비요소를 없애며 효율성을 극대화하자는 중법(重法思想)이 바로 법가의 주장이었던 것이다. 그 때문에 사마담司馬談은 〈논육가요지論六家要旨〉에서 "法家嚴而少恩; 然其正君臣上下之分, 不可改矣"라 압축하여 정의를 내렸던 것이다.

이러한 법가 사상의 기원은 매우 일찍 시작되었다. 일반적으로 이 법가는 도가道家에서 비롯된 것으로 보고 있다. 즉 도가에서 '忍'이 분화되어 노장老莊은 '인내忍耐'로, 한대漢代의 황로술黃老術은 '은인隱忍'으로, 법가는 '잔인殘忍'으로 각기 갈 길을 달리했다는 것이다. 이에 대해 임윤林尹은 《中國學術思想大綱》에서 "皆基于忍之一道, 忍之流別不同. 於是得其'忍耐'之途者, 遂成爲'老莊'之學; 得其'隱忍'之方者, 乃流爲'黃老'一派; 得其'殘忍'之變者, 遂有韓非之法術"이라 하였다.

이 때문에 사마천도 《사기史記》에서 도가와 법가를 하나로 묶어 '老莊申韓列傳'으로 처리하였으며 아울러 "韓非者, 喜刑名法術之學, 而其歸本於黃老"라 하였던 것이다.

물론 그러한 법가의 이론은 춘추시대 제齊 환공桓公을 보필하여 패자로 만들었던 관중管仲으로부터 시작되었다. 즉 동주시대가 시작되면서 이미 예교가 무너져 패자의 시대가 되었기 때문이다. 그 뒤를 이어 이회李悝는 《법경法經》을 지어 본격적인 체계를 세우기 시작하였고, 상앙商鞅에 이르러서는 드디어 진나라에서 직접 법치를 실행해 보였으며, 한비에 이르러 대성을 이룬 것이다.

한편 이러한 법가 사상이 유독 진秦나라에서 성공을 거두게 된 이유는, 사회 변화의 기본 원리대로 법가 역시 중원 각국 중에서도 가운데 있는 위衛나라나 한韓나라로부터 싹이 텄지만 이들 나라에는 이미 각기 자신들의 토종 사상이 뿌리를 내리고 있었고, 기득권 세력과 수구 권신들의 반발로 빛을 볼 수가 없었다. 이에 도리어 지나친 급진 사상이라 배척을 받게 되자 그러한 반발이 전혀 없었던 무주공산無主空山의 진나라에서 마음놓고 자신들의 이론을 펼쳐 실행에 옮겨 볼 수 있었으며, 진나라 역시 이러한 통치 방법을 필요로 하고 있었다. 이로써 마침내 진나라로 하여금 천하통일의 대권을 이룰 수 있도록 해 주었던 것이다.

이러한 법가 사상은 《한서漢書》예문지藝文志에 "法家者流, 蓋出於理官. 信賞必罰, 以輔禮制. 《易》曰「先王以明罰飭法」, 此其所長也. 及刻者爲之,

則無敎化, 去仁愛, 專任刑法而欲以致治, 至於殘害至親, 傷恩薄厚"라 하여 그 장점과 폐단을 함께 논하고 있다.

따라서 마땅히 신상필벌信賞必罰로써 친소親疎나 귀천貴賤에 관계없이 법 앞에 일률평등一律平等이었으며, 효율의 극대화, 군주의 통치력 제고, 나아가 성악설性惡說에 바탕을 둔 강제성, 이익을 미끼로 한 유도, 공구恐懼를 무기로 구사驅使하는 방법이었다. 따라서 유가의 관점에서 송대에 이르도록 비판이 심했으나 결국 시대에 부응하여 혼란을 마무리 한 공의 일면도 없지 않다.

《한서》 예문지에 의하면 아래 목록에서 보듯이 그 무렵까지 법가 관련 전적은 다음과 같이 무려 10가家 217편篇이나 실려 있으며, 특히 《관자管子》 (管仲, 86편)는 도가의 유위파有爲派로 소속시켰으나 《수서隋書》 경적지經籍志 에는 법가로 보았으며 이제는 대체적으로 누구나 법가로 보고 있어 실제로는 11가에 201편이나 되는 셈이다.

《李子》三十二篇(名悝, 相魏文侯, 富國强兵).

《商君》二十九篇(名鞅, 姬姓, 衛后也, 相秦孝公, 有《列傳》).

《申子》六篇(名不害, 京人, 相韓昭侯, 終其身諸侯不敢侵韓).

《處子》九篇.

《愼子》四十二篇(名到, 先申, 韓, 申, 韓稱之).

《韓子》五十五篇(名非, 韓諸公子, 使秦, 李斯害而殺之).

《遊棣子》一篇.

《鼂錯》三十一篇.

《燕十事》十篇(不知作者).

《法家言》二篇(不知作者).

이상의 여러 법가는 그 주장과 주의에 따라 다시 5파로 분류하기도 한다.

(1) 첫째, 부강富强을 도모하고 실업實業을 장려하며 무용武勇을 권장한 이회李悝와 관중을 대표로 하는 상실파尙實派이다. 대표 저술로는 《관자》가 전하고 있으며 《사기》 관안열전管晏列傳을 참고할 수 있다.

(2) 둘째, 신상필벌과 엄격한 법치, 연좌법連坐法 등을 만들어 실질적인 통치에 적용한 상앙商鞅을 대표로 하는 상법파尙法派이다. 《상군서商君書》가 전하고 있으며 《사기》 상군열전을 참고할 수 있다.

(3) 셋째, 군주가 실권을 잃지 않도록 술術을 사용해야 하며 법집행의 중심을 군주에게 실어준 신불해申不害를 대표로 하는 상술파尙術派이다. 저술은 전하지 않으며 《사기》 노장신한열전을 참고할 수 있으며 《한서》 예문지에 《신자申子》가 저록되어 있었으나 전하지 않는다.

(4) 넷째, 군주는 위세威勢로써 그 위치를 지키되 법을 최대한 활용해야 한다고 여겨 '군주론君主論' 쪽으로 기울기 시작한 신도愼到를 대표로 하는 상세파尙勢派이다. 《한서》 예문지에 《신자愼子》 42편이 저록되어 있으나 지금은 사라지고 청대 엄가균嚴可均이 《群書治要》을 근거로 집일輯佚한 《愼子》7편가 있으며 전희조錢熙祚의 교정본이 〈제자집성諸子集成〉에 실려 있다.

(5) 다섯째, 법法과 술術을 중시하고 세勢와 이利를 채찍과 당근처럼 사용하여 절대 권위를 이루어야 한다는, 종합적 대작을 이룬 한비를 대표로 하는 대성파大成派이다. 한대漢代에는 《한자韓子》, 송대 이후에는 《韓非子》라 일컬었으며 55편 그대로 전하고 있다.

Ⅱ. 韓非(B.C.280~B.C.233)

1. 생애

　유물주의唯物主義 철학자이며 법가法家 대성파의 완성자이다. 그는 전국 말
한韓나라 서얼 공자이며 그의 아버지는 아마 한나라 이왕釐王이거나 환혜왕
桓惠王이었을 가능성이 있으나 구체적으로는 알 수 없다. 그는 전국말 가장
극심한 국제 정세와 특히 진秦나라의 세력이 곧 천하를 집어삼킬 시기에
태어났다. 그는 그러한 상황에서 앞서 법치를 주장했던 관중管仲, 자산子産,
오기吳起, 상앙商鞅 등의 주장이었던 형명법술刑名法術 이론에 심취하였고,
특히 신불해申不害가 자신의 조국 한나라 소후昭侯를 도와 치국강병을 이루
었던 시절을 역사적 교훈으로 삼고 싶어 하였다. 그리하여 뒤에 남쪽 초楚
나라에 가서 그 무렵 큰 스승이었던 순자荀卿에게 공부하였으며 그 무렵
초나라 출신 이사李斯와 함께 배웠던 것으로 알려져 있다. 이사는 한비에
비하여 훨씬 낮은 재능을 가지고 있었지만 곧바로 진나라로 들어가 여러
단계를 거쳐 높은 지위에 오르게 된다. 한비는 귀국하고 나서 여러 차례
한왕韓王에게 법치를 실행하여 부국강병을 이룰 것을 주장하였으나 한왕은
귀담아 듣지 않았다. 한비는 본래 말더듬이(口吃)로서 언담에는 자신이
없었고 게다가 그 무렵 권신들조차 그의 주장을 배척하던 터라 아예 글
로써 자신의 의견을 피력하고자 하였다. 그리하여 한비는 이미 〈고분孤憤〉,
〈오두五蠹〉, 〈내저설內儲說〉, 〈외저설外儲說〉, 〈세림說林〉, 〈세난說難〉 등 10여
만언萬言의 글을 저술하여 세상에 널리 퍼뜨렸다. 그 글이 마침 진왕秦王
정(政, 뒤의 진시황)에게 들어가 이를 읽은 진왕은 "내 능히 이러한 글을 쓴
사람을 만나 함께 교유할 수 있다면 죽어도 여한이 없으리라!"(嗟乎, 寡人得見此
人與之游, 死不恨矣! -《史記》)라며 자신의 뜻과 일치함을 감탄하였다. 이를 들은
이사가 그 자가 한비라고 일러주었고, 뒤에 진왕이 한나라를 공격하자 한왕은

한비를 진나라에 사신으로 파견하여 진나라의 공격을 늦추고자 하였다. 진왕 13년(B.C.234) 진나라 함양咸陽에 도착한 한비는 진왕으로 하여금 한나라는 존속시키고 대신 조나라를 치는 것이 진나라에게 유리할 것임을 설득, 유도하면서 진나라 대신들의 오류도 함께 지적하였다. 그 때에 요가姚賈라는 인물도 자연스럽게 거명하게 되었다. 진왕은 한비의 계책을 따를 참이었다. 마침 한비를 마음속으로 기피하고 있던 이사는 한비가 진나라에서 중용重用되면 자신의 위치까지 악영향을 미칠 것임을 직감하고 요가와 결탁, 한비를 모함하기 시작하였다. 나아가 진왕에게 한비는 자신의 나라를 위해 온 것이지 결코 진나라를 돕기 위한 것이 아님을 강조하고 나섰다. 그리하여 진왕에게 한비를 법으로 처리할 것을 강력하게 건의하여 마침내 진왕도 그를 법관에게 넘기는 상황이 벌어지고 말았다. 이 틈을 이용한 이사는 몰래 한비에게 독약을 보내어 자살하도록 협박하였고, 한비는 견디다 못해 운양(雲陽, 지금의 陝西 淳化縣) 옥중에게 자살하고 말았다. 뒤에 진왕이 자신의 결정을 후회하고 한비를 다시 찾았을 때 한비는 이미 죽은 뒤였다. 이상의 내용은 《史記》 韓非子傳(老莊申韓列傳)에 자세히 실려 있다.

2. 학설

　　그때까지의 제자학은 그 나름대로 전국시대의 얽히고설킨 국제 관계와 국내 혼란을 해결하고자 하는 역사 인식에 대해 대체로 두 가지 방향의 기본 견해를 가지고 있었다.

하나는 하夏, 은殷, 주周 삼대 개국 군주들의 덕치와 왕도를 이상으로 여겨 그 시대로 돌아갈 것을 주장하는 법고파法古派이다. 유가와 묵가가 대표적이며 하나의 보수주의인 셈이다.

다른 하나는 아예 새롭게 틀을 짜야 한다는 창신파創新派이다. 법가를 대표로 하며 개혁, 진보주의인 셈이다.

한비는 바로 이러한 창신파의 이론을 총결하였으며 그는 인류 사회의 진화와 변화는 피할 수 없는 것으로 시대에 적응해야 하며 그에 따라 법치사회로 옮아가는 것은 필연이니만큼 먼 옛날을 그리워하고 본받고자 한다는 것은 논리에 맞지 않을뿐더러 그렇게 할 수도 없다는 주장을 가졌던 것이다.

그에 따라 한비는 "하후 때인데도 그 전 수인씨 때처럼 나무를 비비거나 뚫어 불을 지피려 한다면 곤이나 우가 웃을 것이요, 은주 시대인데 치수를 덕치로 삼는다면 탕, 무가 웃을 것이다. 마찬가지로 전국시대 지금 요, 순, 우, 탕, 무의 통치방법을 훌륭하다고 떠들고 다닌다면 지금 사람들이 웃을 것이다. 세상이 바뀌면 일도 달라지게 마련이며 일이 달라지면 그 변화에 대비해야 한다"(今有搆木鑽燧於夏后氏之世者, 必爲鯀·禹笑矣; 有決瀆於殷·周之世者, 必爲湯·武笑矣. 然則今有美堯·舜·湯·武·禹之道於當今之世者, 必爲新聖笑矣. …時異則事異; 事異則備變 - 〈五蠹篇〉)라고 주장하였다.

그리하여 순경의 영향으로 성악설에 근거, 오로지 법만이 사람을 움직일 수 있으며 그러한 법을 강력하게 실행할 수 있는 조직이 바로 국가요, 그 국가를 바르게 쥐고 있어야 할 자가 왕이라는 구도를 설정하고 극단에 가까운 〈군주독제론〉, 〈군주론〉의 공포, 궤휼, 술術, 수數, 세勢, 위威, 권權, 병柄 등의 개념을 정립하게 된다. 그리고 그 실행방법은 신상필벌, 이익권의 독점, 임면권의 독단, 효율극대를 위해서는 인간성 소멸 등까지 내세워 유가와 묵가의 덕치나 예교, 혹 인간 본성에 호소하는 따위의 통치 방법에는 강한 거부감을 표시하였다.

　그리하여 한비는 심지어 "명석한 군주의 나라라면 문자가 필요치 않으니 법을 교육 목표로 하면 되고, 선왕의 말씀도 필요치 않으니 관리가 스승이면 된다(明主之國, 無書簡之文, 以法爲教; 無先王之語, 以吏爲師 - 〈五蠹篇〉)"라고까지 하였다. 그 때문에 장태염章太炎 같은 이는 "한비의 눈에는 나라만 보이고 개인은 보이지 않았으며, 집단만 보이고 외로운 자는 보이지 않았다"(韓非有見於國, 無見於人; 有見於群, 無見於孑)라고 비판한 것이다.

　한편 그는 군주의 통치로서 "법은 널리 알릴수록 효용성이 크고, 술은 감출수록 군주의 통치가 쉽다"(法莫如顯, 而術不欲見 - 〈難三〉)라는 논리를 내세워 금법禁法은 명시하여 많은 백성들로 하여금 지키기 쉽도록 하고, 자신의 통치술은 속으로 숨긴 채 드러내지 않고 이것으로써 신하를 부려야 권병을 지킬 수 있다고 하였다. 법法은 양陽이요 술術은 음陰으로서 음양陰陽이 조화를 이루어야 명군明君이 된다는 것이 '군주론'의 핵심 논리이다.

　이러한 법가의 논리는 그대로 진나라에 적용되었고, 그로 인해 진시황은 난마亂麻 같던 전국시대를 마감할 수 있었던 것이다. 이처럼 법가는 시대 요청에 따라 필연적으로 대두된 학술이요, 그러한 국세를 최대한 활용한 것이 진나라였던 것이니, 지금의 입장에서 법가를 시비是非나 호오好惡, 장단長短, 우열優劣로 평가할 일은 아니다.

III. 《韓非子》

《한비자》책은 송대 이전까지는 《한자韓子》라 일컬었으나 한유韓愈 역시 '韓子'로 일컫게 되면서 혼란을 피하기 위해 《한비자》라 부르게 되었다. 《한서漢書》예문지藝文志에 《한자韓子》55편이 저록되어 있고, 《수서隋書》와 《구당서舊唐書》경적지經籍志, 《신당서新唐書》와 《송사宋史》예문지 등에는 모두 20권으로 되어 있어 지금 전하는 것과 일치한다.

북위北魏 때 유병劉昺의 《한자주韓子注》가 있었다는 기록이 있으나 자세히 알 수 없으며, 《신당서》예문지에 의하면 윤지장尹知章의 주注도 있었다 하나 이제는 모두 사라지고 없다. 이렇게 보면 당 이전에는 한비자에 대한 연구가 그리 활발하지 않았으나 당송唐宋 유서류類書類 편찬이 유행하면서 거기에 인용된 일부 문장들은 뒷날 한비자 연구에 많은 도움을 주고 있다.

이를테면 당대 《군서치요群書治要》(魏徵), 《북당서초北堂書鈔》(虞世南), 《意林》(馬總), 《初學記》(徐堅), 《藝文類聚》(歐陽詢), 《白孔六帖》(白居易)과 송대 《太平御覽》(李昉), 《事類賦》(吳淑) 등이 그렇다.

한편 지금 전하는 최고最古 역주본은 원元나라 때 하변何犿이 말한 이찬 李瓚의 〈주본注本〉이 있었으며 이는 《태평어람太平御覽》, 《사류부事類賦》, 《초학기初學記》 등에 인용되어 있어 그 주문注文을 근거로 보면 이찬은 송대 이전 사람으로 보인다. 다만 주가 천루淺陋하고 오류도 많은 것으로 알려져 있다. 〈하변본〉은 원나라 지원至元 3년(1337)에 나온 것으로 되어 있으나 명대 조용현趙用賢의 교주본校注本은 그보다 앞선 〈송본宋本〉을 근거로 한 것으로 이 역시 탈락과 오류가 심하다. 이 조용현의 〈교주본〉과 명대 주공교 周孔教의 〈대자본大字本〉은 일치하며, 청대 「사고전서四庫全書」의 《韓非子》는 이 주공교의 본을 신되 조용현 본을 바탕으로 교정한 것이다. 다만 조용현 본은 연구 결과 억측과 원문을 고친 부분이 있는 것으로 밝혀졌다.

명나라 정통正統, 만력萬曆 연간에 〈도장본道藏本〉이 이루어지면서 그러한 오류 또한 바로잡지 않았으나, 대신 명나라 때 교정을 거치지 않은 것으로서 〈금본今本〉의 교수校讎 작업에는 상당한 가치를 지니고 있다.

한편 《한자우평韓子迂評》은 명나라 때 오군吳郡 사람 유씨兪氏 성의 문무자 門無子라는 호를 가진 사람이 지은 것으로서 원나라 시대 하변의 〈교정본〉을 저본으로 하여 "구두를 찍고 글자를 알아볼 수 있도록 하고 간혹 하변의 주를 절충하였다"(句爲之讀, 字爲之品, 間取何氏注而折衷之)라고 밝혔으며 아울러 자신의 평론을 덧붙인 것으로 지금도 참고하고 있다.

청대 오자吳鼒는 다시 남송 〈건도본乾道本〉을 얻어 고광기顧廣圻의 《한비자 지오韓非子識誤》에 부록으로 실어 출간, 지금 가장 뛰어난 작업으로 평가받고 있다.

그 뒤 《한비자》에 대한 연구는 점차 활발해져서 왕념손王念孫의 《독서 잡지讀書雜誌》, 노문초盧文弨의 《한비자습보韓非子拾補》, 유월兪樾의 《한비자 평의韓非子平議》, 손이양孫詒讓의 《찰이札迻》 등이 쏟아져 나왔으며, 왕선신 王先愼이 마침내 이를 종합하여 《한비자집해韓非子集解》를 냄으로써 어느 정도 완성을 보게 된다. 그러나 왕선신의 이 작업 또한 대략적인 훈석訓釋에 그쳤으며 구주舊注의 오류를 바로잡지 못한 부분도 상당수에 이른다.

이에 다시 오여륜吳汝綸의 《한비자점감韓非子點勘》, 도홍경陶鴻慶의 《독한비자찰기讀韓非子札記》, 유사배劉師培의 《한비자각보韓非子斠補》, 윤동양尹桐陽의 《한자신석韓子新釋》, 고형高亨의 《한비자보전韓非子補箋》 등이 나오게 되었다. 그리고 진계천陳啓天은 이를 종합적으로 정리, 일본인들의 저작까지 참고하여 비교적 방대한 50만 자의 《한비자교석韓非子校釋》을 내어 문단을 나누고 표점을 가미하여 상세하게 작업하였다.

근대에 이르러 다시 진기유陳奇猷는 《한비자집석韓非子集釋》을 내어 널리 활용되기 시작하였고 양계웅梁啓雄의 《한비자천해韓非子淺解》 또한 널리 알려져 있다. 한편 대만臺灣 상무인서관商務印書館의 《한비자금주금역韓非子今註今譯》(邵增樺, 1995)은 진계천의 《한비자교석》을 바탕으로 하여 백화어로 작업하였으며 진계천의 교열을 거친 것으로 비교적 자세하나 목차의 순서가 아주 다르게 바뀌어 있다.

아울러 귀주인민출판사貴州人民出版社의 《한비자전역韓非子全譯》(張覺, 1992)은 세밀하게 주석을 달고 백화어로 번역하여 참고에 큰 도움을 주고 있다.

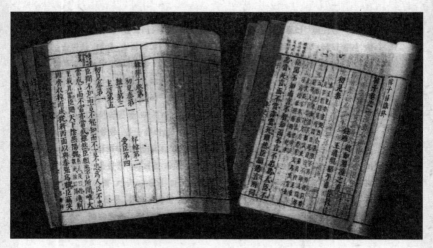

《韓非子》明 萬曆 6년(1578) 刊本

〈韓非〉夢谷 姚谷良(畫) "國無常彊, 無常弱. 擧法者强則國彊, 擧法者弱則國弱."

欽定四庫全書

韓非子卷一

　　　　　　元　何犿　註

初見秦第一

臣聞不知而言不智知而不言不忠為人臣不忠當死
言而不當亦當死雖然臣願悉言所聞唯大王裁其罪

欽定四庫全書（卷一　韓非子）

臣聞天下陰燕陽魏（燕北故曰陰）（魏南故曰陽）連荆固齊收韓而成
從將西面以與秦強為難臣竊笑之世有三亡而天下
得之（知三亡而得天下）者其此之謂乎臣聞之曰以亂攻治者亡
以邪攻正者亡以逆攻順者亡今天下之府庫不盈囷倉空虛悉其士
民張軍數十百萬頓首戴羽為將軍斷死於前不至
千人皆以言死白刃在前斧鑕在後而却走不能死也
非其士民不能死也上不能故也言賞則不與言罰則
不行賞罰不信故士民不死也今秦出號令而行賞罰

有功無功相事也出其父母懷衽之中生未嘗見寇耳
聞戰頓足徒裼犯白刃蹈鑪炭斷死於前者皆是也夫
斷死與斷生者不同而民為之者是貴奮死也夫一人
奮死可以對十十可以對百百可以對千千可以對萬
萬可以尅天下矣今秦地折長補短方數千里名師數
十百萬秦之號令賞罰地形利害天下莫若也以此與
天下天下不足兼而有也是故秦戰未嘗不尅攻未嘗
不取所當未嘗不破開地數千里此其大功也然而兵

欽定四庫全書（卷一　韓非子）

甲頓士民病蓄積索田疇荒囷倉虛四鄰諸侯不服霸
王之名不成此無異故其謀臣皆不盡其忠也臣敢言
之往者齊南破荆東破宋西服秦北破燕中使韓魏
地廣而兵強戰尅攻取詔令天下齊之清濟濁河足以
為限長城巨防足以為塞齊五戰之國也（謂五破之國也）一戰
不尅而不齊（齊為樂毅破於濟西）由此觀之夫戰者萬乘之存亡
也且聞之曰削迹無遺根無與禍鄰禍乃不存（言禍敗之迹削）
去本根則無禍敗（言秦宜以齊為成）秦與荆人戰大破荆襲郢取洞庭五

韓非子卷一

元　何犿　註

初見秦第一

臣聞不知而言不智知而不言不忠為人臣不忠當死

言而不當亦當死雖然臣願悉言所聞唯大王裁其罪

臣聞天下陰燕陽魏連荊固齊收韓而成

燕北故曰陰魏南故曰陽

從將西面以與秦強為難臣竊笑之世有三亡而天下

得之其此之謂乎臣聞之曰以亂攻治者亡

知三亡者

以邪攻正者亡以逆攻順者亡今天下之府庫不盈倉空虛悉其

民張軍數十百萬其頓首戴羽為將軍斷死於前不至

千人皆以言死白又在前斧鑕在後而走却走不能死也

非其士民不能死也上不能故死也言賞則不與言罰則

不行賞罰不信故士民不死也今秦出號令而行賞罰

《韓非子》四部叢刊本

臣聞不知而言不智知而不言不忠爲人臣不忠當死言而不

當亦當死雖然臣願悉言所聞唯大王裁其罪臣聞天下陰燕

陽魏魏南故曰陰燕北故曰陽連荆固齊牧韓而成從將西面以與秦強爲

難臣竊笑之世有三亡而天下得之其此之謂乎臣

聞之曰以亂攻治者亡以邪攻正者亡今天下之府庫不盈困得三亡者天下

倉空虛悉其士民張軍數十百萬其頓首戴羽爲將軍斷死於前

不至千人皆以言死白刃在前斧鑕在後而却走不能死也非

其士民不能死也上不能故也言賞則不與言罰則不行賞罰

四部叢刊
韓非子

不信故士民不死也今秦出號令而行賞罰有功無功相事也

出其父母懷衽之中生未嘗見寇耳聞戰頓足徒裼犯白刃蹈

爐炭斷死於前者皆是也夫斷死與斷生者不同而民肯爲之者

是貴奮死也夫一人奮死可以對十可以對百百可以對千

千可以對萬萬可以尅天下矣今秦地折長補短方數千里名

師數十百萬秦之號令賞罰地形利害天下莫若也以此與天

下不足兼而有也是故秦戰未嘗不尅攻未嘗不取所當

未嘗不破開地數千里此其大功也然而兵甲頓士民病蓄積

索田疇荒困倉虛四鄰諸侯不服霸王之名不成此無異故其

謀臣皆不盡其忠也臣敢言之往者齊南破荆東破宋西服秦

北破燕中使韓魏土地廣而兵強戰尅攻取詔令天下之清

濟濁河足以爲限長城巨防足以爲塞齊五戰之國也罰五破

一戰不尅而無齊齊爲樂毅破破於濟西由此觀之夫戰者萬乘之存亡

韓非子集解二十卷

光緒丙申春十二月刊

初見秦第一

注　顧廣圻云：初見秦，戰國策作張儀說秦王，先謙案史紀張儀傳云張儀說秦王五年卒於秦，秦惠王也，此初見秦在秦始皇時，不得為張儀明矣。又以文義攷之，蘇秦死後乃有合從，秦攻趙安邑表未安世家表是秦始皇十三年事，韓非於秦始皇十四年使秦上書，此篇則非在秦始皇十四年以前所作，而為人臣策不得下知從何人作，而為人臣之策，即顧所不能同者也，疑是出於韓非之手，而史記屬之李斯亦非是。

臣聞不知而言不智，知而不言不忠。為人臣不忠當死，言而不當亦當死。雖然，臣願悉言所聞，唯大王裁其罪。

臣聞天下陰燕陽魏，連荊固齊，收韓而成從，將西面以與強秦為難，臣竊笑之。世有三亡，而天下得之，其此之謂乎。臣聞之曰：以亂攻治者亡，以邪攻正者亡，以逆攻順者亡。

同　本當作同，不當作亂。顧廣圻云：此下三句，吳本韓子作以亂攻治者亡，以邪攻正者亡，以逆攻順者亡，張榜本趙本並同，案此亦強為之說，張榜本引上言亂亡三亡，六字當少一句，或是也，逆順二字，亦未人所見本不能補，今天下之

初見秦第一

韓非子

一　楊　葉山房

臣聞不知而言不智，知而不言不忠。為人臣不忠當死，言而不當亦當死。雖然，臣願悉言所聞，唯大王裁其罪。

臣聞天下陰燕陽魏，連荊固齊，收韓而成從，將西面以與彊秦為難，臣竊笑之。世有三亡，而天下得之，其此之謂乎。臣聞之曰：以亂攻治者亡，以邪攻正者亡，以逆攻順者亡。今天下之府庫不盈，囷倉空虛，悉其士民，張軍數十百萬，其頓首戴羽為將軍，斷死於前，不至千人，皆以言死。白刃在前，斧鑕在後，而卻走不能死也，非其士民不能死也，上不能故也。言賞則不與，言罰則不行，賞罰不信，故士民不死也。

今秦出號令而行賞罰，有功無功相事也，出其父母懷衽之中，生未嘗見寇耳，聞戰頓足徒裼，犯白刃，蹈爐炭，斷死於前者皆是也。夫斷死與斷生者不同，而民為之者，是貴奮死也。一人奮死可以對十，十可以對百，百可以對千，千可以對萬，萬可以克天下矣。

今秦地折長補短，方數千里，名師數十百萬。秦之號令賞罰，地形利害，天下莫若也，以此與天下，天下不足兼而有也。是故秦戰未嘗不克，攻未嘗不取，所當未嘗不破，開地數千里，此其大功也。然而兵甲頓，士民病，蓄積索，田疇荒，囷倉虛，四鄰諸侯不服，霸王之名不成，此無異故，其謀臣皆不盡其忠也。

臣敢言之，往者齊南破荊，東破宋，西服秦，北破燕，中使韓魏，土地廣而兵強，戰勝攻取，詔令天下，齊之清濟濁河，足以為限，長城巨防，足以為塞。齊五戰之國也，一戰不克而無齊。由此觀之，夫戰者萬乘之存亡也。

且臣聞之曰：削株無遺根，無與禍鄰，禍乃不存。秦與荊人戰，大破荊，襲郢，取洞庭五湖江南，荊王君臣亡走，東服於陳。當此時也，隨荊以兵則荊可舉，荊可舉則其民足貪也，地足利也，東以弱齊燕，中以凌三晉。然則是一舉而霸王之名可成也，四鄰諸侯可朝也。而謀臣不為，引軍而退，復與荊人為和，令荊人得收亡國，聚散民，立社稷主，置宗廟，令率天下西面以與秦為難，此固以失霸王之道一矣。

天下又比周而軍華下，大王以詔破之，兵至梁郭下。圍梁數旬則梁可拔，拔梁則魏可舉，舉魏則荊趙之意絕，荊趙之意絕則趙危，趙危而荊孤。東以弱齊燕，中以凌三晉，然則是一舉而霸王之名可成也，四鄰諸侯可朝也。而謀臣不為，引軍而退，復與魏氏為和，令魏氏反收亡國，聚散民，立社稷主，置宗廟，此固以失霸王之道二矣。

前者穰侯之治秦也，用一國之兵而欲以成兩國之功，是故兵終身暴露於外，士民疲病於內，霸王之名不成，此固已失霸王之道三矣。

趙氏中央之國也，雜民之所居也，其民輕而難用，號令不治，賞罰不信，地形不便，下不能盡其民力。彼固亡國之形也，而不憂其民萌，悉其士民軍於長平之下，以爭韓上黨。大王以詔破之，拔武安。當是時也，趙氏上下不相親也，貴賤不相信也，然則邯鄲不守。拔邯鄲，筦山東河間，引軍而去，西攻修武，踰華，絳上黨，代四十六縣，上黨七十縣，不用一領甲，不苦一士民，此皆秦有也。以代上黨不戰而畢為秦矣，東陽河外不戰而畢反為齊矣，中山呼沱以北不戰而畢為燕矣。然則是舉趙則韓必亡，韓亡則荊魏不能獨立，荊魏不能獨立則是一舉而壞韓

《韓非子》百子全書本

翰林學士朝奉大夫守中書舍人充龍圖閣學士兼修國史同編修諸臣李昉等奉敕撰

天部

曹州䧞院

元氣	太易	太初
太素	太極	太始
	天部上	

元氣

禮統曰天地者元氣之所生萬物之所自焉

又曰元氣無形洶洶蒙蒙偃者爲地伏者爲天也

河圖曰元氣闓陽爲天

天濁重者下爲地沖和氣者爲人故天地含精萬物化生

三五曆紀曰未有天地之時混沌狀如雞子溟涬始牙濛鴻濛孔朋潒滋萌歲在攝提元氣肇始又曰清輕者上爲天濁重者下爲地沖和氣者爲人故天地含精萬物化生

孝經左契曰元氣混沌孝在其中

文龍師

漢書律曆志曰黃鍾黃者中之色故陽氣施於下泉孳萌萬物爲六氣元也故以黃色名元氣焉

又曰太極運三辰五星於上元氣轉三統五行於下

家語曰夫禮必本之太一〔太一分爲天地轉爲陰陽硬爲〕

四時列爲鬼神〔元氣也〕

淮南子曰道始生虛霩虛霩生宇宙宇宙生元氣元氣有涯垠清陽者薄靡而爲天

又曰古未有天地之時唯象無形幽冥冥芒芠漠閔濛鴻洞莫知其門有二神混沌生經天營地〔高誘注曰二神也〕深平莫知其所止息於是乃別爲陰陽離爲八極剛柔相成萬物乃形

遁甲開山圖曰有巨靈者偏得元神之道故與元氣一時

宋博士渤海吳淑撰註
明後學無錫華麟祥校刊

天部

天 日 月

天

大初之始曇昊混井者氣之始也列子曰太易者未見氣太初者氣之始也及一氣之肇列生有形於無形於是地坼下而倫濁五行賦德而潘德之論云化一氣而陶三才列於六合者天莫不形於地莫不素於天素者本也天在上而輕清濁天重濁者地陰陽溝濁清陽清者為天重濁者為地

蓋翠陽之精精台少易者列子曰天積氣而成列其體容隆乎天也云天形南陽天子日天地子日其渾

氣皓昕注云天色蒼蒼吳淑渾其浮濛濛莫以其終

乃人之東方卯酉非天卯酉天正西東正天行辰隨夜當北斗北極天此卯

於保斗吉易以聖人則乘旋通之則大哉乾元萬物資始乘家而見

吉凶

《事類賦》

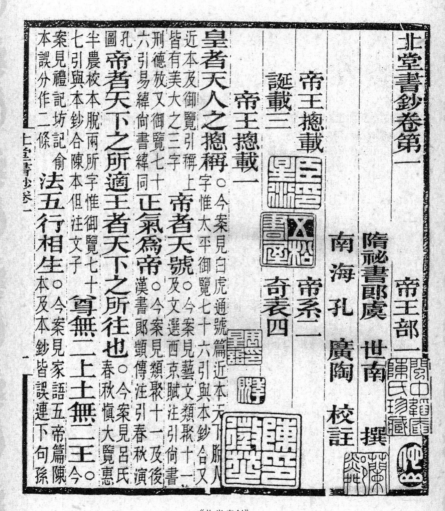

北堂書鈔卷第一

帝王部一

隋祕書郎虞世南　撰

南海孔廣陶　校註

帝王總載
誕載三
帝王總載一

帝系二
奇表四

帝王總載一

皇者天人之總稱　字惟太平御覽七十六引稱上近本及御覽引稱上皆有美大之三字

帝者天號　○今案見文選西京賦注引尚書緯同六引易緯尚書緯同刑德放又御覽七十

正氣為帝　漢書郎顗傳注引春秋演　○今案見後漢書郎顗傳注引春秋演

帝者天下之所適王者天下之所往也　春秋慎大覽呂氏大覽惠　○今案見呂氏

孔圖　半農校本脫兩所字惟御覽七引與本鈔合陳本但注文子

法五行相生　本○及本鈔皆誤連下句孫　今案見家語五帝篇陳　本案見禮記坊記俞本誤分作二條

《北堂書鈔》

차례

❧ 책머리에

❧ 일러두기

❧ 해제

韓非子 三

30. 내저설상內儲說上 칠술七術

31. 내저설하 內儲說下 육미 六微

32. 외저설좌상外儲說左上

韓非子 중

1. 초견진初見秦

2. 존한存韓

7. 이병二柄

8. 양권揚權

9. 팔간八姦

10. 십과+過

11. 고분孤憤

12. 세난說難

韓非子 下

20. 해로解老

21. 유로喻老

22. 세림상說林上

23. 세림하說林下

韓非子 3

33. 외저설좌하外儲說左下

34. 외저설우상外儲說右上

35. 외저설우하外儲說右下

36. 난일難一

37. 난이難二

韓非子 下

38. 난삼難三

39. 난사難四

40. 난세難勢

41. 문변問辯

48. 팔경八經

49. 오두五蠹

50. 현학顯學

◉ 부록

30. 내저설상內儲說上 칠술七術

'저儲'는 저축의 뜻이며 '설說'은 설명을 뜻한다.

사례를 들어 치술治術을 설명한 것으로 '儲說'을 편차編次로 분류하기 위해 內外로, 다시 上下左右로 나누어 6편으로 구성한 것이며 다른 뜻은 없는 것으로 보고 있으나 〈集解〉에 "儲, 聚也. 謂聚其所說, 皆君之內謀, 故曰內儲說"이라 하여 '內謀'의 뜻이 있어 '外儲'와 구분되는 것으로 보았다.

특이한 체제로 경經과 전傳으로 나누고 그에 맞추어 대응이 되도록 해설하고 있다. 부제로 칠술七術이라 하여 군주가 실행하여야 할 7가지 방책을 미리 제시하고 있으며 특히 전문傳文의 예화 가운데 같은 내용이 전해오는 기록이 다를 경우를 '一曰'이라 하여 함께 실어 대조할 수 있도록 하고 있다.

257(30-1)
칠술七術

　군주가 사용하여야 할 술책은 일곱 가지이며, 살펴보아야 할 은밀함은 여섯 가지이다.

　일곱 가지 술책이란 첫째, 많은 단서를 모아 참증하여 관찰할 것. 둘째, 죄지은 자를 반드시 처벌하여 위엄을 내보일 것. 셋째, 공적 있는 자에게 반드시 상을 주어 그 재능을 충분히 발휘할 수 있도록 해 줄 것. 넷째, 말을 하나씩 들어 신하에게 책임을 지울 것. 다섯째, 의혹스러운 조령을 내리기도 하고 거짓으로 부려볼 것. 여섯째, 미리 알고 있는 정보를 가진 채 질문을 할 것. 일곱째, 말을 거꾸로 하고 일을 반대로 할 것 등이다.

　이 일곱 가지야 말로 군주가 사용하여야 할 조목이다.

　主之所用也七術, 所察也六微.

　七術: 一曰衆端參觀, 二曰必罰明威, 三曰信賞盡能, 四曰一聽責下, 五曰疑詔詭使, 六曰挾知而問, 七曰倒言反事.

　此七者, 主之所用也.

【六微】숨겨져 있어 알기 어려운 여섯 가지 낌새. '微'는 '隱'과 같음.《禮記》坊記 "所以章疑別微" 疏에 "微謂幽隱不著"라 함.

【衆端】여러 가지 겉으로 드러난 일의 단서.

【一聽責下】신하의 말을 일일이 다 들어주되 그 말대로 성과를 올리는 지를 도리어 책임을 지움.

【疑詔詭使】의아스런 명령을 내려 그에 따른 대처 능력을 살피고 거짓으로 일을 시켜 그 판단력을 시험함.

【挾知】알고 있는 사실을 자신만이 쥐고 이를 숨긴 채 모르는 척함.

【倒言反事】말을 뒤집어서 하며 일을 반대로 하여 그 반응을 살핌.

258(30-2)
참관參觀

경문經文 제 1조: 참관參觀

보거나 듣는 데 있어 여러 증거들을 참증하지 아니하면 진실이 귀에 들리지 않으며, 듣기에 문호를 하나로 하면 신하가 임금의 눈과 귀를 막게 된다.

그 사례는 난쟁이가 꿈에 아궁이 신을 보았다는 것과 애공哀公이 "여러 사람이 함께하면 미혹함이 없을 것"이라 한 것이 있다.

그러므로 제齊나라 사람이 하백河伯을 보았다는 이야기와 혜자惠子가 "그 반을 잃는다"라는 말이 있다.

환난이 된 것으로는 수우豎牛가 숙손叔孫을 굶겨 죽인 사례와 강을江乙이 초楚나라 속담을 일컬은 데에 있으며, 사공嗣公은 잘 다스리고자 하였으나 술수를 몰랐으므로 적을 만들게 되었다.

그러므로 현명한 군주는 철판을 쌓아 화살을 막아 내겠다는 따위의 논리를 잘 추측하고, 온 시장의 일이 환난일 수 있음을 잘 살펴야 하는 것이다.

經一: 參觀

觀聽不參則誠不聞, 聽有門戶則臣壅塞.

其說在侏儒之夢見竈, 哀公之稱「莫衆而迷」.

故齊人見河伯, 與惠子之言「亡其半」也.

其患在豎牛之餓叔孫, 而江乙之說荊俗也, 嗣公欲治不知, 故使有敵.

是以明主推積鐵之類, 而察一市之患.

參觀一

【經一】 본 〈內儲說上(七術)〉은 7조의 經文으로 구성되어 있으며 이곳은 經文 제 1조 '參觀'으로 傳文 265~274까지 10장의 내용을 압축하여 제시한 것임.

【聽有門戶】 군주가 의견을 청취하는 言路를 그 측근 하나만으로 제한시킴을 말함.

【其說在】 여기서 說은 증거가 되는 구체적인 사례를 들어 가리킴.

【侏儒】 군주 측근의 난쟁이 배우. 侏儒는 疊韻連綿語. 傳文 265를 볼 것.

【莫衆而迷】 이 고사는 傳文 266, 267을 볼 것.

【河伯】 水神. 黃河의 신. 이름은 馮夷. 원래 華陰 사람으로 河水에 빠져 죽자 天帝가 河伯에 명했다고 함.《博物志》(7)에 "馮夷, 華陰潼鄕人也, 得道成水仙, 是爲河伯. 豈道同哉? 仙人乘龍虎, 水神乘魚龍. 其行恍惚, 萬里如室"이라 하였으며,《搜神記》(4)에는 "宋時, 弘農馮夷, 華陰潼鄕隄首人也. 以八月上庚日渡河, 溺死. 天帝署爲河伯"이라 함. 傳文 268을 볼 것.

【惠子】 辯客 惠施를 가리킴. 전국시대 宋나라 사람으로 名家의 하나. 莊子와 같은 시대이며 魏 惠王의 재상을 지내기도 하였음.《莊子》天下篇에 惠施가 주장한 '歷物之意十條'라 실려 있음.

【亡其半】 군주가 자문을 구할 때 그 可否가 서로 반씩이어야 하나 모두가 한결같이 '可'라 하면 나라의 반쪽을 잃게 되는 것임을 말함. 傳文 269를 볼 것.

【哀公】 孔子와 같은 시대의 魯나라 군주. 定公(宋)의 아들이며 이름은 蔣.《史記》魯周公世家에는 이름을 '將'이라 하였음. 어머니는 定姒. B.C.494~B.C.468년까지 27년간 재위함. 梁玉繩의《史記志疑》에는 "人表於魯悼公下注云「出公子」, 是哀公亦有出公之稱, 以孫于越故也"라 함. 〈諡法〉에 "恭仁短折曰哀"라 함.

【豎牛】 궁 안의 내시 이름. 그가 생부인 叔孫豹를 굶겨 죽인 일을 말함. 傳文 270을 볼 것.

【江乙】《戰國策》등에는 '江一'로도 표기하였으며 원래 魏나라 출신으로 楚나라
에서 벼슬하였음. 그가 초나라 속담을 일컬은 뒤 백공(白公)의 난이 일어났다고
함. 〈乾道本〉에는 '江乞'로 되어 있음. 傳文 271을 볼 것.

【嗣公】衛嗣公, 衛嗣君으로 부르며 衛나라 임금. 衛 平侯의 아들. 秦나라가 폄하
하여 君으로 일컬은 것. 王先愼의 〈集解〉에 "君當作公, 嗣公, 衛平侯之子, 秦貶
其號爲君, 非此書未入秦作, 必不從秦所貶爲稱. 且上經「嗣公欲治不知」, 不作君,
是君當爲公之誤"라 함. 그러나《史記》衛康叔世家에 의하면 "成侯十一年, 公孫
鞅入秦. 十六年, 衛更貶號曰侯. 二十九年, 成侯卒, 子平侯立. 平侯八年卒, 子嗣
君立. 嗣君五年, 更貶號曰君, 獨有濮陽. 四十二年卒, 子懷君立. 懷君三十一年,
朝魏, 魏囚殺懷君. 魏更立嗣君弟, 是爲元君. 元君爲魏壻, 故魏立之. 元君十四年,
秦拔魏東地, 秦初置東郡, 更徙衛野王縣, 而幷濮陽爲東郡. 二十五年, 元君卒,
子君角立. 君角九年, 秦幷天下, 立爲始皇帝. 二十一年, 二世廢君角爲庶人, 衛
絶祀"라 하여 80여년 간 衛나라는 殺君立君의 혼란을 거치면서 이미 嗣君으로
불렸으며 마침내 君角에 이르러 秦始皇에게 완전 멸망하고 말았음. 傳文 272를
볼 것.

【積鐵】철판을 쌓아 화살을 막겠다는 뜻. 傳文 273을 볼 것.

【一市之患】'三人成虎'를 가리킴. 傳文 274를 볼 것.

259(30-3)
필벌必罰

경문經文 제 2조: 필벌必罰

애정이 많으면 법이 서지 않으며, 위엄이 적으면 아랫사람이 윗사람을 침범하게 된다.

이 까닭으로 형벌이 분명하게 실행되지 않으면 금령이 행해지지 않는다.

그 사례로 동안우董安于가 석읍石邑에서 행한 일과 자산子産이 유길遊吉을 가르친 이야기가 있다.

그 때문에 공자는 서리가 내린 이야기를 설명하였고 은殷나라 법은 길가에 재를 버린 자를 처형하였으며, 행렬을 인솔하던 자가 악타樂池를 떠났으나, 공손앙公孫鞅은 가벼운 죄도 엄하게 다스렸다.

그런 까닭에 여수麗水의 금을 지키지 못하였고, 적택積澤의 불을 끄지 못하였다던 것이다.

성환成驩은 임금이 너무 인자하여 제齊나라가 약해졌다고 여겼으며, 복피卜皮는 자혜로움 때문에 위왕魏王이 망하게 하였다고 여겼다.

관중管仲은 필벌을 알았으므로 죽은 사람을 다시 처형하였고, 사공嗣公도 그것을 알았기 때문에 일부러 서미胥靡를 다시 사들였던 것이다.

經二: 必罰.

愛多者, 則法不立, 威寡者則下侵上.

是以刑罰不必則禁令不行.

其說在董子之行石邑, 與子產之敎游吉也.

故仲尼說隕霜, 而殷法刑棄灰; 將行去樂池, 而公孫鞅重輕罪.

是以麗水之金不守, 而積澤之火不救.

成歡以太仁弱齊國, 卜皮以慈惠亡魏王.

管仲知之, 故斷死人; 嗣公知之, 故買胥靡.

必罰二

【經二】제 2조의 經文으로 傳文 275～288까지 14장의 내용을 압축하여 제시한 것임.

【下侵上】下克上을 말함. '侵'은 '陵'과 같음. 侵陵함.

【董子】董安于. '董閼于'로도 표기하며 春秋 말 晉나라 趙鞅의 賢明한 家臣. 내란의 幾微가 보이자 趙鞅에게 范氏와 中行氏의 공격에 대비하도록 경계를 시켰으며 智伯(荀礫)이 그의 재능을 시기하여 趙鞅을 압박하여 죽이도록 함. 《史記》趙世家, 扁鵲倉公列傳,《戰國策》,《呂氏春秋》,《淮南子》,《論衡》,《說苑》, 《左傳》등에 널리 그 이름이 보임.《左傳》定公 14년에 "梁嬰父惡董安于, 謂知 文子曰:「不殺安于, 使終爲政於趙氏, 趙氏必得晉國, 盍以其先發難也討於趙氏?」 文子使告於趙孟曰:「范·中行氏雖信爲亂, 安于則發之, 是安于與謀亂也. 晉國 有命, 始禍者死. 二子旣伏其罪矣, 敢以告.」趙孟患之. 安于曰:「我死而晉國寧, 趙氏定, 將焉用生? 人誰不死? 吾死莫矣.」乃縊而死. 趙孟尸諸市, 而告於知氏曰: 「主命戮罪人安于, 旣伏其罪矣, 敢以告.」知伯從趙孟盟, 而後趙氏定, 祀安于於廟" 라 함. 傳文 275를 볼 것.

【石邑】지금의 陝西 楡林縣에 소속된 지명. 그러나 지금의 陝西 동북부, 黃河 서안, 山西 접경 일대라 함.《史記》趙世家에 "趙武靈王攻中山取石邑"이라 함.

【子產】公孫僑. 子國(公孫成)의 아들. 뒤에 鄭나라의 훌륭한 宰相이 되어 孔子가 자주 칭찬한 인물. 東里에 살아 東里子産으로도 불렸으며 簡公과 定公을 보필 하여 40여년 정나라는 안정을 누렸음.《左傳》및《史記》鄭世家 참조.

【游吉】春秋時代 鄭나라 대부. 子産을 이어 鄭나라 재상에 오름. 游販의 아우이며 公孫蠆의 아들. 子大叔(子太叔), 혹은 世叔으로도 불림.《左傳》참조. 傳文 276을 볼 것.

【隕霜】때 아닌 서리가 내렸는데도 뽕잎이 마르지 않는 일. 傳文에는 '霣霜'으로 표기되어 있음. 傳文 277을 볼 것.

【棄灰】재를 버리지 못하게 한 殷나라 때의 법. 傳文 278, 279를 볼 것.

【將行】행렬을 통솔하여 거느리고 감. '將'은 '率'과 같음.

【樂池】'악타'로 읽음.《史記》秦本紀 "七年, 樂池相秦. 韓·趙·魏·燕·齊帥匈奴共攻秦"의〈正義〉에 "樂, 音岳; 池, 徒河反"이라 함. 傳文 280을 볼 것.

【公孫鞅】衛鞅으로도 불림. 戰國 중기 秦 孝公을 섬겨 法治의 공으로 商 땅에 봉을 받은 商鞅을 말함. 뒤에 車裂刑을 당함. 商君으로도 불리며《商君書》가 전함.《史記》商君列傳 참조. 傳文 281, 282를 볼 것.

【麗水】지금의 雲南 金沙江. 砂金의 산지로 유명함. 傳文 283을 볼 것.

【積澤】지금의 山東 曲阜 북쪽, 또는 鉅野縣 동쪽이라고도 함. 불을 놓아 사냥하던 곳. 傳文 284를 볼 것.

【成驩】인명. 구체적인 사적은 알 수 없음. 顧廣圻는《荀子》解蔽篇 楊倞 注를 인용하여 戴驩으로 보았으며 "唐鞅에 의해 齊나라로 축출당한 인물"이라 하였으나 王先愼은 이를 오류라 하였음. 傳文 285를 볼 것.

【卜皮】魏 惠王의 신하이며 관리. 子夏의 뒤를 이어 縣令이 된 인물. 傳文 286을 볼 것.

【管仲】춘추시대 齊나라 인물. 管夷吾. 仲은 그의 字. 齊 桓公을 첫 霸者로 성취시킨 인물. 처음 齊나라에 난이 일어나 公子들이 뿔뿔이 흩어질 때 管仲은 公子 糾를 모시고 魯나라로 피신하였으며 鮑叔은 小白을 모시고 거나라로 피신함.

〈管仲(夷吾)〉《三才圖會》

뒤에 난이 끝나고 먼저 귀국하는 자가 왕위에 오르게 되어 있었으며 이 때 管仲은 小白 일행이 오는 길목을 지키다가 활로 小白을 쏘았으나 小白이 허리띠 고리에 맞고 죽은 척 쓰러져 있다가 지름길로 들어가 먼저 왕위에 올랐으며 이가 환공임. 이에 공자 규와 관중 일행은 귀국하지 못하고 처벌을 기다렸으나 鮑叔의 추천으로 환공의 재상이 되어 제나라를 부강하게 만들었으며 재상에 오름. 환공이 그를 높여 仲父라 일컬었음.《史記》管晏列傳 및《列子》등을 참조할 것. '管鮑之交' 등의 많은 고사를 남겼으며 그의 사상과 언행을 기록한

《管子》가 전함. 傳文 287을 볼 것.

【衛嗣公】衛嗣君으로 부르며 衛나라 임금. 衛 平侯의 아들. 秦나라가 폄하하여 君으로 일컬은 것. 王先愼의 〈集解〉에 "君當作公, 嗣公, 衛平侯之子, 秦貶其號爲君, 非此書未入秦作, 必不從秦所貶爲稱. 且上經「嗣公欲治不知」, 不作君, 是君當爲公之誤"라 함. 그러나 《史記》 衛康叔世家에 의하면 "成侯十一年, 公孫鞅入秦. 十六年, 衛更貶號曰侯. 二十九年, 成侯卒, 子平侯立. 平侯八年卒, 子嗣君立. 嗣君五年, 更貶號曰君, 獨有濮陽. 四十二年卒, 子懷君立. 懷君三十一年, 朝魏, 魏囚殺懷君. 魏更立嗣君弟, 是爲元君. 元君爲魏壻, 故魏立之. 元君十四年, 秦拔魏東地, 秦初置東郡, 更徙衛野王縣, 而幷濮陽爲東郡. 二十五年, 元君卒, 子君角立. 君角九年, 秦幷天下, 立爲始皇帝. 二十一年, 二世廢君角爲庶人, 衛絶祀"라 하여 80여년 간 衛나라는 殺君立君의 혼란을 거치면서 이미 嗣君으로 불렸으며 결국 君角에 이르러 秦始皇에게 완전 멸망하고 말았음.

【買胥靡】必罰의 위엄을 보이고자 달아난 노예를 사들임. 傳文 288을 볼 것. 胥靡는 이미 형이 정해져 徒刑, 徒役의 형벌을 받고 있는 죄수를 뜻함. 《尙書》 說命篇 "使胥靡刑人築護此道"의 疏에 "胥, 相也; 靡, 隨也. 古者相隨坐輕罪之名"이라 하였고, 《莊子》 庚桑楚 疏에 "胥靡, 徒役之人也"라 하였으며 《荀子》 楊倞 注에는 "胥靡, 刑徒人也. 胥, 相; 靡, 繫也. 謂鏁相連相繫, 《漢書》所謂鋃鐺者是也"라 함.

260(30-4)
신상信賞

경문經文 제 3조: 신상信賞

상과 칭찬을 야박하게 아무렇게나 하면 아랫사람이 용심用心을 하지 않으며, 상과 칭찬을 후하게 틀림없이 하면 아랫사람은 죽음도 가벼이 여긴다.

그 사례로는 문자文子가 "신하란 마치 사슴과 같다"고 한 말이 있다.

그 때문에 월왕越王은 일부러 궁실에 불을 지르기도 하였고 오기吳起는 수레 멍에를 문에 걸쳐 놓았던 것이며, 이회李悝는 궁술로써 송사를 재판하였으며 송宋나라 숭문崇門 사람들은 몸이 말라 죽었던 것이다.

구천勾踐은 그 까닭을 알기 때문에 노한 두꺼비에게 경례를 하였으며, 소후昭侯는 그 까닭을 알았으므로 낡은 바자를 보관토록 한 것이었다.

상을 후하게 주면 사람들로 하여금 맹분孟賁이나 전저專諸처럼 될 수 있도록 할 수 있으며, 아낙네가 누에를 손으로 집고 어부가 뱀장어를 쥘 수 있으니 이것으로 그 효과를 알 수 있는 것이다.

經三: 信賞.

賞譽薄而謾者下不用, 賞譽厚而信者下輕死.

其說在文子稱「若獸鹿」.

故越王焚宮室, 而吳起倚車轅, 李悝斷訟以射, 宋崇門以毁死.

句踐知之, 故式怒蠅; 昭侯知之, 故藏弊袴.

厚賞之使人爲賁·諸也, 婦人之拾蠶, 漁者之握鱣, 是以效之.

賞譽三

【經三】제 3조의 經文으로 傳文 289~297까지 9장의 내용을 압축하여 제시한 것임.

【信賞】다른 판본에는 모두 '賞譽'로 되어 있으나 綱目과 본장의 내용에 따라 '信賞'으로 고침.

【文子】구체적으로 알 수 없음. 혹 尹文子가 아닌가 함. 老子의 제자이며 公孫龍子보다 앞선 인물로 孔子와 같은 시대임. 그러나 '齊王'이라 일컬은 것으로 보아 戰國時代 이야기로 尹文子가 아닐 가능성이 높음. 한편《尹文子》大道(上)에 "術者, 人君之所密用, 群下不可妄窺; 勢者, 法制之利器, 群下不可妄爲"라 함. 傳文 289를 볼 것.

【獸鹿】풀을 찾아 움직이는 사슴을 가리킴.

【焚宮室】백성의 믿음을 알기 위해 일부러 궁실에 불을 지름. 290을 볼 것.

【吳起】孫子(孫臏)와 더불어 대표적인 병법가. 戰國時代 衛나라 左氏(지금의 山東 曹縣) 출신으로 용병과 병법에 뛰어나 처음 魯나라 장수를 거쳐 魏 文侯의 장수가 되어 中山을 정벌하고 秦나라 5개성을 점령하여 西河太守가 되기도 함. 그러나 武侯가 즉위하여 미움을 받자 楚나라로 달아나, 楚 悼王을 도와 개혁정책을 실현하고 令尹에 오름. 그러나 悼王이 죽고 宗室의 亂에 枝解(支解)의 형을 당하여 생을 마침. 병법서《吳子》6편을 남김.《史記》吳起列傳 참조.

《吳子》四庫全書 文淵閣本

【倚車轅】吳起가 사람을 시험하려고 수레 멍에 채를 문턱에 걸어 놓고 그것을 옮긴 자에게 상을 주겠노라 한 이야기. 291을 볼 것.

【李悝】'悝'는 '회'로 읽음. 李克으로도 알려짐. 子夏의 제자. 전국초기 魏나라

사람으로 法家의 초기 인물. 일찍이 魏 文侯의 재상이 되어 變法을 시행, 世卿
世祿의 제도를 폐지하고 功過와 能力에 따라 상벌을 내리는 행정을 실천함.
이로써 魏나라는 강국으로 발전하게 되었으며《晉書》刑法志에 "律文起自李悝,
撰次諸國法, 著《法經》"이라 하여 각국 법률을 참작하여 최초의 법전《法經》
이라는 책을 편찬하기도 하였으나 지금은 전하지 않음. 그의 언론은《漢書》
食貨志에도 실려 있음.《漢書》藝文志에는《李子》(32篇 名悝, 相魏文侯, 富國
彊兵)가 저록되어 있음.

【斷訟以射】魏나라 李悝가 소송에서 활 쏘는 궁술을 기준삼아 판결을 내린
고사. 傳文 292를 볼 것.

【崇門】宋나라 北門 이름. 蒙門이라고도 함.《左傳》襄公 27년을 볼 것.

【毀死】부모의 상을 지나칠 만큼 극진히 하다가 몸이 수척해져서 죽는 일. 293을
볼 것.

【句踐】越王. 勾踐(句踐)은 越王 允常의 아들로 闔廬를 이어 越王이 됨. 麾下에
大夫 文種과 范蠡 등의 모신을 두고 吳王 夫差의 伯嚭, 伍子胥와 대칭을 이루어
吳越鬪爭, 吳越同舟, 臥薪嘗膽 등의 많은 고사를 남김. 뒤에 결국 吳나라를
멸하고 南方 霸者가 되었다가 楚나라에게 망함. 한편 越나라는《史記》越世家
에 "其先禹之苗裔而夏后帝少康之庶子也"라 함. 姒姓으로 지금의 浙江 紹興
(옛 會稽)을 중심으로 句踐 때 크게 발전하였으며 일부 春秋五霸에서 宋 襄公
대신 句踐을 넣기도 함.

【式怒蠅】'式'은 '軾'과 같음. 노하여 대드는 두꺼비에게 軾을 함. 294, 295를 볼 것.

【昭侯】韓昭侯. 전국시대 韓나라 군주. B.C.362~B.C.333년까지 30년간 재위함.
申不害를 재상을 삼아 法家의 法術로써 나라를 잘 다스렸음.

【藏弊袴】다 떨어져 입지 못하는 바지를 소중히 간수하도록 지시함. 296을 볼 것.

【賁·諸】賁은 전국시대 衛나라 勇士이며 力士 孟賁. 諸는 춘추 말 吳나라 용사
專諸를 가리킴. 〈乾道本〉에는 '孟賁'으로 되어 있음. 孟賁은 秦武王 때 烏獲과
함께 武王을 모시고 周나라 洛陽에 가서 九鼎을 들고 희롱하다가 그 鼎의
다리를 부러뜨린 일이 있음.《戰國策》참조. 專諸는 吳나라 堂邑 사람으로
오나라 公子 光(뒤에 闔閭)이 吳王 僚를 죽이고 자립하려는 뜻을 알아차린
伍子胥가 추천하여 王僚의 연회에서 요리 나르는 자로 가장, 생선 속에 비수를
감추어 들어가 僚를 찔러 죽이고 그 자리에서 죽임을 당함.《左傳》및《史記》
등을 참조할 것.

【拾蠶·握鱣】징그러운 누에나 뱀장어를 손을 집고 만짐. 195, 및 297을 볼 것.

261(30-5)
일청一聽

경문經文 제 4조: 일청一聽

한 가지 논리만 듣다보면 우지愚智를 분별할 수 없게 되며, 아래로 실적에 대한 책임을 맡기면 신하들이 끼어들지 못하게 된다.

그 사례는 위왕魏王이 정鄭나라에게 요구한 이야기와 피리를 불게 한 이야기에 있다.

그리고 그 폐해가 되는 예는 신불해申不害가 조소趙紹와 한답韓沓으로 하여금 시험을 해 본 일에 있다.

그러므로 공자 범氾은 하동河東 지역을 베어 주자고 논의를 벌였고, 응후應侯는 상당上黨으로 군사를 이동시킬 모책을 짰던 것이다.

經四: 一聽.
一聽則愚智不分, 責下則人臣不參.
其說在「索鄭」與「吹竽」.
其患在申子之以趙紹·韓沓爲嘗試.
故公子氾議割河東, 而應侯謀弛上黨.
一聽四

【經四】제 4조의 經文으로 傳文 298~303까지 6장의 내용을 압축해 제시한 것임.

【一聽則愚智不分】옛 판본에는 '不'자가 없이 '愚智分'으로 되어 있어 "일일이 신하의 의견을 청취하면 愚智가 분명해진다"로 풀이하였고, 陶鴻慶은 '不'자를 그대로 두고 대신 '分'자를 '紛'자로 보아 '분란이 없다. 즉 명료하다'로, '一聽'은 '일일이 들어보다'로 보았음. 그러나 王先愼은 "直聽一理, 不反覆參之, 則愚之不分"이라 하여 "한 가지 논리만 듣게 되면 愚智를 구분할 수 없다"로 풀이하였음.

【不參】參은 參雜의 뜻. 유능한 자 속에 무능한 자가 함께 끼어들어 있음.

【索鄭】魏王이 鄭나라는 본래 梁나라 땅이었으므로 자신들에게 돌려줄 것을 요구한 일. 298을 참조할 것.

【吹芋】'芋'는 '笙'과 같은 피리의 일종. 여러 사람이 함께 불면 그 우열을 가릴 수 없음. 299 및 300을 참조할 것.

【申子】申不害. 그 무렵 韓나라 재상이었음. 韓非보다 백여 년 앞선 인물로 法家 사상으로 韓나라 昭侯를 도왔음.《史記》老莊申韓列傳에 "申不害者, 京人也, 故鄭之賤臣. 學術以干韓昭侯, 昭侯用爲相. 內脩政敎, 外應諸侯, 十五年. 終申子之身, 國治兵彊, 無侵韓者. 申子之學本於黃老而主刑名. 著書二篇, 號曰《申子》"라 함.

【趙紹·韓沓】둘 모두 인명. 申子가 이 두 사람을 시켜 韓 昭侯를 시험토록 한 일. 301을 참조할 것.

【公子氾】'氾'은 판본에 따라 '汜'자로 표기된 곳도 있으며《戰國策》에는 '公子池'자로 되어 있음. 302를 참조할 것.

【河東】黃河 이동 지역. 지금의 山西 일대.

【應侯】范且. 范雎. 전국시대 魏나라 사람으로 처음에 魏나라 中大夫 須賈를 섬겨 그를 따라 齊나라에 사신으로 갔다가 제나라와 내통했다는 오해를 받아 위나라 相國 魏齊에게 폭행을 당해 죽을 고비를 넘긴 다음 이름을 張祿으로 바꾸고 秦나라에 들어가 遠交近攻策으로 秦 昭襄王에게 유세, 재상에 올라 應侯에 봉해진 인물.《史記》范雎蔡澤列傳을 참조할 것. 한편 '范雎'는 '范雎'로 표기하고 '범수'로 읽어왔으나《戰國策考證》에《史記》와《韓非子》를 인용하여 '范且, 范雎也, 且, 雎同字'라 하였음. '范雎'를 '范雎'로 표기하고 읽기 시작한 것은《通鑑》의 周 赧王 四十五年後 胡三省의 注에 "范雎의 雎는 音이 雖이다"라 하여 이때부터 '범수'로 읽기 시작한 것임. 그러나 淸 錢大昕의《通鑑》注辨正에 "武梁祠 畫像에 范且의 且는 雎와 같은데 〈雎〉字 왼쪽의 部는 '且'이며 '目'이 아니다. 그러므로 '雎'는 심한 誤謬이다"라 하였음.

【上黨】지금의 山西 長治縣 일대 전체를 上黨이라 불렀음. 전국시대 趙나라와 韓나라 사이에 있었으며 국제적인 분쟁지역이기도 하였음. 秦나라가 韓나라를 공격하자 그 무렵 上黨太守 馮亭이 17개 城으로 趙나라에 항복, 趙나라 땅이 되었다가 뒤에 秦나라가 다시 상당을 공략하면서 長平之戰을 벌여 趙나라 군사 40만 명을 생매장하기도 하였던 곳임. 303을 참조할 것.

262(30-6)
궤사詭使

경문經文 제 5조: 궤사詭使

자주 만나면서도 오랫동안 기다려도 임용을 시켜주지 않으면 간악한 자는 사슴처럼 사방으로 사라지게 되며, 사람에게 일을 시키면서 다른 사람에게 자문을 구하면 그 자는 사사롭게 자신을 팔고 다닐 수 없게 된다.

이 까닭으로 방경龐敬은 공대부公大夫를 돌려보낸 것이요, 대환戴謹은 온거轀車를 감시하라고 명하였던 것이며, 주군周君은 일부러 옥비녀를 잃어버린 척 하였고, 송宋나라 태재는 쇠똥을 거론하였던 것이다.

이것이 다섯 번 째의 궤사詭使이다.

經五: 詭使.

數見久待而不任, 姦則鹿散; 使人問他則不鬻私.

是以龐敬還公大夫, 而戴謹詔視轀車, 周主亡玉簪, 商太宰論牛矢.

詭使五

【經五】제 5조의 經文으로 傳文 304~307까지 4장의 내용을 압축하여 제시한 것임.

【詭使】詭譎을 써서 사람을 심부름 보냄을 뜻함.

【久待】오래 두고 기다리게 함. 그러나 '待'는 '侍'로 보아 '곁에 두고 임금 자신을 오래도록 모시게 하다'의 뜻으로도 봄.

【鹿散】사슴의 무리가 쉽게 흩어지듯 기웃거리지 않고 사라짐. 王先愼은 "謂人數見於君, 或復久待, 雖不任用, 外人則謂此得主之意, 終不敢爲姦. 如鹿之散"이라 함.

【龐敬】구체적으로 어느 시대 어느 나라 사람인지 알 수 없음. 이 사례는 304를 볼 것.

【戴讙】戴驩. 宋나라 太宰. 太宰는 相國과 같음. 傳文(305)에는 '戴驩'으로 되어 있음.

【輼車】수레의 四面을 가려 남이 그 안에 타고 있는 자를 알 수 없도록 하는 수레. 혹은 누워서 신분을 숨기고 다닐 수 있는 수레.《說文》에 "輼, 臥車也"라 함. 이는 305를 볼 것.

【玉簪】이 고사는 306을 볼 것.

【商太宰】商은 宋나라를 가리킴. 太宰는 상국. 孔子와 같은 시대의 그 무렵 송나라 태재는 戴驩(戴讙)이었음.

【論牛矢】거리에 쇠똥이 많다고 꾸짖음. '矢'는 '屎'와 같음. 이 고사는 307을 볼 것.

263(30-7)
협지挾智

경문經文 제 6조: 협지挾智

자신이 이미 알고 있으면서 질문을 하게 되면 모르던 일도 저절로 알게 되며, 하나의 사물에 대하여 깊이 알고 있으면 여러 가지 감추어진 일들도 모두 훤하게 알 수 있는 것으로 변하고 만다.

그 이야기는 한韓 소후昭侯가 손톱 하나만 쥐고 찾아보게 한 예가 있다.

그 때문에 남문南門 하나의 일로서 나머지 세 곳 성문에 대해서도 알게 된 것이며, 주군周君이 굽은 지팡이를 찾아보도록 하자 신하들이 두려움에 떨었으며, 복피卜皮는 서자庶子들을 부리고, 서문표西門豹가 거짓으로 수레 굴대의 빗장을 잃어버린 척하였던 것이다.

이것이 협지挾智의 방법이다.

經六: 挾智.

挾智而問, 則不智者至; 深智一物, 衆隱皆變.

其說在昭侯之握一爪也.

故必南門而三鄕得, 周主索曲杖而群臣懼, 卜皮事庶子,

西門豹詳遺轄.

挾智六

【經六】제 6조의 經文으로 傳文 308~312까지 5장의 내용을 압축하여 제시한 것임.

【挾智】'挾'은 마음속에 품음. 자신이 끼고 있음. '智'는 '知'와 같음. 顧廣圻는 "智, 讀爲知, 下同"이라 함.

【皆變】숨겨진 것들이 변하여 모두 밝게 드러남. 그러나 陶鴻慶은 "變, 讀爲辨"이라 하여 '변별되다, 밝혀지다'의 뜻으로 보았음.

【韓昭侯】전국시대 韓나라 군주. B.C.362~B.C.333년까지 30년간 재위함. 申不害를 재상을 삼아 法家의 法術로써 나라를 잘 다스렸음. 一爪의 고사는 308을 볼 것.

【三鄕得】南門 밖 하나의 일로써 나머지 세 방향의 문밖의 사정도 알 수 있음. '鄕'은 '嚮', '向'과 같음. 이 고사는 309를 볼 것.

【曲杖】굽은 지팡이. 이 고사는 310을 볼 것.

【事庶子】'事'는 '使'와 같음. 王先愼은 "事, 當作使"라 함. 庶子는 측근에서 시중드는 사람. 이 고사는 311을 볼 것.

【西門豹】전국 초기 魏나라 文侯를 도왔던 유명한 지방 장관.《史記》滑稽列傳에 河神을 빙자하여 나쁜 짓을 하는 巫堂을 물리친 일과 築渠의 치적에 대한 逸話가 실려 있음. 한편《史記》魏世家에 "任西門豹守鄴, 而河內稱治"라 함.

【詳遺】'詳'은 '佯'과 같음. 遺는 유실됨. 이 고사는 312를 볼 것.

264(30-8)
도언倒言

경문經文 제 7조: 도언倒言

말을 거꾸로 하고 일을 반대로 하여 의심스러웠던 사안을 시험해 보면 간악한 일의 사실을 알아낼 수 있다.

그 때문에 양산군陽山君은 규수繆豎를 속여서 노하게 하였고, 요치淖齒는 진秦나라 사자 인양 꾸몄으며, 제齊나라 사람이 난을 일으키고자 하였고, 자지子之는 백마가 달린다고 거짓말을 하였으며, 자산子産은 소송을 벌인 자를 분리시켰으며, 사공嗣公은 사람을 시켜 관문을 통과하도록 했던 것이다.

이것이 일곱 번 째 도언倒言의 방법이다.

이상은 경문經文이다.

經七: 倒言.

倒言反事以嘗所疑則姦情得.

故陽山謾繆豎, 淖齒爲秦使, 齊人欲爲亂, 子之以白馬,

子産離訟者, 嗣公過關市.

倒言七

右經

【經七】제 7조의 經文으로 傳文 313~318까지 6장의 내용을 압축하여 제시한 것임.

【倒言】말을 거꾸로 하여 실정을 토로하도록 함. 사실을 반대로 거론하다의 뜻과 함께 '倒言反事'를 줄여서 말한 것.

【陽山】'山陽'의 오기. 《戰國策》韓策에 "或謂山陽君曰:「秦封君以山陽.」"이라 하였고 본 《韓非子》說林(上)과 難(一)에도 "韓宣王謂樛留"라 하여 韓나라에 있었던 일들임.

【樛豎】인명. 〈乾道本〉에는 '摎豎'로 되어 있음. 謾은 거짓 속임. 樛라고 하는 측근을 일부러 비방하여 노하게 함. 이 고사는 313을 볼 것.

【淖齒】원래 楚나라 장수로 초나라가 齊나라를 도와 재상이 되도록 한 인물. 연나라 장수 樂毅가 五國과 연합하여 齊나라에 쳐들어오자 湣王이 莒로 달아나 楚나라에게 구원을 청하였으며 이 때 楚나라가 장군 淖齒를 보내 구해 주었던 것임. 그러자 민왕이 감격하여 그를 재상으로 삼았으나 요치는 齊나라 땅을 燕나라와 반분할 셈으로 莒에서 湣王을 죽여 그 筋骨을 뽑아 대들보에 달아 죽였음. 뒤에 淖齒는 齊나라의 대부 王孫賈에게 피살당하고 말았음. 《史記》 田單列傳 및 《戰國策》 齊策 등을 참조할 것.

【爲秦使】王先愼 注에 "詐爲秦使知君惡己"라 함. 이 고사는 314를 볼 것.

【齊人欲爲亂】이 고사는 315를 볼 것.

【子之以白馬】子之는 燕나라 재상. 蘇代와 혼인관계를 맺고 蘇代로 하여금 燕王 噲에게 나라를 禪讓하면 堯舜과 같은 聖人으로 추앙받을 것이라 유혹하여 왕의 자리를 자지에게 물려주도록 하였음. 이로 인해 연나라는 큰 혼란에 빠졌으며 뒤에 제나라의 공격을 받아 죽임을 당함. 《戰國策》 燕策 및 《史記》 燕世家 참조. 이 고사는 316을 볼 것.

【過關市】관문 근처에서 주로 열리는 시장을 통과함. 《周禮》天官 太宰의 "七曰 關市之賦" 疏에 "王畿四面皆有關門, 及王之市纏二處"라 함. 이 고사는 318을 볼 것.

【子産】公孫僑. 子國(公孫成)의 아들. 뒤에 鄭나라의 훌륭한 宰相이 되어 孔子가 자주 칭찬한 인물. 東里에 살아 東里子産으로도 불렸으며 簡公과 定公을 보필 하여 40여년 정나라는 안정을 누렸음. 《左傳》 및 《史記》 鄭世家 참조.

【子産離訟者】이 고사는 317 및 452를 볼 것.

【右經】고대 書冊은 右綴이었으므로 '이상 오른쪽 내용은 경문이다'의 뜻.

265(30-9)
꿈에 본 임금

전문傳文 제 1조:

위衛 영공靈公 때 미자하彌子瑕가 총애를 입어 위衛나라를 제멋대로 전횡하고 있었다.

어느 난쟁이가 영공을 뵙고 이렇게 말하였다.

"저의 꿈이 맞았습니다."

영공이 물었다.

"무슨 꿈이기에?"

그가 대답하였다.

"꿈에 아궁이를 보았는데 임금을 만나 뵐 징조였습니다."

영공이 노하여 말하였다.

"내 듣건대 임금을 만날 꿈은 해를 본다 하였다. 어찌 과인을 볼 징조로 꿈에 아궁이를 보았다는 것이냐?"

그가 대답하였다.

"무릇 해란 온 천하를 두루 비추는 것이므로 하나의 물건으로 그것을 가로막을 수 없습니다. 마찬가지로 임금이란 온 나라를 두루 비추어 주는 것으로 한 사람이 이를 모두 차지할 수는 없습니다. 그 때문에 앞으로 임금을 뵙게 될 자는 해를 보는 것입니다. 무릇 아궁이란 한 사람만 그 앞에서 불을 쬐어도 뒤에 있는 사람은 그 빛도 볼 수가 없습니다. 지금 혹 어떤 한 사람이 임금의 따뜻함을 독차지하고 있는 것일까요? 그렇다면 제가 비록 꿈에 아궁이를 보았다 한들 역시 옳지 않겠습니까?"

傳一:

衛靈公之時, 彌子瑕有寵, 專於衛國.

侏儒有見公者曰:「臣之夢踐矣.」

公曰:「何夢?」

對曰:「夢見竈, 爲見公也.」

公怒曰:「吾聞見人主者夢見日, 奚爲見寡人而夢見竈?」

對曰:「夫日兼燭天下, 一物不能當也; 人君兼燭一國, 一人不能擁也. 故將見主者夢見日. 夫竈, 一人煬焉, 則後人無從見矣. 今或者一人有煬君者乎? 則臣雖夢見竈, 不亦可乎!」

【傳一】經文 제 1조에 대한 해설로 265~274까지 모두 10장이 들어 있음.

【衛靈公】孔子와 같은 시대의 衛나라 군주. 이름은 元. 衛 襄公(惡)의 뒤를 이어 B.C.534~493년까지 42년간 재위하고 손자 出公(輒)을 거쳐 莊公(蒯聵)로 이어짐. 부인 南子로 인해 태자 蒯聵를 축출하는 등 많은 사건을 남김.《論語》와 《左傳》을 볼 것.

【彌子瑕】衛 靈公의 嬖臣이며 男色. 靈公의 총애를 믿고 정치를 專橫하여 史魚 (史鰌)의 '屍諫'과 '愛憎之變' 등의 많은 고사를 남긴 인물임.《戰國策》趙策(3) 鮑彪 注에 "補曰: 靈公幸臣, 其妻與子路之妻兄弟, 亦見孟子"라 함.

【夢踐】꿈이 들어맞음. 踐은 〈難四〉에는 淺, 〈乾道本〉에는 賤자로 되어 있으나 모두 잘못 쓰인 것임. 王先愼은 "作踐, 是, 今據改"라 함. 驗과 같은 뜻임.

【兼燭】兼照와 같음. 두루 다 비춤.

【不能當】'當'은 '撞'의 가차. '蔽'의 뜻. '가로막다'의 뜻.

【不能擁】'擁'은 顧廣圻는 "擁, 當作壅"이라 함. '壅蔽, 塞'의 뜻.

【煬焉】煬은 燃焉와 같음. 여기서는 불을 쬠. "對火曰煬"이라 하였고《淮南子》 에는 "富人衣纂錦, 貧人煬竈口"라 함.

1.《韓非子》難四(645)

衛靈公之時, 彌子瑕有寵於衛國. 侏儒有見公者曰:「臣之夢踐矣」公曰:「奚夢?」
「夢見竈者, 爲見公也」公怒曰:「吾聞見人主者夢見日, 奚爲見寡人而夢見竈乎?」
侏儒曰:「夫日兼照天下, 一物不能當也. 人君兼照一國, 一人不能壅也. 故將見
人主而夢日也. 夫竈, 一人煬焉, 則後人無從見矣. 或者一人煬君邪? 則臣雖夢竈,
不亦可乎?」公曰:「善」遂去雍鉏, 退彌子瑕, 而用司空狗.

2.《戰國策》趙策(3)

衛靈公近雍疽(疸)·彌子瑕. 二人者, 專君之勢以蔽左右. 復塗偵謂君曰:「昔日
臣夢見君」君曰:「子何夢?」曰:「夢見竈君」君忿然作色曰:「吾聞夢見人君者,
夢見日. 今子曰夢見竈君而言君也, 有說則可, 無說則死」對曰:「日, 幷燭天下
者也, 一物不能蔽也. 若竈則不然, 前之人煬, 則後之人無從見也. 今臣疑人之
有煬於君者也, 是以夢見竈君」君曰:「善」於是, 因廢雍疽·彌子瑕, 而立司空狗.

266(30-10)
여러 사람과 함께 하면

노魯 애공哀公이 공자에게 물었다.

"비루한 속담에 '여럿이 함께 하여 미혹함에 빠지지 말라'라 하였습니다. 지금 과인이 일을 처리하면서 여러 신하들과 함께 고려하고 있으나 나라는 더욱 혼란에 빠져들고 있으니 어찌 된 이유입니까?"

공자가 대답하였다.

"현명한 임금이 신하에게 물었을 때 한 사람은 그것을 알고, 한 사람은 알지 못하고 있습니다. 이와 같이 되어야 현명한 임금이 위에 있고 신하들이 아래에서 솔직하게 논의할 수 있습니다. 지금 신하들로써 계손季孫에게 말과 행동을 하나로 맞추고 똑같이 하지 않는 자가 없어, 온 노나라를 다 들어 하나가 되고 말았습니다. 그러니 임금께서 비록 나라 안 모든 사람에게 물어본다 하더라도 그래도 혼란에서 벗어나지 못할 것입니다."

魯哀公問於孔子曰:「鄙諺曰:『莫衆而迷.』今寡人擧事, 與群臣慮之, 而國愈亂, 其故何也?」

孔子對曰:「明主之問臣, 一人知之, 一人不知也; 如是者, 明主在上, 群臣直議於下. 今群臣無不一辭同軌乎季孫者, 擧魯國盡化爲一, 君雖問境內之人, 猶不免於亂也.」

【哀公】孔子와 같은 시대의 魯나라 군주. 定公(宋)의 아들이며 이름은 蔣.《史記》
魯周公世家에는 이름을 '將'이라 하였음. 어머니는 定姒. B.C.494~B.C.468년
까지 27년간 재위함. 梁玉繩의《史記志疑》에는 "人表於魯悼公下注云「出公子」,
是哀公亦有出公之稱, 以孫于越故也"라 함. 〈諡法〉에 "恭仁短折曰哀"라 함.
【莫衆而迷】王先愼은 "居士不與衆謀者, 必迷惑"이라 함.
【一人知之】질문하는 문제의 핵심에 대하여 몇 사람은 이해하고 있으나 그 반면에
모르는 자가 몇 사람 있을 수 있는 상황을 말함.
【直議】서로 간에 기탄없이 의견을 말함. 솔직하게 논의함.
【季孫】魯의 실권을 장악한 三桓 가운데 一族. 구체적으로 季康子를 가리키며
이름은 季孫肥. 季孫斯의 庶子. 魯나라의 正卿.
【一辭同軌】말이 한 입에서 나온 것과 같고 행동 또한 같은 궤를 달림.

267(30-11)
세 사람이 함께 하여

일설에 이렇게 전하고 있다.

안영자晏嬰子가 노魯나라를 빙문하였을 때 애공哀公이 물었다.

"속담에 '세 사람이 함께하여 미혹됨이 없도록 하라'라 하였소. 그런데 지금 과인은 온 나라 사람들과 함께 의논하고 있는데도 우리 노나라는 혼란을 면치 못하고 있으니 어찌된 일입니까?"

안자가 말하였다.

"옛날에 이른바 '세 사람이 함께하여 미혹함이 없도록 하라'라고 한 것은 한 사람이 하다가는 놓칠 수도 있으나 두 사람이 하면 계책을 맞게 할 수 있고 세 사람이 하면 정확할 수 있으니 이런 정도면 많은 사람이라 할 수 있습니다. 그 까닭으로 '세 사람이 함께하여 미혹함이 없도록 하라'라고 한 것입니다. 그런데 지금 노나라는 여러 신하들이 수 천 수 백이 되면서 계손씨季孫氏의 사사로운 일에 한 마디로 똑같이 합니다. 사람 수는 많지 않은 것은 아니지만 하는 말은 한 사람이 하는 것과 같으니 어찌 세 사람이라 할 수 있겠습니까?"

一曰: 晏嬰子聘魯, 哀公問曰:「語曰:『莫三人而迷.』
今寡人與一國慮之, 魯不免於亂, 何也?」

晏子曰:「古之所謂『莫三人而迷』者, 一人失之, 二人得之, 三人足以爲衆矣, 故曰『莫三人而迷』. 今魯國之群臣以千百數, 一言於季氏之私, 人數非不衆, 所言者一人也, 安得三哉?」

【一曰】앞에 제시한 故事나 逸話가 달리 전할 때 韓非는 다음에 같은 내용을 싣되 '一曰'이라 하여 구분하였음. 〈集解〉에 "顧廣圻曰: 按「一曰」者, 劉向敍錄時所下校語也. 謂「一」見於《晏子春秋》, 其所「曰」者如此. 凡本書「一曰」皆同例"라 하였고, 陳天啓는 "皆系後人所加而混入正文者, 或出於劉向之前, 或出於劉向之後"라 함.

【晏嬰子】晏子, 晏嬰. 〈凌本〉에는 '嬰'자가 없음. 晏子(?~B.C.500)는 管仲과 더불어 春秋時代를 대표하는 齊나라 두 名宰相 가운데 하나. 자는 平仲. 晏弱의 아들. 靈公(재위 B.C.581~B.C.554), 莊公(재위 B.C.553~B.C.548), 景公(재위 B.C.547~B.C.490)을 섬겨 기울어져 가는 세기말의 禮敎를 바로잡아 보려고 애쓴 인물로 최저를 거부하고 공자와 부딪치기도 하였음. 그의 언행을 모아 편찬한 《晏子春秋》가 널리 알려져 있음. 司馬遷은 《史記》管晏列傳에 그의 전기를 실어 높이 평가하고 있음.

【哀公】哀公은 晏嬰이 죽은 뒤에 즉위하였음. 따라서 시기적으로 맞지 않음. 《晏子春秋》에는 昭公으로 되어 있음.

참고 및 관련 자료

1. 《晏子春秋》(4) 內篇 問下

晏子聘于魯, 魯昭公問焉, 曰:「吾聞之, 莫三人而迷, 今吾以一國慮之, 魯不免于亂, 何也?」晏子對曰:「君之所尊擧而富貴, 入所以與圖身, 出所以與圖國; 及左右逼邇, 皆同于君之心者也. 撟魯國化而爲一心, 曾無與二, 其何暇有三? 夫逼邇于君之側者, 距本朝之勢, 國之所以殆也; 左右讒諛, 相與塞善, 行之所以衰也; 士者持祿, 游者養交, 身之所以危也.《詩》曰:『芃芃棫樸, 薪之槱之. 濟濟辟王, 左右趨之.』此言古者聖王明君之使以善也. 故外知事之情, 而內得心之誠, 是以不迷也.」

268(30-12)
하수河水의 신 하백河伯

제齊나라 어떤 사람이 제왕齊王에게 말하였다.

"하백河伯은 큰 신입니다. 왕께서 어찌 시험 삼아 만나보시지 않으십니까? 청컨대 제가 왕께서 만나볼 수 있도록 해드리겠습니다."

이에 큰 물가에 제단을 만들고 왕과 함께 서 있었다.

잠시 뒤 큰 물고기가 튀어나오자 그는 이렇게 말하였다.

"이것이 하백입니다."

齊人有謂齊王曰:「河伯, 大神也. 王何不試與之遇乎?
臣請使王遇之.」

乃爲壇場大水之上, 而與王立之焉.

有間, 大魚動, 因曰:「此河伯.」

【河伯】水神. 黃河의 신. 이름은 馮夷. 원래 華陰 사람으로 河水에 빠져 죽자 天帝가 河伯에 명했다고 함.《博物志》(7)에 "馮夷, 華陰潼鄕人也, 得道成水仙, 是爲河伯. 豈道同哉? 仙人乘龍虎, 水神乘魚龍. 其行恍惚, 萬里如室"이라 하였으며,《搜神記》(4)에는 "宋時, 弘農馮夷, 華陰潼鄕隄首人也. 以八月上庚日渡河, 溺死. 天帝署爲河伯"이라 함.

【大神】신통력이 큰 귀신을 가리킴.

【壇場】壇은 흙을 쌓아 모은 臺이며 場은 깨끗이 쓴 땅으로 제단을 말함.

【因曰】그 틈을 이용하여 곧바로 말함. 〈集解〉에 "直信一人言, 故有斯弊"라 함.

참고 및 관련 자료

1. 《太平御覽》(882)을 볼 것.

269(30-13)
장의張儀와 혜시惠施의 논쟁

장의張儀는 진秦나라, 한韓나라, 위魏나라 등 세 나라의 군세를 합하여 제齊나라와 초楚나라를 치고자 하였으나 혜시惠施는 제나라, 초나라와 동맹을 맺고 전쟁을 그만둘 것을 주장하였다.

두 사람은 논쟁을 벌였다.

신하들과 좌우 측근들이 모두 장의를 위해 발언하여 제나라와 초나라를 공격하는 것이 이득이 된다고 여기면서 혜시를 위하여 발언하는 자는 없었다.

왕은 과연 장의의 주장을 받아들이고 혜시의 주장을 불가하다고 생각하였다.

제나라, 초나라를 공격하는 일이 이미 결정되자, 혜시가 안에 들어가 왕을 만났다.

왕이 물었다.

"선생께서는 더 이상 말하지 마시오! 제나라와 초나라를 치는 일이 과연 이익이 될 것이오. 온 나라가 모두 다 그렇다고 여기고 있소."

혜시가 이 말을 받아 설득하였다.

"깊이 살피지 않을 수 없습니다. 무릇 제나라와 초나라를 치는 일이 진실로 이득이 된다고 온 나라가 모두 다 이롭다고 여기는 것이 어찌 지혜로운 자가 많아서 그런 것이겠습니까? 게다가 제나라와 초나라를 치는 일이 진실로 불리한 것임에도 온 나라가 모두 다 이롭다고 여긴다면 이것이 어찌

어리석은 자가 많아서 그런 것이겠습니까? 무릇 모책이란 대개 의혹스러운 것이 있기 때문입니다. 의혹스러운 것은 진실로 의혹스러운 것입니다. 그래서 옳다고 하는 자가 반쯤은 되고 옳지 않다고 하는 자도 반쯤은 되게 마련입니다. 그런데 지금 온 나라가 모두 옳다고 하니 이는 임금께서 반은 잃은 것이 됩니다. 임금을 접협劫脅할 자는 바로 잃어버린 그 반일 것입니다"

張儀欲以秦·韓與魏之勢伐齊·荊, 而惠施欲以齊·荊偃兵.

二人爭之.

群臣左右皆爲張子言, 而以攻齊·荊爲利, 而莫爲惠子言.

王果聽張子, 而以惠子言爲不可.

攻齊·荊事已定, 惠子入見.

王言曰:「先生毋言矣! 攻齊·荊之事果利矣, 一國盡以爲然.」

惠子因說:「不可不察也. 夫齊·荊之事也誠利, 一國盡以爲利, 是何智者之衆也? 攻齊·荊之事誠不利, 一國盡以爲利, 何愚者之衆也? 凡謀者, 疑也. 疑也者, 誠疑: 以爲可者半, 以爲不可者半. 今一國盡以爲可, 是王亡半也. 劫主者固亡其半者也.」

【張儀】魏의 사람. 蘇秦과 쌍벽을 이루었던 전국시대 縱橫家의 대표적인 유세가. 蘇秦과 함께 鬼谷선생에게 외교술을 배웠으나 소진이 먼저 秦나라에 맞서는 六國 合從說(合縱說)로 성공하자 장의는 秦나라를 중심으로 連橫說(連衡說)을 써서 秦나라 국력을 신장시켰음. 張儀는 그 무렵 위나라 재상이었음.《史記》 張儀列傳 및《戰國策》을 참조할 것.

【荊】 초나라의 다른 칭호

【惠施】 전국시대 名家의 하나. 莊子와 같은 시대이며 魏 惠王의 재상을 지내기도
　하였음. 《莊子》天下篇에 惠施가 주장한 '歷物之意十條'라 실려 있음.

【偃兵】 전쟁을 그만둠을 뜻함. '偃'은 '눕다'의 뜻.

【謀者疑】 의문되는 일이 있어서 모책을 짜고 논의가 필요한 것임.

【是王亡半】 의문을 제기하는 자가 없으므로 그 반을 상실함.

【劫主】 신하에게 자리를 위협받는 군주. '劫'은 劫脅, 脅劫의 뜻.

참고 및 관련 자료

1. 《戰國策》魏策(1)

張儀欲以魏合於秦·韓而攻齊·楚. 惠施欲以魏合於齊·楚以案兵. 人多爲張子
於王所. 惠子謂王曰:「小事也, 謂可者謂不可者正半, 況大事乎? 以魏合於秦·
韓而攻齊·楚, 大事也, 而王之羣臣皆以爲可. 不知是其可也, 如是其明耶? 而羣
臣之知術也, 如是其同耶? 是其可也, 未如是其明也, 而羣臣之知術也, 又非皆
同也, 是有其半塞也. 所謂劫主者, 失其半者也.」

270(30-14)
수우豎牛의 못된 계략

숙손叔孫은 노魯나라 재상으로써 귀한 신분에 국정을 결단하는 주체였다.
그가 총애하던 수우豎牛란 자가 있었는데 그 또한 숙손의 명령을 마음
대로 휘두르고 있었다.

숙손에게는 임壬이라는 아들이 있었는데 수우가 그를 질투하여 죽이
고자 그 임과 함께 노나라 임금의 행궁으로 놀러갔다.

노나라 임금이 그에게 둥그런 옥을 하사하자 임은 이를 절하여 받았으나
허리에 차지 않은 채 수우로 하여금 아버지 숙손에게 허락을 받아달라고
청하였다.

수우가 그를 속여 이렇게 말하였다.

"내가 이미 너를 위하여 허락을 받았다. 너에게 차도 된다고 하셨다."

그리하여 임은 그것을 허리에 차게 되었다.

수우는 이렇게 해놓고 숙손에게 이렇게 말하였다.

"어찌 임을 임금께 알현시키지 않습니까?"

숙손이 말하였다.

"어린아이인데 어찌 알현시킬 만하겠는가?"

수우가 다시 말하였다.

"임은 이미 자주 임금을 뵙고 있습니다. 임금께서 둥근 옥까지 주셔서
임은 벌써 그것을 차고 다닙니다."

숙손이 임을 불러서 만나 보았더니 과연 그것을 차고 있었다. 숙손은

노하여 임을 죽여 버렸다.

임의 형 병丙이 있었는데 수우가 그도 질투하여 죽이려 하였다.

숙손이 병을 위하여 종을 만들었는데 종이 완성되자 병은 그것을 감히 치지 못하고 수우로 하여금 아버지 숙손의 허락을 받아주도록 청하였다.

수우는 요청도 하지 않은 채 다시 그를 속였다.

"내 이미 너를 위해 허락을 받아내었다. 그것을 쳐 보도록 하였다."

이에 병이 그것을 쳤다.

숙손이 종소리를 듣고는 이렇게 말하였다.

"병은 허락을 청하지도 않고 제멋대로 충을 치고 있구나."

그리고는 노하여 내쫓아버렸다.

병은 제齊나라로 달아났다.

1년이 지나 수우가 병을 용서해줄 것을 숙손에게 빌자 숙손은 수우로 하여금 병을 불러오도록 하였다.

그런데 부르지도 않은 채 수우는 숙손에게 이렇게 보고하였다.

"제가 부르러 갔더니 병은 노여움이 심하여 돌아오려 하지 않고 있습니다."

숙손이 크게 노하여 사람을 시켜 그를 죽이도록 하였다.

두 아들은 이미 죽고 숙손이 병들자 수우가 혼자 간병을 하며 좌우들을 배제한 채 사람을 안으로 들어오지 못하게 하면서 이렇게 핑계를 대었다.

"숙손께서 사람 말소리를 듣지 않고자 하신다."

그렇게 하여 먹이지 않고 굶겨 죽였다.

숙손이 이윽고 죽자 수우는 그대로 상을 치르지도 않은 채 창고의 귀중한 보물을 옮겨 텅 비우고는 제나라로 달아났다.

무릇 믿는 자의 말만 듣고 부자가 모두 남에게 죽임을 당하였으니 이는 언행을 참증하지 않은 환난이었다.

叔孫相魯, 貴而主斷.

其所愛者曰豎牛, 亦擅用叔孫之令.

叔孫有子曰壬, 豎牛妬而欲殺之, 因與壬遊於魯君所.

魯君賜之玉環, 壬拜受之而不敢佩, 使豎牛請之叔孫.

豎牛欺之曰:「吾已爲爾請之矣, 使爾佩之.」

壬因佩之.

豎牛因謂叔孫:「何不見壬於君乎?」

叔孫曰:「孺子何足見也?」

豎牛曰:「壬固已數見於君矣. 君賜之玉環, 壬已佩之矣.」

叔孫召壬見之, 而果佩之, 叔孫怒而殺壬.

壬兄曰丙, 豎牛又妬而欲殺之.

叔孫爲丙鑄鐘, 鐘成, 丙不敢擊, 使豎牛請之叔孫.

豎牛不爲請, 又欺之曰:「吾已爲爾請之矣, 使爾擊之.」

丙因擊之.

叔孫聞之曰:「丙不請而擅擊鐘.」

怒而逐之.

丙出走齊.

居一年, 豎牛爲謝叔孫, 叔孫使豎牛召之.

又不召而報之曰:「吾已召之矣, 丙怒甚, 不肯來.」

叔孫大怒, 使人殺之.

二子已死, 叔孫有病, 豎牛因獨養之而去左右, 不內人,
曰:「叔孫不欲聞人聲.」

因不食而餓死.

叔孫已死, 豎牛因不發喪也, 徙其府庫重寶空之而奔齊.

夫聽所信之言而子父爲人僇, 此不參之患也.

【叔孫】春秋시대 魯나라 대부이며 三桓 가운데 하나. 이름은 叔孫豹. 시호는 목자. 叔孫穆子, 穆叔으로도 불림. 叔孫僑如의 아우. 叔孫豹의 형 叔孫僑如가 魯 成公의 어머니 穆姜과 사통하면서 그 세력으로 季孫氏와 孟孫氏를 없애려 하자 그 와중에 叔孫豹는 齊나라로 달아나 庚宗이라는 곳에 이르러 어떤 여인의 집에 머물면서 그 여인과의 사이에 아들을 낳음. 叔孫僑如가 노나라에서 사실이 들통나 마침내 실각하자 魯 成公이 숙손표를 불러 叔孫氏 집안의 후계자로 삼아주었음. 뒤에 庚宗의 여인이 어린 아이를 데리고 찾아왔으며 이 아이가 자라자 숙손표는 그를 총애하여 집안일을 모두 맡겼음. 이가 豎牛이며 실제는 자신의 私生兒였음.

【豎牛】'豎'는 군주의 측근에서 시중드는 사람을 일컫는 말이며 '牛'는 이름.

【壬·丙】叔孫豹는 齊나라에 가 있을 때 國氏의 딸을 아내로 맞아 孟丙과 仲壬의 두 아들을 낳았음. 따라서 孟丙이 형이며 仲壬이 아우였음.

【玉環】허리에 차는 장신구로써 얇고 둥근 모양의 가운데 구멍을 낸 옥.

【鑄鐘】동기로 만든 악기. 고대 종을 쳐서 식사 때를 알렸으며 맹병에게 종을 만들어 준 것은 후계자를 삼을 뜻을 비친 것이기도 함. 그러나 아버지의 허락이 있은 뒤에야 이를 칠 수 있음.

【不內人】'內'는 '納'과 같음.

【發喪】친구, 지인, 가족들에게 부고를 하고 상을 치름.

【爲人僇】'僇'은 '戮'과 같음. 죽임을 당함.

参고 및 관련 자료

1. 《左傳》昭公 4年 傳

初, 穆子去叔孫氏, 及庚宗, 遇婦人, 使私爲食而宿焉. 問其行, 告之故, 哭而送之. 適齊, 娶於國氏, 生孟丙·仲壬. 夢天壓己, 弗勝, 顧而見人, 黑而上僂, 深目而豭喙, 號之曰:「牛! 助余!」乃勝之. 旦而皆召其徒, 無之. 且曰:「志之!」及宣伯奔齊, 饋之. 宣伯曰:「魯以先子之故, 將存吾宗, 必召女. 召女, 何如?」對曰:「願之久矣.」魯人召之, 不告而歸. 旣立, 所宿庚宗之婦人獻以雉. 問其姓, 對曰:「余子長矣, 能奉雉而從我矣.」召而見之, 則所夢也. 未問其名, 號之曰:「牛!」曰:「唯!」皆召其徒使視之, 遂使爲豎. 有寵, 長使爲政. 公孫明知叔孫於齊, 歸, 未逆國姜, 子明取之, 故怒, 其子長而後使逆之. 田於丘蕕, 遂遇疾焉. 豎牛欲亂其

室而有之, 强與孟盟, 不可. 叔孫爲孟鐘, 曰:「爾未際, 饗大夫以落之.」旣具,
使豎牛請日. 入, 弗謁; 出, 命之日. 及賓至, 聞鐘聲. 牛曰:「孟有北婦人之客.」
怒, 將往, 牛止之. 賓出, 使拘而殺諸外. 牛又强與仲盟, 不可. 仲與公御萊書觀
於公, 公與之環, 使牛入示之. 入, 不示; 出, 命佩之. 牛謂叔孫,「見仲而何?」
叔孫曰:「何爲?」曰:「不見, 旣自見矣, 公與之環而佩之矣.」遂逐之, 奔齊. 疾急,
命召仲, 牛許而不召. 杜洩見, 告之飢渴, 授之戈. 對曰:「求之而至, 又何去焉?」
豎牛曰:「夫子疾病, 不欲見人.」使實饋于个而退. 牛弗進, 則置虛命徹. 十二月
癸丑, 叔孫不食; 乙卯, 卒. 牛立昭子而相之. 公使杜洩葬叔孫, 豎牛賂叔仲昭
子與南遺, 使惡杜洩于季孫而去之. 杜洩將以路葬, 且盡卿禮. 南遺謂季孫曰:
「叔孫未乘路, 葬焉用之? 且冢卿無路, 介卿以葬, 不亦左乎?」季孫曰:「然.」
使杜洩舍路. 不可, 曰:「夫子受命於朝而聘於王, 王思舊勳而賜之路, 復命而
致之君. 君不敢逆王命而復賜之, 使三官書之. 吾子爲司徒, 實書名; 夫子爲司馬,
與工正書服; 孟孫爲司空以書勳. 今死而弗以, 是棄君命也. 書在公府而弗以,
是廢三官也. 若命服, 生弗敢服, 死又不以, 將焉用之?」乃使以葬. 季孫謀去中軍,
豎牛曰:「夫子固欲去之.」

강을江乙의 재치

강을江乙이 위왕魏王을 위해 초楚나라에 사신으로 가서 초왕楚王에게
이렇게 말하였다.

"제가 왕의 영내에 들어와서 이 나라의 풍속을 들으니 '군자는 남의
좋은 일을 숨기지 아니하고, 남의 잘못을 거론하지 않는다'라 하더이다.
진실로 그렇습니까?"

왕이 말하였다.

"그렇소."

"그렇다면 백공白公의 난 같은 것도 위험하지 않겠네요? 진실로 이와
같다면 신하로서는 죽을죄를 면하겠군요."

江乙爲魏王使荊, 謂荊王曰:「臣入王之境內, 聞王之
國俗曰:『君子不蔽人之美, 不言人之惡.』誠有之乎?」

王曰:「有之.」

「然則若白公之亂, 得庶無危乎? 誠得如此, 臣免死罪矣.」

【江乙】 '江一'로도 표기하며 魏나라 사람으로 楚나라에 벼슬하고 있었음.
《戰國策》(14)에 '狐假虎威'의 고사를 낳은 인물이기도 함.〈乾道本〉에는 '江乞'로
잘못 표기되어 있음.

【荊】 楚나라의 다른 이름. 그 무렵 북방 中原에서는 남쪽 초나라를 낮추어 흔히
荊蠻이라 불렀음.

【白公之亂】 춘추시대 楚 平王의 建이 伍子胥와 함께 鄭나라로 달아나자 鄭
나라는 楚나라의 보복이 두려워 建을 죽여 버렸음. 伍子胥는 建의 아들 勝을
데리고 吳나라로 도망, 결국 오자서는 吳나라 군사를 이끌고 楚나라를 공격
하여 수도 郢까지 들어갔음. 이렇게 되자 楚나라 令尹 子西는 勝을 불러들여
巢大夫로 삼고 號를 白公이라 일컬었음. 백공은 子西에게 청하여 鄭나라를
쳐서 아버지의 원수를 갚자고 하였지만 자서는 대답만 해놓고 실행치 않다가
도리어 晉나라를 쳐서 鄭나라를 구해 주었음. 백공은 이에 子西를 죽여 버렸
으며 이렇게 일이 벌어지자 平王의 손자 惠王은 달아나고 백공이 즉위하여
왕이 되었음. 이에 葉公이 백공을 죽이고 惠王을 복위시켰음.

【臣免死罪矣】 여기서 臣은 州侯를 가리키며 楚나라 州侯가 專橫을 부려 죽을
죄를 저지르고 있음에도 아무런 탈이 없음을 뜻함. 楚나라 州侯를 심하게
비판한 것임.《戰國策》에는 이 다음에 "楚王曰:「何也?」江乙曰:「州侯相楚,
貴甚矣而主斷, 左右俱曰『無有』, 如出一口矣.」"의 구절이 이어져 있음.

참고 및 관련 자료

1.《戰國策》楚策(1)

江乙爲魏使於楚, 謂楚王曰:「臣入竟, 聞楚之俗:『不蔽人之善, 不言人之惡.』
誠有之乎?」王曰:「誠有之.」江乙曰:「然則白公之亂, 得無遂乎? 誠如是,
臣等之罪免矣.」楚王曰:「何也?」江乙曰:「州侯相楚, 貴甚矣而主斷, 左右俱
曰『無有』, 如出一口矣.」

2.《意林》(1)

不蔽人之美, 不言人之惡.

272(30-16)
여이如耳와 세희世姬

위衛 사군嗣君은 여이如耳를 중히 여기고 세희世姬를 사랑하였지만 한편으로는 그들 모두가 총애를 틈타 자신의 이목을 막을까 걱정스러웠다.

이에 박의薄疑를 귀히 여겨 여이와 맞서게 하고 위희魏姬를 높여 세희와 짝을 이루게 하고는 이렇게 말하였다.

"이렇게 함으로써 서로를 견제하도록 하는 것이다."

사군은 이목이 막히지 않게 하는 법은 알았지만 그 술수는 터득하지 못한 것이다.

무릇 신분 낮은 자로 하여금 지위가 높은 자를 비판하도록 하거나 아랫사람이면서 윗사람과 연좌되지 않도록 하고 필히 권세의 균형을 기다린 뒤에야 서로 감히 비판을 할 수 있게 한다면 이는 자신을 막아버리는 신하를 더욱 많이 심어놓는 꼴이 된다.

사군이 이목이 막히게 된 것은 여기에서 시작된 것이다.

衛嗣君重如耳, 愛世姬, 而恐其皆因其愛重以雍己也.

乃貴薄疑以敵如耳, 尊魏姬以耦世姬, 曰:「以是相參也.」

嗣君知欲無雍, 而未得其術也.

夫不使賤議貴, 下必坐上, 而必待勢重之鈞也, 而後敢相議, 則是益樹壅塞之臣也.

嗣君之壅乃始.

【衛嗣君】衛嗣公으로 부르며 衛나라 임금. 衛 平侯의 아들. 秦나라가 폄하
하여 君으로 일컬은 것. 王先愼의 〈集解〉에 "君當作公, 嗣公, 衛平侯之子,
秦貶其號爲君, 非此書未入秦作, 必不從秦所貶爲稱. 且上經「嗣公欲治不知」,
不作君, 是君當爲公之誤"라 함. 그러나《史記》衛康叔世家에 의하면 "成侯
十一年, 公孫鞅入秦. 十六年, 衛更貶號曰侯. 二十九年, 成侯卒, 子平侯立. 平侯
八年卒, 子嗣君立. 嗣君五年, 更貶號曰君, 獨有濮陽. 四十二年卒, 子懷君立.
懷君三十一年, 朝魏, 魏囚殺懷君. 魏更立嗣君弟, 是爲元君. 元君爲魏壻, 故魏
立之. 元君十四年, 秦拔魏東地, 秦初置東郡, 更徙衛野王縣, 而幷濮陽爲東郡.
二十五年, 元君卒, 子君角立. 君角九年, 秦幷天下, 立爲始皇帝. 二十一年, 二世
廢君角爲庶人, 衛絶祀"라 하여 80여년 간 衛나라는 殺君立君의 혼란을 거치
면서 이미 嗣君으로 불렸으며 결국 君角에 이르러 秦始皇에게 완전 멸망하고
말았음.
【如耳】魏나라 사람으로 衛나라에 벼슬하고 있었음.《史記》魏世家 哀王 8년,
魏 哀王이 衛나라를 치자 衛君이 두려워하였다. 이에 如耳가 衛君에게 "請罷
魏兵, 免成陵君, 可乎?" 衛君曰: "先生果能, 孤請世以衛事先生"이라 함.
과연 如耳는 魏王을 설득하여 군사를 되돌리게 하였고 衛君은 如耳를 매우
중시하게 되었다 함. 한편 〈正義〉에 "如耳, 魏大夫姓名也"라 함.
【世姬】衛 嗣君의 비.《荀子》注에는 '泄姬'로 되어 있음.
【薄疑】인명. 처음 趙나라에 살다가 衛나라로 들어가 嗣公을 섬긴 인물.《呂氏
春秋》에 "衛嗣君欲重稅, 薄疑止之"라 하였고,《淮南子》說山訓에 "薄疑說衛
嗣君以王術"이라 하여 嗣君에게 많은 의견을 냈던 인물로 알려짐.
【魏姬】역시 衛 嗣君의 비.《荀子》注에는 '魏妃'로 되어 있음.
【耦世姬】耦는 偶자와 같음. 匹敵과 같은 뜻임.
【下坐上】아래가 위와 나란히 '連坐'됨.
【勢重之鈞】권력 균형. 鈞은 均자와 같음.
【壅塞之臣】王先愼 〈集解〉에 "兩受共謀, 爲壅更甚, 此嗣君不得術"이라 함.

1.《荀子》王制篇 注

《韓子》曰: 衛嗣公重如耳, 愛泄姬, 而恐其皆因其愛重以壅己也. 乃貴薄疑以敵如耳, 尊魏妃以耦世泄, 曰:「以是相參也.」

2.《史記》魏世家

(哀王)八年, 伐衛, 拔列城二. 衛君患之. 如耳見衛君曰:「請罷魏兵, 免成陵君可乎?」衛君曰:「先生果能, 孤請世世以衛事先生.」如耳見成陵君曰:「昔者, 魏伐趙, 斷羊腸, 拔閼與, 約斬趙, 趙分而爲二, 所以不亡者, 魏爲從主也. 今衛已迫亡, 將西請事於秦. 與其以秦醳衛, 不如以魏醳衛, 衛之德魏必終無窮.」成陵君曰:「諾.」如耳見魏王曰:「臣有謁於衛. 衛故周室之別也, 其稱小國, 多寶器. 今國迫於難而寶器不出者, 其心以爲攻衛醳衛不以王爲主, 故寶器雖出必不入於王也. 臣竊料之, 先言醳衛者必受衛者也.」如耳出, 成陵君入, 以其言見魏王. 魏王聽其說, 罷其兵, 免成陵君, 終身不見.

273(30-17)
방향만 알면

　무릇 화살이 날아오는 방향이 정해져 있으면 철판을 쌓아서 그 한 방향을 대비하면 되고, 화살이 날아오는 방향이 일정하지 않으면 철판으로 사방을 에워싸서 모두를 대비하면 된다. 이렇게 막으면 몸을 다치지 않는다.
　그러므로 저들이 사방 모두를 막아 다치지 않듯이 이쪽에서는 신하 모두를 적으로 여겨 간악한 자가 나타나지 않도록 해야 한다.

　夫矢來有鄕, 則積鐵以備一鄕; 矢來無鄕, 則爲鐵室以盡備之.
　備之則體不傷.
　故彼以盡備之不傷, 此以盡敵之無姦也.

【一鄕】 일정하게 정해진 방향. 鄕은 向과 같음.
【鐵室】 철판으로 온 몸을 감싸 적의 공격을 막아 내는 것. 〈集解〉에 "謂甲之全者, 自首至足無不有鐵, 故曰鐵室"이라 함.
【彼·此】 '彼'는 적의 화살을 피하는 병사들을 비유하고 '此'는 임금을 뜻함.
【敵之】 군주가 신하에 대하여 모두 적으로 여기고 대비함. 〈集解〉에 "言君亦當盡敵於臣, 皆所防疑, 則姦絶也"라 함.

274(30-18)
삼인성호三人成虎

    방공龐恭이 태자와 함께 한단邯鄲에 인질로 가면서 위왕魏王에게 이렇게 말하였다.

    "지금 어떤 한 사람이 저자거리에 호랑이가 나타났다고 한다면 왕께서는 그 말을 믿으시겠습니까?"

    왕이 말하였다.

    "믿을 수 없지."

    "두 사람이 저자거리에 호랑이가 나타났다고 한다면 왕께서는 믿으시겠습니까?"

    왕이 말하였다.

    "믿을 수 없지."

    "세 사람이 저자거리에 호랑이가 나타났다고 한다면 왕께서는 믿으시겠습니까?"

    왕이 말하였다.

    "과인은 믿을 걸세."

    방공이 말하였다.

    "무릇 저자거리에 호랑이가 나타날 수 없다는 것은 명백합니다. 그런데도 세 사람이 같은 말을 하게 되면 호랑이가 나타난 것이 됩니다. 지금 한단은 우리 위로부터 거리가 저자거리보다 더 멉니다. 더구나 저를 비판하는 자는 세 사람보다 더 많을 것입니다. 원컨대 왕께서는 이를 살펴주십시오."

    뒤에 방공이 한단으로부터 돌아왔을 때 마침내 왕을 만나 뵐 수 없었다.

龐恭與太子質於邯鄲, 謂魏王曰:「今一人言市有虎,
王信之乎?」

曰:「不信.」

「二人言市有虎, 王信之乎?」

曰:「不信.」

「三人言市有虎, 王信之乎?」

王曰:「寡人信之.」

龐恭曰:「夫市之無虎也明矣, 然而三人言而成虎. 今邯
鄲之去魏也遠於市, 議臣者過於三人, 願王察之.」

龐恭從邯鄲反, 竟不得見.

【龐恭】龐葱, 龐敬, 龐共 등 여러 표기가 있음. 魏나라 신하로 태자가 인질로
　趙나라 邯鄲에 갈 때 수행함. 《戰國策》魏策에는 '龐葱'으로, 《新序》에는 '龐恭'
　으로, 《事類賦》(20)에는 '龐共'으로 되어 있음. 三人成虎의 성어를 남긴 인물.
【邯鄲】전국시대 趙나라 수도. 지금의 河北 邯鄲市.
【議臣】신하에 대하여 헐뜯고 비난함. '議'는 '謗'자와 같음.
【不得見】참언 때문에 왕을 만나볼 수 없음.

> ### 참고 및 관련 자료

1. 《新序》雜事(2)

魏龐恭與太子質於邯鄲, 謂魏王曰:「今一人來言市中有虎, 王信之乎?」王曰:
「否」曰:「二人言, 王信之乎?」曰:「寡人疑矣.」曰:「三人言, 王信之乎?」曰:
「寡人信之矣.」龐恭曰:「夫市之無虎明矣, 三人言而成虎. 今邯鄲去魏遠於市,
議臣者過三人, 願王察之也.」魏王曰:「寡人知之矣.」及龐恭自邯鄲反, 讒口
果至, 遂不得見.

2.《戰國策》魏策(二)

龐葱與太子質於邯鄲, 謂魏王曰:「今一人言市有虎, 王信之乎?」王曰:「否」
「二人言市有虎, 王信之乎?」王曰:「寡人疑之矣」「三人言市有虎, 王信之乎?」
王曰:「寡人信之矣」龐葱曰:「夫市之無虎明矣, 然而三人言而成虎. 今邯鄲去
大梁也遠於市, 而議臣者過於三人矣. 願王察之矣」王曰:「寡人自爲知」於是
辭行, 而讒言先至. 後太子罷質, 果不得見.

3. 기타《事類賦注》(20) 및《太平御覽》(191, 827, 991)을 볼 것.

275(30-19)
아주 깊은 골짜기

전문傳文 제 2조:

동안우董閼于가 조趙나라 상지上地 태수가 되어 석읍石邑 산중을 순시하고 있었다.

깊은 골짜기에 장벽같이 치솟은 절벽을 보았는데 깊이가 백 길이나 되었다. 이에 그 곁 고을 사람들에게 물어보았다.

"사람이 일찍이 이곳에 빠져 들어 간 적이 있었는가?"

그들이 대답하였다.

"없었습니다."

다시 물었다.

"어린아이, 눈 먼 자, 귀머거리, 미친 사람들 가운데 일찍이 이곳에 빠져 들어 간 자가 있었는가?"

그들이 대답하였다.

"없었습니다."

"소나 말 개 돼지들 가운데 이곳에 빠져 들어 간 적이 있었는가?"

역시 이렇게 대답하였다.

"없었습니다."

동안우는 위연히 깊은 한숨을 쉬며 이렇게 말하였다.

"나는 잘 다스리게 될 것이다. 내가 법을 용서하는 일 없이 행사하여 마치 이러한 골짜기에 빠지면 틀림없이 죽게 된다는 것과 같이만 한다면 사람들이 죄를 범하지 않을 것이니 어찌 잘 다스리지 못하겠는가?"

傳二:

董閼于爲趙上地守.

行石邑山中, 見深澗峭如牆, 深百仞, 因問其旁鄉左右曰: 「人嘗有入此者乎?」

對曰:「無有.」

曰:「嬰兒·盲聾·狂悖之人嘗有入此者乎?」

對曰:「無有.」

「牛馬犬彘嘗有入此者乎?」

對曰:「無有.」

董閼于喟然太息曰:「吾能治矣. 使吾法之無赦, 猶入澗之必死也, 則人莫之敢犯也, 何爲不治?」

【傳二】經文 제 2조에 대한 해설로 275~288까지 모두 14장이 들어 있음.

【董閼于】춘추 말 晉나라 趙鞅의 신하. '董安于'로도 표기함.《藝文類聚》와 《太平御覽》에는 모두 '董閼于'로 되어 있으며 王先愼은 "安, 閼, 二字古通" 이라 함. 조나라 건설에 많은 공을 세웠음. 둘 모두 '동안우'로 읽음.

【上地】魏나라 지명.《戰國策》등에 모두 '上黨'으로 알려진 곳. 上郡으로도 불렸으며 지금의 陝西 楡林에서 延安까지 일대.

【石邑】上黨에 소속된 관할 읍 이름.

【峭如牆】마치 장벽처럼 가파르게 치솟은 모양으로 험준함을 말함.

【無赦】범법자를 용서하지 않음. 必罰의 뜻

참고 및 관련 자료

1.《藝文類聚》(9)

《韓子》曰: 董安于爲趙上地守, 行右阜山. 見深澗峭如墙, 深百仞. 問其鄉左右曰:

「人嘗有入此乎?」曰:「無有.」「有嬰兒狂聾人入此乎?」曰:「無有.」「有牛馬犬入此乎?」曰:「無有.」安于欷曰:「吾能治矣. 使吾法之無改, 猶入澗之必死, 則民莫之犯也.」

2. 《藝文類聚》(54)

董安于行石阜山中, 見深澗峭如牆, 深百仞. 因問其鄉左右曰:「人嘗有入者乎?」對曰:「無有.」安于喟然欷曰:「吾能治矣. 使吾法之無赦, 猶入澗之必死也, 則民莫之犯. 何爲不治?」

3. 기타 《太平御覽》(69, 638) 및 《文選》〈永明九年策秀才文〉注)를 볼 것.

276(30-20)
자산子産과 유길游吉의 차이

자산子産은 정鄭나라 재상으로 병이 들어 앞으로 죽음에 이르게 되자 유길游吉에게 이렇게 일렀다.

"내가 죽은 뒤에 그대가 틀림없이 정나라를 다스리게 될 것이니 그때 반드시 엄한 자세로 사람을 대하시오. 무릇 불의 형체가 엄하게 보이므로 타 죽는 사람이 적으나 물의 형체는 나약하게 보이기에 사람이 많이 빠져 죽는 것이라오. 그대는 반드시 그대의 모습을 엄하게 하여 사람들이 그 나약함에 빠져 죽지 않도록 하시오."

그리고 자산은 죽었다.

유길은 차마 엄한 모습을 하지 않아 마침내 정나라 젊은이들은 서로 패거리를 지어 도둑이 되고 갈대 늪을 근거지로 삼아 정나라의 화근이 될 지경이었다.

유길은 전차와 기병을 이끌고 싸워 꼬박 하루 낮 하루 밤을 싸워 겨우 이들을 이겨낼 수 있었다.

유길은 위연히 이렇게 탄식하였다.

"내 일찍부터 그 어른의 가르침을 실행하였더라면 틀림없이 이런 지경에 이르러 후회하지는 않았을 텐데!"

子産相鄭, 病將死, 謂游吉曰:「我死後, 子必用鄭, 必以

嚴莅人. 夫火形嚴, 故人鮮灼; 水形懦, 故人多溺. 子必
嚴子之刑, 無令溺子之懦.」

故子產死.

游吉不忍行嚴刑, 鄭少年相率爲盜, 處於雚澤, 將遂以
爲鄭禍.

游吉率車騎與戰, 一日一夜, 僅能剋之.

游吉喟然歎曰:「吾蚤行夫子之敎, 必不悔至於此矣!」

【子産】公孫僑. 子國(公孫成)의 아들. 뒤에 鄭나라의 훌륭한 宰相이 되어 孔子가
　　자주 칭찬한 인물. 東里에 살아 東里子産으로도 불렸으며 簡公과 定公을 보필
　　하여 40여년 정나라는 안정을 누렸음.《左傳》및《史記》鄭世家 참조.
【游吉】春秋時代 鄭나라 대부. 子産을 이어 鄭나라 재상에 오름. 游販의 아우
　　이며 公孫蠆의 아들. 子大叔(子太叔), 또는 世叔으로도 불림.《左傳》참조.
【形·刑】두 글자 모두 같은 뜻으로 쓰임. 행정을 펴 나가는 방법, 또는 법을 적용
　　하는 태도나 통치 방법 등을 함께 거론한 것임.《莊子》則陽篇에 "夫楚王之爲
　　人也, 形尊而嚴, 其於罪也無赦如虎"의 뜻과 같음.
【以嚴莅人】'嚴'은 猛자와 같으며, 莅는 蒞, 臨 등과 같음. 雙聲互訓.
【鮮灼】'鮮'은 '드물다'의 뜻. '灼'은《左傳》에는 '死'로 되어 있음.
【懦】懦弱함.
【雚澤】《左傳》에는 '雚苻之澤'으로 되어 있으며 지명으로 보아 지금의 河南
　　中牟縣이라 함. 그러나 갈대나 억새풀이 무성한 늪지대로 보기도 함.《左傳》
　　楊伯峻 注에 "雚苻之澤: 舊說多謂卽喜三十三年傳之原圃. 然凡叢生蘆葦之水
　　澤皆可謂之雚苻之澤, 不必原圃"라 함.
【蚤】'早'의 假借字.
【夫子】선생님. 또는 존경하는 분을 부르는 칭호. 여기서는 子産을 가리킴.

1.《左傳》昭公 20年 傳

鄭子産有疾, 謂子大叔曰:「我死, 子必爲政. 唯有德者能以寬服民, 其次莫如猛.
夫火烈, 民望而畏之, 故鮮死焉; 水懦弱, 民狎而翫之, 則多死焉, 故寬難.」疾數
月而卒. 大叔爲政, 不忍猛而寬. 鄭國多盗, 取人於萑苻之澤. 大叔悔之, 曰:
「吾早從夫子, 不及此.」興徒兵以攻萑苻之盗, 盡殺之, 盗少止. 仲尼曰:「善哉!
政寬則民慢, 慢則糾之以猛. 猛則民殘, 殘則施之以寬. 寬以濟猛, 猛以濟寬,
政是以和.《詩》曰『民亦勞止, 汔可小康; 惠此中國, 以綏四方』, 施之以寬也.
『毋從詭隨, 以謹無良; 式遏寇虐, 慘不畏明』, 糾之以猛也.『柔遠能邇, 以定我王』,
平之以和也. 又曰『不競不絿, 不剛不柔, 布政優優, 百禄是遒』, 和之至也.」及子
産卒, 仲尼聞之, 出涕曰:「古之遺愛也.」

277(30-21)
십이월의 서리

노魯 애공哀公이 공자孔子에게 물었다.

"《춘추春秋》의 기록에 '겨울 십이월에 서리가 내렸으나 콩잎이 시들어 죽지 않았다'라 하였는데 무엇 때문에 이렇게 기록하였던 것입니까?"

중니仲尼가 대답하였다.

"이는 시들어 죽게 해야 할 것을 죽이지 않았음을 말한 것입니다. 무릇 죽여야 할 것을 죽이지 않으면 복숭아와 오얏 등이 겨울에 열매를 맺지요. 천도를 잃으면 초목조차도 오히려 자연의 질서를 범하는 법인데 하물며 임금에게 있어서야 어떻겠습니까?"

魯哀公問於仲尼曰:「《春秋》之記曰:『冬十二月霣霜
不殺菽.』何爲記此?」

仲尼對曰:「此言可以殺而不殺也. 夫宜殺而不殺, 桃李
冬實. 天失道, 草木猶犯干之, 而況於人君乎?」

【哀公】孔子와 같은 시대의 魯나라 군주. 定公(宋)의 아들이며 이름은 蔣.《史記》
魯周公世家에는 이름을 '將'이라 하였음. 어머니는 定姒. B.C.494~B.C.468년

까지 27년간 재위함. 梁玉繩의 《史記志疑》에는 "人表於魯悼公下注云「出公子」,
是哀公亦有出公之稱, 以孫于越故也"라 함. 〈諡法〉에 "恭仁短折曰哀"라 함.

【春秋之記】魯 公室의 편년체 역사 기록.

【實霜】《左傳》의 기록은 12월이나 夏曆으로는 9월로 아직 서리가 내릴 수 없는
때였다 함. '實'은 '隕'과 같음. 經에는 '隕霜'으로 되어 있음.

【不殺菽】콩잎이 마르지 않음.

【天失道】천지의 운행이 정상 궤도를 벗어남. 이변이 일어남.

【犯干】자연의 법칙을 어김. 신하가 군주의 권위를 침해하게 됨을 말함.

━━━━━━━━━━
┃ 참고 및 관련 자료 ┃
━━━━━━━━━━

1. 《左傳》僖公 33年 經

隕霜不殺草. 李梅實.

2. 《左傳》定公 元年 經

冬十月, 隕霜殺菽.

278(30-22)
길에 재를 버려도 처벌 대상

은殷나라 때의 법에는 "길거리에 재를 버린 자도 처벌한다"라 하였다.

자공子貢이 너무 지나치다고 여겨 공자에게 여쭈었다.

공자는 이렇게 말하였다.

"다스리는 법을 알았던 것이다. 무릇 재를 길거리에 버리면 틀림없이 흩날려 사람의 몸에 덮일 것이다. 사람의 몸에 덮인다면 틀림없이 화를 낼 것이며 화를 내면 서로 싸우게 되고 싸우면 틀림없이 삼족三族이 나서서 서로 살상하는 일로 번지게 될 것이다. 이는 삼족을 살상하는 짓이다. 비록 처벌을 한다해도 그것은 옳은 일이다. 게다가 무릇 중벌이란 사람들이 싫어 하는 것이며 재를 버리지 못하게 하는 일은 사람으로써 하기 쉬운 것이다. 사람들에게 쉬운 일을 행하도록 하여 싫어하는 것에 걸려들지 않도록 하는 것이 바로 다스림의 도리이다."

殷之法:「刑棄灰於街者.」

子貢以爲重, 問之仲尼.

仲尼曰:「知治之道也. 夫棄灰於街必掩人, 掩人, 人必怒, 怒則鬪, 鬪必三族相殘也, 此殘三族之道也, 雖刑之可也. 且夫重罰者, 人之所惡也; 而無棄灰, 人之所易也. 使人行之所易, 而無離所惡, 此治之道.」

【子貢】B.C. 520~?. 姓은 端木, 이름은 賜, 字는 子貢.
衛나라 출신으로 孔子보다 31세 아래였음.

【掩人】재가 흩날려 사람에게 덮어씌움.

【三族】《史記》秦本紀에 "法初有三族之罪"라 하였고
〈集解〉에 "張晏曰: 父母, 兄弟, 妻子也. 如淳曰: 父族,
母族, 妻族也"라 함.

【相殘】서로 잔혹하게 큰 싸움으로 번지게 됨을 말함.

【行之所易】'之'는 '其'와 같음. 王先愼은 "之, 猶其也"
라 함.

〈子貢(端木賜)〉

【無離所惡】싫어하는 형벌에 걸려들지 않게 함. '離'는 '罹'와 같음. 王先愼은
"離, 讀爲罹"라 함. 《楚辭》離騷 王逸 注에 "離, 遭也"라 함.

━━ 참고 및 관련 자료 ━━

1. 《初學記》(20)를 볼 것.

279(30-23)
재를 버리는 자 그 팔을 자르리라

일설에는 이렇게 되어 있다.

은殷나라의 법에 "재를 큰 길 가에 버린 자는 그 손을 자른다"고 하였다.

자공子貢이 말하였다.

"재를 버린 죄는 가벼운데 손을 자르는 벌은 무겁습니다. 옛 사람들은 어찌 그토록 지나치게 혹독하였습니까?"

그러자 이렇게 말하였다.

"재를 버리지 못하게 하는 것은 쉬운 일이며, 손을 자르는 것은 증오하는 일이다. 쉬운 일을 행하게 하여 증오하는 일에 관계되지 않도록 하는 것을 옛사람들은 쉽다고 여긴 것이다. 그 때문에 그러한 법을 시행하였던 것이다."

一曰: 殷之法:「棄灰于公道者斷其手.」

子貢曰:「棄灰之罪輕, 斷手之罰重, 古人何太毅也?」

曰:「無棄灰, 所易也; 斷手, 所惡也. 行所易, 不關所惡, 古人以爲易, 故行之.」

【一曰】앞에 제시한 故事나 逸話가 달리 전할 때 韓非는 다음에 같은 내용을
  싣되 '一曰'이라 하여 구분하였음.
【公道】큰길. 大路.
【太毅】매우 엄격함. 毅는 〈乾道本〉에는 '酷'으로 되어 있음.
【不關】관련되지 않게 함. '關'은 '入'과 같음. 王先愼은 "不關所惡, 謂不入斷手
  之法也.《書大傳》「雖禽獸之聲猶悉關於律」, 注: 關, 入也"라 함.

280(30-24)
위엄이 있어야

중산中山의 재상 악타樂池가 수레 백 승을 이끌고 조趙나라에 사절로 가면서 식객들 가운데 지혜와 능력이 있는 자를 골라 무리를 거느리게 하였는데 그만 도중에 행렬에 혼란이 일어나고 말았다.

악타가 말하였다.

"나는 그대를 지혜가 있는 자라고 여겨 그대로 하여금 행렬을 거느리게 하였다. 그런데 지금 도중에 이렇게 혼란이 생겼으니 어찌 된 일인가?"

그 식객은 이를 이유로 사퇴하여 떠나면서 이렇게 말하였다.

"공께서는 다스리는 법을 잘 알지 못하시는군요. 위엄이 있어야 족히 남을 복종시킬 수 있고, 이익이 있어야 족히 남을 권면할 수 있는 것입니다. 그래야 능히 다스릴 수 있습니다. 지금 저는 그대의 어린 식객에 지나지 않습니다. 무릇 나이 어린 자가 연장자를 바로잡고자 하거나, 천한 신분이 귀한 자를 다스리고자 하면서 그 이해利害의 칼자루를 쥐고 제압하도록 해 주지 않고 있으니 이것이 바로 혼란이 일어난 까닭입니다. 일찍이 저로 하여금 저들 가운데 훌륭한 자를 내가 능히 경상卿相으로 삼을 수 있고, 착하지 않은 자를 내가 능히 그 목을 벨 수 있도록 해 주셨더라면 무슨 이유로 내가 그들을 다스리지 못하였겠습니까?"

中山之相樂池以車百乘使趙, 選其客之有智能者以爲
將行, 中道而亂.

樂池曰:「吾以公爲有智, 而使公爲將行, 今中道而亂, 何也?」

客因辭而去, 曰:「公不知治. 有威足以服之人, 而利足以勸之, 故能治之. 今臣, 君之少客也. 夫從少正長, 從賤治貴, 而不得操其利害之柄以制之, 此所以亂也. 嘗試使臣, 彼之善者我能以爲卿相, 彼不善者我得以斬其首, 何故而不治!」

【中山】 전국시대 지금의 河北 定縣을 중심으로 있었던 나라. 白狄이 세웠던 나라로 趙나라와 접경을 이루고 있었으며 《戰國策》에 中山策이 있음.
【樂池】 '악타'로 읽음. 그 무렵 中山國의 재상. 《史記》 秦本紀 "七年, 樂池相秦. 韓·趙·魏·燕·齊帥匈奴共攻秦"의 〈正義〉에 "樂, 音岳; 池, 徒河反"이라 함.
【少客】 낮은 신분, 나이가 어린 식객. 下客.
【從少正長】 正은 治者와 같으며 長은 上客을 말함. 하객이 상객을 다스림.
【利害之柄】 이득과 손해를 쥐고 사람을 부릴 수 있는 상벌의 權柄.
【卿相】 높은 지위의 임면권을 쥐고 있음을 뜻함.

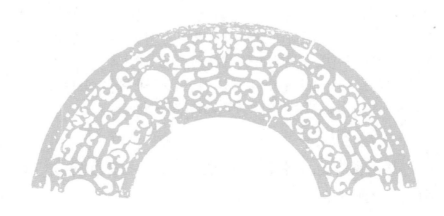

281(30-25)
공손앙公孫鞅의 법

공손앙公孫鞅의 법은 가벼운 죄를 무겁게 다루었다.

무거운 죄란 사람이 범하기 어려운 것이며 작은 잘못이란 사람이 범하지 않기에 쉽다.

사람이 저지르지 않기가 쉬운 것으로써 저지르기 어려운 큰 범죄에 걸려들지 않도록 하는 것이 바로 다스림의 방법이다.

무릇 작은 잘못이 일어나지 않아 큰 죄가 이르지 않는다면 이는 사람이 죄를 짓지도 않고 난도 일어나지 않을 것이다.

公孫鞅之法也重輕罪.

重罪者, 人之所難犯也; 而小過者, 人之所易去也.

使人去其所易, 無離其所難, 此治之道.

夫小過不生, 大罪不至, 是人無罪而亂不生也.

【公孫鞅】 衛鞅으로도 불림. 戰國 중기 秦 孝公을 섬겨 法治의 공으로 商 땅에 봉을 받은 商鞅을 말함. 뒤에 車裂刑을 당함. 商君으로도 불리며 《商君書》가 전함. 《史記》 商君列傳 참조.
【所易去】 그러한 작은 잘못은 저지르지 않기가 매우 쉬움.
【離其所難】 저지르기도 어려운 일, 즉 重罪에 걸려들지 않도록 해줌. '離'는 '罹'와 같음.

282(30-26)
가벼운 죄일수록 더 엄한 처벌

다른 기록에는 이렇게 되어 있다.

공손앙公孫鞅이 말하였다.

"형을 집행함에 있어 그 가벼운 죄를 지은 자를 무겁게 하면 가벼운
죄도 일어나지 않고 무거운 죄도 일어나지 않는다. 이를 일러 형벌로써
형벌을 없애 준다라고 하는 것이다."

一曰: 公孫鞅曰:「行刑重其輕者, 輕者不至, 重者不來,
是謂以刑去刑也.」

【一曰】앞에 제시한 故事나 逸話가 달리 전할 때 韓
　非는 다음에 같은 내용을 싣되 '一曰'이라 하여 구분
　하였음.
【公孫鞅】衛鞅으로도 불림. 戰國 중기 秦 孝公을 섬
　겨 法治의 공으로 商 땅에 봉을 받은 商鞅을 말함.
　뒤에 車裂刑을 당함. 商君으로도 불리며《商君書》
　가 전함.《史記》商君列傳 참조.
【重其輕者】죄질이 경미한 자를 중벌로 처형함.
【不至】일어나지 않음. 不生, 不來와 같음. 兪樾은 "「不至」, 當作「不生」, 言汜輕
　罪字不得生也"라 함.

〈商鞅(商君, 衛鞅, 公孫鞅)〉

1.《商君書》靳令篇

重刑少賞, 上愛民, 民死上; 重賞輕刑, 上不愛民, 民不死賞. 利出一空者, 其國無敵; 利出二空者, 國半利; 利出十空者, 其國不守. 重刑明大制, 不明者六蝨也. 六蝨成群, 則民不用. 是故興國罰行則民親, 賞行則民利. 行罰重其輕者, 輕其重者, 輕者不至, 重者不來, 此謂以刑去刑, 刑去事成. 罪重刑輕, 刑至事生, 此謂以刑致刑, 其國必削.

283(30-27)
여수麗水의 금

초楚나라 남쪽 여수麗水에는 금이 나며 많은 사람들이 몰래 금을 캔다.

금을 캐지 못하게 금하는 법에 의해 붙들리면 곧바로 찢어 죽여 저자거리에 내다 보였다.

그 수가 매우 많아 시신이 강물을 막아 강물이 갈라져 흐를 정도였건만 그래도 금을 훔치는 일이 끊이지 않았다.

무릇 죄 가운데 저자거리에 찢겨 죽는 형벌보다 더 심한 것이 없건만 그래도 그치지 않는 것은 반드시 붙들리는 것은 아니라고 여기기 때문이다.

그러므로 예컨대 여기에 어떤 사람이 있어 이렇게 말한다고 치자.

"자네에게 천하를 주되 너의 몸을 죽일 것이다."

이렇게 되면 보통 사람이라도 그런 제의는 받아들이지 않을 것이다.

무릇 천하를 갖는 것은 큰 이익이지만 그래도 그렇게 하지 않는 것은 틀림없이 죽는다는 것을 알기 때문이다.

그러므로 반드시 붙들리는 것이 아닐 수도 있다고 한다면 비록 찢겨 죽는다 해도 금을 훔치는 일은 그치지 않을 것이지만, 틀림없이 죽을 것임을 안다면 천하를 준다 해도 그렇게 하지 않을 것이다.

荊南之地, 麗水之中生金, 人多竊采金.

采金之禁: 得而輒辜磔於市.

甚衆, 甕離其水也, 而人竊金不止.

夫罪莫重辜磔於市, 猶不止者, 不必得也.

故今有於此, 曰:「予汝天下而殺汝身.」

庸人不爲也.

夫有天下, 大利也, 猶不爲者, 知必死.

故不必得也, 則雖辜磔, 竊金不止; 知必死, 則天下不
爲也.

【麗水】 지금의 雲南 강 이름으로 고대 麗江이라 불렸으며 지금은 金砂江으로
부름. 砂金의 산지. 《千字文》에 "金生麗水, 玉出崑岡. 劍號巨闕, 珠稱夜光"
이라 함.
【辜磔於市】 辜와 磔 두 글자 모두 辜刑과 磔刑으로 몸을 찢어 죽이는 형벌.
兪樾은 "辜射, 卽辜磔"이라 하였고, 《史記》 酷吏列傳(張湯)과 《漢書》 張湯傳에
"張湯, 杜陵人也. 父爲長安丞, 出, 湯爲兒守舍. 還, 鼠盜肉, 父怒, 笞湯. 湯掘熏得
鼠及餘肉, 劾鼠掠治, 傳爰書, 訊鞫論報, 幷取鼠與肉, 具獄磔堂下, 父見之, 視文辭
如老獄吏, 大驚, 遂使書獄"이라 함. 市는 저자거리에서 공개 처형하여 경각심을
주는 것을 말함.
【甕離其水】 甕離는 버린 시신으로 인하여 물 흐름이 차단됨. 이 때문에 흐르던
강물이 갈래로 나뉘어 흐름을 뜻함. 顧廣圻은 "離, 讀爲籬"라 하였고, 兪樾은
"此言辜磔其人而棄尸於水之中, 流爲積尸甕遏, 遂至分流, 是謂甕離其水. 極言
辜磔者之多也"라 함.
【庸人】 평범하며 庸劣한 사람.

284(30-28)
적택積澤의 화재

노魯나라 사람이 적택積澤에 불을 놓았는데 마침 북풍이 불어 불길이
남쪽으로 번져 도성이 휩싸일까 걱정스러웠다.

애공哀公이 두려워 스스로 나서서 많은 무리를 이끌고 불길을 잡도록
다그쳤다.

그러나 곁에는 아무도 없고 모두가 불길에 튀어나온 짐승을 뒤쫓느라
불 끌 생각을 하지 않는 것이었다. 이에 애공이 공자를 불러서 물었다.

공자는 이렇게 말하였다.

"무릇 짐승을 쫓는 것은 즐거운 일이면서 그렇다고 처벌을 받는 것도
아니요, 불을 끄는 일은 괴롭기만 할 뿐 그렇다고 상을 받는 것도 아닙니다.
이것이 불을 끄는 사람이 없는 이유입니다."

애공이 말하였다.

"그렇군요."

공자가 다시 말하였다.

"일은 급하고 상을 줄 여유도 없습니다. 불을 끄는 자 모두에게 상을
내리려면 나라 형편이 그 사람들 모두에게 상을 주기에 모자랍니다. 청컨대
단지 처벌만 행하시지요."

애공이 말하였다.

"좋습니다."

그리하여 공자가 곧 이렇게 명령을 내렸다.

"불을 끄지 않는 자는 항복하여 달아난 자와 같은 죄로 다스릴 것이요, 짐승을 쫓는 자는 금역禁域에 들어간 죄로 다스릴 것이다."

명령이 떨어져 아직 두루 알려지기도 전에 불은 이미 다 꺼졌다.

魯人燒積澤, 天北風, 火南倚, 恐燒國.

哀公懼, 自將衆趣救火.

左右無人, 盡逐獸而火不救, 乃召問仲尼.

仲尼曰:「夫逐獸者樂而無罰, 救火者苦而無賞, 此火之所以無救也.」

哀公曰:「善.」

仲尼曰:「事急, 不及以賞; 救火者盡賞之, 則國不足以賞於人. 請徒行罰.」

哀公曰:「善.」

於是仲尼乃下令曰:「不救火者, 比降北之罪; 逐獸者, 比入禁之罪.」

令下未遍而火已救矣.

【積澤】魯의 도성 북쪽 늪 지역. 고대에는 불을 질러 사냥을 하였음.

【火南倚】倚는 王先愼은 "火勢南靡, 故曰「倚」也"라 함.

【恐燒國】도성에 불이 옮겨 붙을까 염려됨. 國은 國道, 즉 그 무렵 曲阜를 가리킴.

【哀公】孔子와 같은 시대의 魯나라 군주. 그 무렵 공자는 大司寇로써 이 일에 자문을 받고 명령을 내린 것임. 哀公은 定公(宋)의 아들이며 이름은 蔣.《史記》魯周公世家에는 이름을 '將'이라 하였음. 어머니는 定姒. B.C.494~B.C.468년까지 27년간 재위함. 梁玉繩의《史記志疑》에는 "人表於魯悼公下注云「出公子」, 是哀公亦有出公之稱, 以孫于越故也"라 함.〈諡法〉에 "恭仁短折曰哀"라 함.

【趣救火】'趣'는 '促', '輒'의 뜻. 〈乾道本〉에는 '輒'으로 되어 있음. 救火는 消火
의 뜻.

【徒行罰】처벌을 행할 뿐임. 상을 주는 일보다 벌을 내리는 쪽이 효과적이라
여긴 것임. '徒'는 '한갓, 오직'의 뜻. '獨'과 같음. 그러나《藝文類聚》에는 '從'으로
되어 있음.

【比降北】전투에서 적에게 항복하거나 달아난 죄에 견주어 처벌함. 北은 '敗北'
의 뜻.

【入禁】출입이 금지된 곳에 들어간 죄에 해당함. 밀렵을 뜻함.

참고 및 관련 자료

1.《藝文類聚》(80)

《韓子》曰: 魯燒積澤, 天北風, 火南倚, 恐燒國. 哀公懼, 自將衆趣救火. 救火者
左右無人, 盡逐獸, 不救火. 乃召問仲尼, 仲尼曰:「夫逐獸者樂而無罰, 救火者
苦而無賞. 此火所以不救也. 事急不及以罰, 救火者盡賞之, 則擧國不足以賞於民.
請從行罰」乃下令曰:「不救火者, 比降北之罪」令下未遍, 火以滅矣.

2. 기타《太平御覽》(869) 및 〈初學記〉를 볼 것.

285(30-29)
차마 못하는 마음

성환成驩이 제왕齊王에게 말하였다.

"왕께서는 너무 인자하시고 지나치게 남에게 차마 못하는 마음을 가지고 계십니다."

그러자 왕이 물었다.

"너무 인자하거나 지나치게 남에게 차마 못하는 심정이면 좋은 것 아니오?"

그가 대답하였다.

"이는 신하로서는 좋은 것이지만 임금이라면 행할 바가 아닙니다. 무릇 신하란 모름지기 어진 뒤에야 함께 일을 도모할 수 있고, 남에게 차마 못하는 심정이 있은 뒤에야 가까이 할 수 있습니다. 어질지 못하면 함께 일을 도모할 수 없고 남에게 차마 못하는 심정이 없으면 가까이 할 수 없는 것입니다."

왕이 말하였다.

"그렇다면 내가 어떤 면이 너무 인자하고 어떤 점이 지나치게 차마 못하는 마음이오?"

그가 대답하였다.

"왕께서는 설공薛公에게는 너무 인자하고 전씨田氏 일족에 대해서는 차마 못하는 마음을 갖고 계십니다. 설공에게 너무 인자하시면 대신들은 권위가 없게 되고 전씨 일족에게 너무 동정심을 가지고 계시면 부형들이 범법을 저지릅니다. 대신들이 권위가 없어지면 밖으로 무력이 약해지고 부형들이 범법을 저지르면 안으로 정치가 혼란해집니다. 밖으로 무력이 약해지고 안으로 정치가 어지러워진다면 이는 나라가 망하는 근본입니다."

成驩謂齊王曰:「王太仁, 太不忍人.」

王曰:「太仁, 太不忍人, 非善名邪?」

對曰:「此人臣之善也, 非人主之所行也. 夫人臣必仁而後可與謀, 不忍人而後可近也; 不仁則不可與謀, 忍人則不可近也.」

王曰:「然則寡人安所太仁, 安不忍人?」

對曰:「王太仁於薛公, 而太不忍於諸田. 太仁薛公, 則大臣無重; 太不忍諸田, 則父兄犯法. 大臣無重, 則兵弱於外; 父兄犯法, 則政亂於內. 兵弱於外, 政亂於內, 此亡國之本也.」

【成驩】인명. 구체적인 사적은 알 수 없음. 顧廣圻는 《荀子》 解蔽篇 楊倞 注를 인용하여 戴驩으로 보았으며 "唐鞅에 의해 齊나라로 축출당한 인물"이라 하였으나 王先愼은 이를 오류라 하였음.

【齊王】齊 威王으로 추정됨. B.C.356~B.C.320년까지 37년간 재위하고 宣王이 그 뒤를 이음. 齊 宣王과 薛公(靖郭君)의 아버지.

【不忍人】남에게 차마 하지 못하는 심정. 남에게 모진 마음을 갖지 못함.

【薛公】靖郭君. 戰國時代 齊나라의 실력자 田嬰. 威王의 아들이며 宣王과는 異母兄弟 사이였음. 戰國四公子 孟嘗君(田文)의 아버지. 일찍이 田忌, 孫臏 등과 함께 馬陵 전투(B.C.341)에서 魏나라를 대패시키고 宣王 9년(B.C.311) 相國에 올라 11년간 통치함. 湣王 3년에는 薛(지금의 山東 滕縣)을 봉지로 받아 薛公으로도 불림. 죽은 뒤의 諡號가 靖郭君이었음. 《史記》 孟嘗君列傳을 참조할 것.

【諸田】戰國시대 齊나라는 田氏로 春秋시대 齊나라의 姜氏를 찬탈하여 왕실이 되었음.

【父兄】王室 同姓인 대부들.

286(30-30)
나의 평판이 어떻던가

위魏 혜왕惠王이 복피卜皮에게 말하였다.

"그대가 들은 나에 대한 평판이 어떻던가?"

그가 대답하였다.

"제가 듣기로 왕께서 인자하고 은혜롭다고 하더이다."

왕이 흔연히 기꺼워하며 말하였다.

"그렇다면 그 성과가 앞으로 어디에 이르겠는가?"

그가 대답하였다.

"왕의 성과는 망하는 데 이를 것입니다."

왕이 물었다.

"인자하고 은혜로운 것은 선을 행하는 일이다. 그것을 행하였는데 망한다니 무슨 까닭인가?"

복피가 대답하였다.

"무릇 인자함이란 차마 모질게 하지 못하는 마음이며 은혜라는 것은 남에게 주기는 좋아하는 마음입니다. 그러나 차마 모질게 못하면 잘못이 있어도 처벌하지 않게 되며 주기를 좋아하면 공적을 기다리지 않고 상을 주게 됩니다. 잘못이 있어도 죄를 주지 않고 공이 없는데도 상을 준다면 비록 망한다 해도 또한 옳은 일이 아니겠습니까?"

魏惠王謂卜皮曰:「子聞寡人之聲聞亦何如焉?」

對曰:「臣聞王之慈惠也.」

王欣然喜曰:「然則功且安至?」

對曰:「王之功至於亡.」

王曰:「慈惠, 行善也. 行之而亡, 何也?」

卜皮對曰:「夫慈者不忍, 而惠者好與也. 不忍則不誅有過, 好予則不待有功而賞. 有過不罪, 無功受賞, 雖亡, 不亦可乎?」

【魏惠王】梁 惠王. 魏 武侯의 아들이며 이름은 罃. B.C.369~B.C.319년까지 51년간 재위하였으며 중간에 연호를 바꾸기도 하였음. 安邑에서 大梁으로 遷都하여 그때부터 魏나라를 흔히 梁나라로 부르며 王號를 정식으로 씀. 孟子와 같은 시대로 《孟子》첫머리 梁惠王이 이에 해당함.

【卜皮】魏 惠王의 신하이며 관리. 子夏의 뒤를 이어 縣令이 된 인물.

【不待有功】공적을 세우지도 않았는데 상을 줌.

287(30-31)
제나라의 후장厚葬 풍습

제齊나라 사람들은 누구나 후장厚葬을 좋아하였다. 베와 무명은 의금衣衾으로 다 쓰이고 재목은 관곽棺槨을 만드느라 바닥이 날 정도였다.

환공桓公이 이를 걱정하여 관중管仲에게 말하였다.

"베와 무명을 다 써버리면 덮을 천이 없게 되고 목재가 바닥나면 방비할 시설을 지을 수 없소. 그럼에도 사람들은 후장을 그치지 않고 있으니 이를 막으려면 어찌해야 되겠소?"

관중이 대답하였다.

"보통 사람들이 무엇인가 하려는 것은 명예 때문이 아니면 이익 때문입니다."

이에 이렇게 법령을 내렸다.

"관곽을 도에 지나치게 하는 자는 그 시신에게 형을 가하며 상주된 자에게 벌을 내린다."

무릇 시신에게 형이 가해진다는 것은 명예가 없어지는 것이며, 상주가 처벌을 받는다는 것은 이익이 없어지는 일이니 사람들이 무엇 때문에 그런 일을 하겠는가?

齊國好厚葬, 布帛盡於衣衾, 材木盡於棺槨.

桓公患之, 以告管仲曰:「布帛盡則無以爲幣, 材木盡則無以爲守備, 而人厚葬之不休, 禁之奈何?」

管仲對曰:「凡人之有爲也, 非名之, 則利之也.」

於是乃下令曰:「棺椁過度者戮其尸, 罪夫當喪者.」

夫戮死, 無名, 罪當喪者, 無利, 人何故爲之也?

【厚葬】 장례와 매장에 많은 비용을 들임. 이러한 풍습으로 인해 墨子는 節葬을
주장하기도 하였음.

【衣衾】 시신을 덮고 가리는 壽衣와 이불.

【棺椁】 棺槨과 같음. 內棺外槨.

【齊桓公】 春秋五霸의 첫 首長. 이름은 小白. 齊나라에 난이 일어나자 鮑叔이
모시고 莒나라로 피신, 管仲은 公子 糾를 모시고 魯나라로 피신함. 뒤에 난이
진압되고 먼저 귀국하는 자가 왕이 될 수 있는 기회에 小白이 오는 길을 管仲
일행이 막고 활을 쏘아 소백의 허리띠 고리에 맞추자 소백은 죽은 척 쓰러져
있다가 지름길로 귀국하여 왕위에 오름. 뒤에 포숙의 추천으로 관중을 등용
하고 제나라를 부강하게 하여 九合諸侯, 一匡天下하여 첫 패자가 됨.
B.C.685~B.C.643년까지 43년간 재위함.《史記》齊太公世家를 참조할 것.

【管仲】 춘추시대 齊나라 인물. 管夷吾. 仲은 그의 字. 齊 桓公을 첫 霸者로
성취시킨 인물. 처음 齊나라에 난이 일어나 公子들이 뿔뿔이 흩어질 때 管仲은
公子 糾를 모시고 魯나라로 피신하였으며 鮑叔은 小白을 모시고 거나라로
피신함. 뒤에 난이 끝나고 먼저 귀국하는 자가 왕위에 오르게 되어 있었으며
이 때 管仲은 小白 일행이 오는 길목을 지키다가 활로 小白을 쏘았으나 小白이
허리띠 고리에 맞고 죽은 척 쓰러져 있다가 지름길로 들어가 먼저 왕위에 올랐
으며 이가 환공임. 이에 공자 규와 관중 일행은 귀국하지 못하고 처벌을 기다렸
으나 鮑叔의 추천으로 환공의 재상이 되어 제나라를 부강하게 만들었으며
재상에 오름. 환공이 그를 높여 仲父라 일컬었음.《史記》管晏列傳 및《列子》
등을 참조할 것. '管鮑之交' 등의 많은 고사를 남겼으며 그의 사상과 언행을
기록한《管子》가 전함.

【幣】 다른 판본에는 '蔽'로 되어 있으며 王先愼은 〈集解〉에서 "各本幣作蔽"라 함.
그러나 '蔽'가 옳을 듯함. '蔽'는 몸을 가리는 옷을 만드는 것은 물론 군사용

막사 등을 덮는 데 사용함을 뜻함. 《管子》乘馬篇에 "一馬, 其甲七, 其蔽五"의
注에 "蔽, 所以擇車馬也"라 함.

【守備】 목재를 써서 각종 수비 시설을 만듦.

【當喪者】 장례를 맡아서 치르는 당사자. 喪主.

　參考 및 關聯 資料

1. 《太平御覽》(555, 641, 820)을 볼 것.

288(30-32)
죄수를 사겠소

위사군衛嗣君 때에 어떤 죄수가 위魏나라로 달아나 거기에서 양왕襄王 후비의 병을 치료하고 있었다.

위사군이 이를 듣고 사람을 보내어 오십 금으로 그 죄수를 팔라고 청하였으나 다섯 번을 오가도록 위왕이 그 자를 돌려주지 않자 이에 좌씨 左氏의 읍과 맞바꾸기로 하였다.

그러자 여러 신하들과 좌우 측근들이 이렇게 간하였다.

"도대체 한 도성을 가지고 죄수 하나를 사는 일이 옳겠습니까?"

사군이 말하였다.

"자네들이 알 바가 아니오. 무릇 다스림에는 작다 해서 다스리지 않을 수 있는 일이 없으며, 난에는 크다고 해서 두려워 포기할 수 있는 일이란 없소. 법이 서지 못해 처벌이 제대로 행해지지 못하면 비록 좌씨 같은 성이 열 개 있다 해도 무익한 것이오. 법이 서서 처벌이 기필코 행해지기만 한다면 비록 좌씨 같은 도성을 열 개 잃는다 해도 유익한 것이오."

위왕이 이를 듣고 말하였다.

"군주가 다스리고자 하는데 이를 들어주지 않으면 상서롭지 못할 것이다."

그리하여 그를 수레에 태워 그냥 바쳐주었다.

衛嗣君之時, 有胥靡逃之魏, 因爲襄王之后治病.

衛嗣君聞之, 使人請以五十金買之, 五反而魏王不予, 乃以左氏易之.

群臣左右諫曰:「夫以一都買一胥靡, 可乎?」

王曰:「非子之所知也. 夫治無小而亂無大. 法不立而誅不必, 雖有十左氏無益也; 法立而誅必, 雖失十左氏無害也.」

魏王聞之, 曰:「主欲治而不聽之, 不祥.」

因載而往, 徒獻之.

【衛嗣君】衛嗣公으로 부르며 衛나라 임금. 衛 平侯의 아들. 秦나라가 폄하하여 君으로 일컬은 것. 王先愼의 〈集解〉에 "君當作公, 嗣公, 衛平侯之子, 秦貶其號爲君, 非此書未入秦作, 必不從秦所貶爲稱. 且上經「嗣公欲治不知」, 不作君, 是君當爲公之誤"라 함. 그러나《史記》衛康叔世家에 의하면 "成侯十一年, 公孫鞅入秦. 十六年, 衛更貶號曰侯. 二十九年, 成侯卒, 子平侯立. 平侯八年卒, 子嗣君立. 嗣君五年, 更貶號曰君, 獨有濮陽. 四十二年卒, 子懷君立. 懷君三十一年, 朝魏, 魏囚殺懷君. 魏更立嗣君弟, 是爲元君. 元君爲魏壻, 故魏立之. 元君十四年, 秦拔魏東地, 秦初置東郡, 更徙衛野王縣, 而并濮陽爲東郡. 二十五年, 元君卒, 子君角立. 君角九年, 秦并天下, 立爲始皇帝. 二十一年, 二世廢君角爲庶人, 衛絶祀"라 하여 80여년 간 衛나라는 殺君立君의 혼란을 거치면서 이미 嗣君으로 불렸으며 결국 君角에 이르러 秦始皇에게 완전 멸망하고 말았음.
【胥靡】이미 형이 정해져 徒刑, 徒役의 형벌을 받고 있는 죄수를 뜻함.《尙書》說命篇 "使胥靡刑人築護此道"의 疏에 "胥, 相也; 靡, 隨也. 古者相隨坐輕罪之名"이라 하였고,《莊子》庚桑楚 疏에 "胥靡, 徒役之人也"라 함.
【襄王】魏 襄王. 魏 惠王의 아들이며 이름은 嗣. B.C.318~B.C.296년까지 23년간 재위하고 아들 昭王에게 이어짐.
【左氏】衛나라 都城의 하나. 그곳에 宗廟가 있었음.
【徒獻之】무상으로 바침. 죄수를 보상 없이 그대로 인도함.

1. 《戰國策》衛策

衛嗣君時, 胥靡逃之魏, 衛贖之百金, 不與; 乃請以左氏. 羣臣諫曰:「以百金之地, 贖一胥靡, 無乃不可乎?」君曰:「治無小, 亂無大. 敎化喻於民, 三百之城, 足以爲治; 民無廉恥, 雖有十左氏, 將何以用之?」

289(30-33)
상벌은 이기利器

전문傳文 제 3조:

제왕齊王이 문자文子에게 물었다.
"나라 다스림은 어떠해야 합니까?"
문자가 대답하였다.
"무릇 상벌의 도리는 이기利器입니다. 임금이라면 이를 단단하게 잡고 있으면서 남에게 보여주시면 안 됩니다. 보통 흔한 신하란 사슴과 같아서 오직 좋은 풀이 있는 곳이면 나서게 마련입니다."

傳三:

齊王問於文子曰:「治國何如?」

對曰:「夫賞罰之爲道, 利器也. 君固握之, 不可以示人. 若如臣者, 猶獸鹿也, 唯薦草而就.」

【傳三】經文 제 3조에 대한 해설로 289~297까지 모두 9장이 들어 있음.
【文子】구체적으로 알 수 없음. 또는 尹文子가 아닌가 함. 老子의 제자이며 公孫 龍子보다 앞선 인물로 孔子와 같은 시대임. 그러나 '齊王'이라 일컬은 것으로 보아 戰國時代 이야기로 尹文子가 아닐 가능성이 높음. 한편《尹文子》大道(上) 에 "術者, 人君之所密用, 群下不可妄窺; 勢者, 法制之利器, 群下不可妄爲"라 함.

【利器】예리한 무기. 임금의 권술.

【若如臣】흔한 보통 신하.

【薦草】사슴 같은 짐승이 즐겨 뜯어먹는 풀. 賞에 비유한 것. '薦'은 《管子》「薦草
多衍」의 注에 "茂草也"라 하였고, 「牛馬之就山藪林澤食薦者」의 注에는 "草之
美者"라 함. 王先愼은 "獸鹿就薦草, 人臣歸厚賞. 故賞罰之利器, 不可示於人也"
라 함.

290(30-34)
시험삼아 궁실에 불을 질러

월왕越王이 대부 문종文種에게 물었다.

"내 오吳나라를 치고자 하는데 되겠소?"

문종이 대답하였다.

"됩니다. 제가 상을 후히 하여 믿음을 사 두었으며, 벌을 엄격히 하여 빠짐없이 반드시 행하였습니다. 임금께서 이를 알고자 하신다면 어찌 한 번 궁실에 불을 질러보지 않으십니까?"

이에 일부러 궁실에 불을 질러보았으나 이를 끄려 달려오는 사람이 아무도 없었다.

이에 이렇게 명령을 내렸다.

"불을 끄다가 죽은 자는 적과 싸우다가 죽은 것과 같은 상을 줄 것이며, 불을 끄러 나서 죽지 않은 자는 적과 싸워 이긴 것과 같은 상을 줄 것이나, 불을 끄러 나서지 않는 자는 적에게 항복하거나 달아난 죄에 해당하는 벌을 내리리라."

그러자 온몸에 진흙을 바르고 물에 젖은 옷을 입은 채 불길 속으로 달려드는 사람이 왼쪽으로 삼천 명, 오른쪽으로 삼천 명이나 되었다.

이것으로 틀림없이 오나라에게 승리할 형세임를 알게 되었다.

越王問於大夫種曰:「吾欲伐吳, 可乎?」

對曰:「可矣. 吾賞厚而信, 罰嚴而必. 君欲知之, 何不試焚宮室?」

於是遂焚宮室, 人莫救之.

乃下令曰:「人之救火者死, 比死敵之賞; 救火而不死者, 比勝敵之賞; 不救火者, 比降北之罪.」

人之塗其體·被濡衣而走火者, 左三千人, 右三千人.

此知必勝之勢也.

【越王】춘추 후기 勾踐을 가리킴. 勾踐(句踐)은 越王 允常의 아들로 闔廬를 이어 越王이 됨. 麾下에 大夫 文種과 范蠡 등의 모신을 두고 吳王 夫差의 伯嚭, 伍子胥와 대칭을 이루어 吳越鬪爭, 吳越同舟, 臥薪嘗膽 등의 많은 고사를 남김. 뒤에 결국 吳나라를 멸하고 南方 霸者가 되었다가 楚나라에게 망함. 한편 越나라는 《史記》越世家에 "其先禹之苗裔而夏后帝少康之庶子也"라 함. 姒姓으로 지금의 浙江 紹興(옛 會稽)을 중심으로 句踐 때 크게 발전하였으며 일부 春秋五霸에서 宋 襄公 대신 句踐을 넣기도 함.

【大夫種】文은 姓, 種은 이름. 范蠡와 함께 越王 句踐을 도와 吳王 夫差를 멸하고 패업을 이룩하게 하였으나 뒤에 죽임을 당함. 흔히 大夫文種, 大夫種으로 불림. 〈乾道本〉에는 '大夫文種'으로 되어 있음.

【吾賞厚而信】《藝文類聚》에는 "君賞厚而信"이라 하여 그렇게 훈련시킨 자가 文種이 아니라 越王이었던 것으로 되어 있어 논리에 순통함.

【欲知之】信賞必罰의 효과를 직접 알고자 함.

【塗其體·被濡衣】몸에 불이 붙지 않도록 하기 위해 몸 전체에 진흙을 바르고 젖은 옷을 입음.

【必勝之勢】吳나라를 공격하면 틀림없이 승리할 것임을 알게 된 것.

1.《藝文類聚》(54)

越王問於大夫種曰:「吾欲伐吳. 可乎?」對曰:「可矣. 君賞厚而信, 罰嚴而必. 君欲知之, 何不試焚宮室?」於是遂焚宮室, 民莫救火. 乃下令曰:「人救火而死者, 比敵死之賞; 勝火而死者, 比勝敵之賞; 不救火. 若比降北之罪.」民之塗其體, 被濡衣, 走火者, 左三千人, 右三千人. 此知必勝之勢也.

2.《藝文類聚》(80)

越王問於大夫種曰:「吾欲伐吳, 可乎?」對曰:「可矣. 何不試焚宮室?」於是遂焚宮室, 民莫能救火. 乃下令曰:「民之救火而死者, 比死敵之賞.」民之塗其體, 被濡衣走火者, 左二千人, 右三千人.

3. 기타《太平御覽》(638)을 볼 것.

291(30-35)
수레 멍에 하나를 옮기는 자

오기吳起가 위魏 무후武侯의 서하西河 태수가 되었다.

진秦나라의 초소가 그 국경에 임해 있어 오기가 이를 치려하였다.

그 마을을 없애버리지 않으면 농사짓는 자에게 큰 피해가 있고, 없애자니 병력을 징집하기에 부족하였다.

이에 수레 멍에 하나를 북문 밖에 비스듬히 세워 놓고 이렇게 영을 내려 알렸다.

"이것을 남문 밖으로 옮기는 자에게는 좋은 농토와 좋은 주택을 내리겠다."

그러나 누구도 옮기는 사람이 없었다.

얼마 뒤 그것을 옮기는 자가 있어 드디어 약속한 대로 내려주었다.

잠시 뒤 다시 붉은 콩 한 섬을 동문 밖에 놓아두고 이렇게 영을 내려 알렸다.

"이것을 서문 밖으로 옮기는 자에게 지난번처럼 내려주겠다."

사람들이 다투어 그것을 옮겼다.

이에 이렇게 영을 내렸다.

"내일 저 초소를 공격할 것이다. 맨 먼저 오르는 자에게 국대부國大夫 벼슬을 주고 좋은 전답과 주택을 내리리라."

사람들이 다투어 달려 나갔다.

이에 그 초소를 공격하여 하루아침에 뽑아버렸다.

吳起爲魏武侯西河之守.

秦有小亭臨境, 吳起欲攻之.

不去, 則甚害田者; 去之, 則不足以徵甲兵.

於是乃倚一車轅於北門之外而令之曰:「有能徙此南門之外者, 賜之上田·上宅.」

人莫之徙也.

及有徙之者, 遂賜之如令.

俄又置一石赤菽於東門之外而令之曰:「有能徙此於西門之外者, 賜之如初.」

人爭徙之.

乃下令曰:「明日且攻亭, 有能先登者, 仕之國大夫, 賜之上田·上宅.」

人爭趨之.

於是攻亭, 一朝而拔之.

【吳起】孫子(孫臏)와 더불어 대표적인 병법가. 戰國時代 衛나라 左氏(지금의 山東 曹縣) 출신으로 용병과 병법에 뛰어나 처음 魯나라 장수를 거쳐 魏 文侯의 장수가 되어 中山을 정벌하고 秦나라 5개성을 점령하여 西河太守가 되기도 함. 그러나 武侯가 즉위하여 미움을 받자 楚나라로 달아나, 楚 悼王을 도와 개혁 정책을 실현하고 令尹에 오름. 그러나 悼王이 죽고 宗室의 亂에 枝解(支解)의 형을 당하여 생을 마침. 병법서《吳子》6편을 남김.《史記》吳起列傳 참조.
【武侯】전국시대 魏나라 군주. 이름은 擊. 文侯의 아들. B.C.395~B.C.370년까지 26년간 재위하고 아들 惠王으로 이어짐.
【西河】戰國시대 魏나라 郡 이름. 지금의 陝西 동부 黃河 西岸 일대.
【小亭】작은 규모의 초소로 적정을 탐지하고 봉화를 올리던 곳.《後漢書》光武紀 "築亭候"의 注에 "亭候, 伺候望敵之所"라 함.

【田者】논밭을 경작하는 田夫, 즉 농사꾼을 말함.

【徵甲兵】정식 군대의 정예부대를 소집하여 전쟁에 투입시킴.

【遂賜之如令】다른 판본에는 모두 '還賜之如令'으로 되어 있음. 이 경우 還은
'선'으로 읽으며 '旋'과 같음. '즉시, 곧바로'의 뜻.《漢書》董仲舒傳 "此皆可使
還至而立有效者也"의 注에 "還, 讀曰旋, 旋, 速也"라 함.

【石】곡식 열 말 들이 분량의 용량 단위. "十斗爲石"이라 함. 우리는 '섬'으로
중국은 현재 '단(dàn)'으로 읽음.

【國大夫】작위의 제 6급. 長大夫, 上大夫로도 불리며 대부의 한 계층으로 도성
안에서 벼슬함.

참고 및 관련 자료

1.《呂氏春秋》愼小篇

吳起治西河, 欲諭其信於民, 夜日置表於南門之外, 令於邑中曰:「明日有人債
南門之外表者, 仕長大夫.」明日日晏矣, 莫有債表者. 民相謂曰:「此必不信.」
有一人曰:「試往債表, 不得賞而已, 何傷?」往債表, 來謁吳起. 吳起自見而出,
仕之長大夫. 夜日又復立表, 又令於邑中如前. 邑人守門爭表, 表加植, 不得所賞.
自是之後, 民信吳起之賞罰. 賞罰信乎民, 何事而不成, 豈獨兵乎?

2. 이는 商鞅의 '徙木' 고사와 비슷함.《史記》商君列傳에 "令旣具, 未布, 恐
民之不信, 已乃立三丈之木於國都市南門, 募民有能徙置北門者予十金. 民怪
之, 莫敢徙. 復曰「能徙者予五十金」. 有一人徙之, 輒予五十金, 以明不欺. 卒下
令"이라 함.

3. 기타《太平御覽》(296, 638, 775, 842),《初學記》(27) 및《事類賦》(16)
를 볼 것.

292(30-36)
활쏘기 연습 유도

이회李悝가 위魏 문후文侯의 상지上地 태수가 되어 그곳 백성들이 활을 잘 쏘도록 하고 싶었다.

그리하여 이렇게 영을 내렸다.

"백성들로써 판결하기 어려운 소송이 생길 경우 그로 하여금 과녁을 쏘게 하여 그것을 맞춘 자가 이기고 맞추지 못한 자가 지는 것으로 할 것이다."

영이 내려지자 백성들은 모두가 급히 활쏘기 연습에 나서서 낮이나 밤이나 쉬는 법이 없었다.

그리하여 진秦나라와 전투가 벌어지자 그들을 대패시켰으니 이는 백성들이 활을 잘 쏘도록 한 때문이었다.

李悝爲魏文侯上地之守, 而欲人之善射也.

乃下令曰:「人之有狐疑之訟者, 令之射的, 中之者勝, 不中者負.」

令下而人皆疾習射, 日夜不休.

及與秦人戰, 大敗之, 以人之善射也.

【李悝】 '悝'는 '회'로 읽음. 李克으로도 알려짐. 子夏의 제자. 전국초기 魏나라 사람으로 法家의 초기 인물. 일찍이 魏 文侯의 재상이 되어 變法을 시행, 世卿 世祿의 제도를 폐지하고 功過와 能力이 따라 상벌을 내리는 행정을 실천함. 이로써 魏나라는 강국으로 발전하게 되었으며《晉書》刑法志에 "律文起自 李悝, 撰次諸國法, 著《法經》"이라 하여 각국 법률을 참작하여 최초의 법전 《法經》이라는 책을 펴내기도 하였으나 지금은 전하지 않음. 그의 언론은《漢書》 食貨志에도 실려 있음.《漢書》藝文志에는《李子》(32篇 名悝, 相魏文侯, 富國 彊兵)가 저록되어 있음.

【魏文侯】 전국시대 魏나라의 영명한 군주. 武侯의 아버지. 卜子夏·段干木· 田子方, 翟璜 등을 보필로 삼아 가장 먼저 개혁정책을 폈으며, 七雄 가운데 최초로 부국강병을 꾀함. B.C.445~B.C.396년까지 50년간 재위함. 이름은 '斯'. 《史記》에는 '都'로 되어 있음.

【上地】 魏나라 지명.《戰國策》등에 모두 '上黨'으로 알려진 곳. 上郡으로도 불렀으며 지금의 陝西 楡林에서 延安까지 일대.

【狐疑之訟】 여우는 의심이 많아 가면서도 뒤를 살핌. 여기서는 판결하기 어려운 소송을 일컫는 말로 쓰였음.

【中之者勝】 활을 쏘아 과녁에 적중한 자 쪽이 승소하도록 정함.

【的】 과녁.《藝文類聚》에는 '狗'로 되어 있음. 字形이 비슷하여 混淆를 일으킨 것으로 보임.

【疾】 王先愼은 "疾, 讀爲亟"이라 하여 급히 나서서 활쏘기 연습을 함.

참고 및 관련 자료

1.《藝文類聚》(50)
《韓子》曰: 李悝爲魏文侯上地守, 而欲民之善射, 乃下令云:「民有狐疑之訟者, 令之射狗, 中之者勝, 不中者負」民皆習射, 日夜不休. 與秦戰, 大敗之, 以民之 善射也.

293(30-37)
상을 치르느라 죽는 사람들

송宋나라 숭문崇門 마을에 사는 사람이 부모님 상으로 몸이 상하여 몹시 수척해지자 임금이 부모를 위해 자애로운 자라 여겨 그를 천거, 관사官師로 삼았다.

그러자 이듬해 사람들 가운에 여위어 죽는 자가 한 해에 십여 명이나 되었다.

자식으로써 부모의 상을 치르는 것은 혈육의 정 때문인데 오히려 상을 주어 권장하였다니 하물며 임금이 백성을 대하는 경우에 있어서랴?

宋崇門之巷人服喪而毁甚瘠, 上以爲慈愛於親, 擧以爲官師.

明年, 人之所以毁死者歲十餘人.

子之服親喪者, 爲愛之也, 而尚可以賞勸也, 況君上之於民乎?

【巷人】巷은 도성 안의 골목 마을.
【慈愛】자식이 부모에 대하여 친애하는 정이 두터움. 여기서는 효성을 뜻함.

【官師】 벼슬아치의 우두머리. 師는 長과 같음.《漢書》賈誼傳 上疏에 "古者,
內有公卿大夫, 外有公侯伯子男, 然後有官師, 小史, 延及小人"이라 하였고《穆天
子傳》의 "百譬人官師" 注에 "官師, 群士號也"라 함.

【況君上之於民乎】 王先愼 〈集解〉에 "君而無賞, 則功不立"이라 함.

294(30-38)
수레에 맞서는 개구리의 기개

월왕越王이 오吳나라를 치고자 계획하면서 백성들이 목숨을 가볍게 던지기를 원하여 밖에 나갈 때 노한 개구리를 보면 이내 그를 향해 식(式, 軾)을 하였다.

마부가 물었다.

"어찌 이것에게 경례를 하십니까?"

왕이 말하였다.

"그 기개 있음을 위해서이다."

그러자 이듬해 왕에게 자신의 머리를 바치겠다고 나서는 이들이 한 해에 십여 명이나 되었다.

이로써 보건대 칭찬은 족히 사람을 죽게 할 수도 있다.

越王慮伐吳, 欲人之輕死也, 出見怒鼃, 乃爲之式.

從者曰:「奚敬於此?」

王曰:「爲其有氣故也.」

明年之請以頭獻王者歲十餘人.

由此觀之, 譽之足以殺人矣.

【越王】춘추 후기 勾踐을 가리킴. 勾踐(句踐)은 越王 允常의 아들로 闔廬를 이어 越王이 됨. 麾下에 大夫 文種과 范蠡 등의 모신을 두고 吳王 夫差의 伯嚭, 伍子胥와 대칭을 이루어 吳越鬪爭, 吳越同舟, 臥薪嘗膽 등의 많은 고사를 남김. 뒤에 결국 吳나라를 멸하고 南方 霸者가 되었다가 楚나라에게 망함. 한편 越나라는 《史記》越世家에 "其先禹之苗裔而夏后帝少康之庶子也"라 함. 姒姓으로 지금의 浙江 紹興(옛 會稽)을 중심으로 句踐 때 크게 발전하였으며 일부 春秋五霸에서 宋 襄公 대신 句踐을 넣기도 함.

【慮伐】정벌하고자 계획을 짜며 모책을 세움. '慮'는 '謀'와 같음. 왕선신은 "慮, 謀也"라 함.

【輕死】죽음을 가볍게 여김. 求生, 重死와 반대의 뜻으로 나라를 위해 기꺼이 목숨을 바침.

【怒鼃】허세를 부리며 비켜서지 않는 개구리. '鼃'는 '鼁', '蛙'와 같음.

【御者】왕을 위해 수레를 모는 자. 또는 侍從官.

【爲之式】'式'은 '軾'과 같음. 수레 위에서 橫木을 잡고 하는 경례 방식.

참고 및 관련 자료

1.《吳越春秋》(10) 勾踐伐吳外傳

恐軍士畏法不使, 自謂未能得士之死力. 道見鼃張腹而怒, 將有戰爭之氣, 即爲之軾. 其士卒有問於王曰:「君何爲敬鼃蟲而爲之軾?」句踐曰:「吾思士卒之怒久矣, 而未有稱吾意者. 今鼃蟲無知之物, 見敵而有怒氣, 故爲之軾.」於是, 軍士聞之, 莫不懷心樂死, 人致其命. 有司, 將軍大徇軍中曰:「隊各自令其部, 部各自令其士:『歸而不歸, 處而不處, 進而不進, 退而不退, 左而不左, 右而不右, 不如令者, 斬.』」

2.《太平御覽》(437)을 볼 것.

295(30-39)
노한 개구리

일설에 이렇게 전해지고 있다.

월왕越王 구천句踐이 노한 개구리를 보고 경례를 하였다.

마부가 물었다.

"어찌 경례를 하십니까?"

왕이 말하였다.

"개구리기 이토록 기개가 있으니 어찌 경례를 하지 않을 수 있겠는가?"

무사들이 이를 듣고 말하였다.

"개구리도 이토록 기개가 있어 왕께서 그에게 경례를 하는데 하물며 무사로써 용맹한 자에게 있어서랴!"

그해에 스스로 자신의 머리를 잘라 임금에게 머리를 바치는 자가 있었다.

그러므로 월왕이 앞으로 오吳나라에게 복수를 하려고 가르친 그것을 시험해 보고자 누대에 불을 지르고 북을 울리며 그 불 속에 뛰어들게 하였던 것은 상賞이 그 불속에 있었기 때문이었고, 강에 이르러 북을 울리며 그 물로 뛰어들게 할 수 있었던 것은 상이 그 속에 있었기 때문이며, 전투에 임하여 사람들로 하여금 그 머리를 자르고 배를 가르면서도 뒤돌아 볼 마음을 갖지 않을 수 있도록 한 것은 상이 그 싸움에 있었기 때문이었다.

다시 하물며 법에 근거하여 현능한 자를 진달시키는 것에는 그 보탬이 이보다 심한 것임에랴!

一曰: 越王句踐見怒蛙而式之.

御者曰:「何爲式?」

王曰:「蛙有氣如此, 可無爲式乎?」

士人聞之曰:「蛙有氣, 王猶爲式, 況士人有勇者乎!」

是歲, 人有自剄死以其頭獻者.

故越王將復吳而試其敎: 燔臺而鼓之, 使民赴火者, 賞在火也; 臨江而鼓之, 使人赴水者, 賞在水也; 臨戰而使人絕頭刳腹而無顧心者, 賞在兵也.

又況據法而進賢, 其助甚此矣!

【一曰】 앞에 제시한 故事나 逸話가 달리 전할 때 韓非는 다음과 같은 내용을 실되 '一曰'이라 하여 구분하였음.

【越王】 춘추 후기 패자 勾踐을 가리킴. 勾踐(句踐)은 越王 允常의 아들로 闔廬를 이어 越王이 됨. 麾下에 大夫 文種과 范蠡 등의 모신을 두고 吳王 夫差의 伯嚭, 伍子胥와 대칭을 이루어 吳越鬪爭, 吳越同舟, 臥薪嘗膽 등의 많은 고사를 남김. 뒤에 결국 吳나라를 멸하고 南方 霸者가 되었다가 楚나라에게 망함. 한편 越나라는 《史記》 越世家에 "其先禹之苗裔而夏后帝少康之庶子也"라 함. 姒姓으로 지금의 浙江 紹興(옛 會稽)을 중심으로 句踐 때 크게 발전하였으며 일부 春秋五霸에서 宋 襄公 대신 句踐을 넣기도 함.

【士人】 선비. 여기서는 무사를 뜻함.

【將復吳】 句踐이 吳王 夫差에게 쫓겨 會稽山에 겨우 五千 군사로 피신하여 臥薪嘗膽 끝에 보복을 꿈꾸었음. 〈乾道本〉에는 '吳'가 '吾'로 되어 있음.

【試其敎】 이제까지 훈련한 성과를 시험해 봄.

【絕頭刳腹】 머리가 잘리고 배가 갈라짐. 전투에서 참혹한 죽음을 당함.

【顧心】 뒤돌아보고 머뭇거리거나 물러서서 살아나겠다는 생각을 가짐.

【其助】 '助'는 〈集解〉에 "顧廣圻曰: 助, 當作勸"이라 하여 '勸勉'의 뜻으로 보았음.

296(30-40)
다 낡아 해진 바지

한韓 소후昭侯가 사람을 시켜 다 낡아 해진 바지를 잘 간수하도록 하자 시종이 말하였다.

"임금께서는 어찌 그리 어질지 못하십니까? 다 낡아 해진 바지까지 좌우에게 내려주시지 않고 간수하시다니요."

소후가 말하였다.

"그대가 알 바가 아니다. 내 듣기로 현명한 임금은 얼굴 한 번 찌푸리고 웃음 한 번 웃는 것조차 아껴야 한다고 하였다. 찌푸림에는 그 찌푸릴 이유가 있고 웃음에는 그 웃을 이유가 있는 것이다. 지금 그 바지가 어찌 그저 찌푸리거나 웃는 정도이겠는가! 바지와 찌푸리고 웃는 정도는 아주 멀다. 내 반드시 공이 있는 자를 기다릴 것이다. 그 때문에 그것을 거두어 간수하면서 아직 주지 않고 있는 것이다."

韓昭侯使人藏弊袴, 侍者曰:「君亦不仁矣, 弊袴不以賜左右而藏之.」

昭侯曰:「非子之所知也. 吾聞明主之愛一嚬一笑, 嚬有爲嚬, 而笑有爲笑. 今夫袴, 豈特嚬笑哉! 袴之與嚬笑相去遠矣. 吾必待有功者, 故收藏之未有予也.」

【韓昭侯】전국시대 韓나라 군주. B.C.362~B.C.333년까지 30년간 재위함. 申不害를 재상을 삼아 法家의 法術로써 나라를 잘 다스렸음.

【不仁】인색하여 베풀지 않음. 재물을 아낌.

【愛】아낌. '惜'과 같음.

【一嚬一笑】잠깐 찌푸리고 잠깐 웃음. 嚬은 얼굴을 찡그림. 王先愼은 "必憂其不善, 勸其能善, 不妄爲也"라 함.

참고 및 관련 자료

1. 《太平御覽》(392)을 볼 것.

297(30-41)
장어와 뱀

장어는 뱀과 비슷하고 누에는 나비 유충을 닮았다.

사람이 뱀을 보면 깜짝 놀라고 나비 유충을 보면 소름을 느낀다.

그럼에도 아낙네들은 누에를 손으로 줍고 어부는 장어를 손으로 움켜쥐는 것은 이득이 있는 곳에서는 혐오감도 잊은 채 맹분^{孟賁}이나 전저^{專諸}처럼 용감해지는 것이다.

鱣似蛇, 蠶似蠋.

人見蛇則驚駭, 見蠋則毛起.

然而婦人拾蠶, 漁者握鱣, 利之所在, 則忘其所惡, 皆爲賁·諸.

【鱣】 장어(鰻), 뱀장어, 바닷장어, 붕장어 등을 가리킴.

【蠋】 뽕나무 나비의 유충. 靑蟲. '蠋'은 '蜀'과 같음. 누에와 비슷하게 생겼음.

【毛起】 몸의 털이 쭈뼛해짐. 소름 끼침.

【賁·諸】 賁은 전국시대 衛나라 勇士이며 力士 孟賁. 諸는 춘추 말 吳나라 용사 專諸를 가리킴. 孟賁은 秦武王 때 烏獲과 함께 武王을 모시고 周나라 洛陽에 가서 九鼎을 들고 희롱하다가 그 鼎의 다리를 부러뜨린 일이 있음. 《戰國策》

참조. 專諸는 吳나라 堂邑 사람으로 오나라 公子 光(뒤에 闔閭)이 吳王 僚를
죽이고 자립하려는 뜻을 알아차린 伍子胥가 추천하여 王僚의 연회에서 요리
나르는 자로 가장, 생선 속에 비수를 감추어 들어가 僚를 찔러 죽이고 그 자리
에서 죽임을 당함. 《左傳》 및 《史記》 등을 참조할 것.

참고 및 관련 자료

1. 본 장은 〈說林下〉篇에도 실려 있으며 중복됨. 195를 볼 것. 盧文弨는 "己見
前說林下篇, 此重出"이라 함.
2. 기타 《太平御覽》(825, 933)을 볼 것.

298(30-42)
두 나라의 합병

전문傳文 제 4조:

위왕魏王이 정왕鄭王에게 말하였다.

"처음에는 그대 정鄭, 韓나라와 우리 양梁, 魏나라는 한 나라였는데 나중에 갈라진 것이오. 지금 다시 정나라 땅을 얻어 우리 위나라에게 합병하고 싶소."

정나라 임금이 이를 걱정하며 신하들을 불러 위나라에 맞설 모책을 짰다.

정나라 공자公子가 임금에게 말하였다.

"이는 대응하기 아주 쉬운 일입니다. 임금께서는 위나라에게 이렇게 대답하십시오. '정나라는 예전에 위의 땅이었다는 이유로 합병할 수 있다고 생각하신다면 우리나라도 또한 위나라를 얻어 우리 정나라에 합병하고 싶소'라고 말입니다."

위왕은 이 말에 자신의 주장을 포기하였다.

傳四:

魏王謂鄭王曰:「始鄭·梁一國也, 已而別, 今願復得鄭而合之梁.」

鄭君患之, 召群臣而與之謀所以對魏.

鄭公子謂鄭君曰:「此甚易應也. 君對魏曰:『以鄭爲故魏而可合也, 則弊邑亦願得梁而合之鄭.』」

魏王乃止.

【傳四】 經文 제 4조에 대한 해설로 298~303까지 모두 6장이 들어 있음.
【鄭王】 韓王을 가리킴. 韓나라가 춘추시대에 鄭나라를 멸하여 그곳 新鄭에
　　도읍을 정하였으므로 정왕이라고 부르기도 함.
【鄭梁一國】 梁은 魏를 말함. 魏 惠王 9년(B.C.361) 安邑에서 大梁(지금의 하남 開封)
　　으로 천도하여 그 뒤로 魏나라를 梁이라 일컬음. 원래 三晉(韓·魏·趙)은 晉에서
　　갈라졌으므로 한 나라였다고 한 것임.
【弊邑】 자신의 나라를 상대국에게 낮추어 일컫는 겸칭.

299(30-43)
생황 연주

제齊 선왕宣王이 사람을 시켜 우竽라는 악기를 불게 하면서 반드시 삼백 명으로 하였다.

남곽南郭의 처사가 왕을 위하여 피리를 불겠다고 청하자 선왕은 기꺼워 하며 창고의 양식을 수백 명에게 나누어주었다.

선왕이 죽고 민왕湣王이 즉위하자 그는 한 사람씩 연주하는 것을 즐겨 듣자 처사들은 모두 달아나고 말았다.

齊宣王使人吹竽, 必三百人.

南郭處士請爲王吹竽, 宣王說之, 廩食以數百人.

宣王死, 湣王立, 好一一聽之, 處士逃.

【齊宣王】전국시대 齊나라 군주. 田氏. 이름은 辟彊. 齊 威王의 아들이며 B.C.319~B.C.301년까지 19년간 재위함. 稷下에 학자들을 모아 나라를 부흥 시켰음.

【吹竽】竽는 피리의 일종으로 笙簧과 같은 吹樂器.

【必三百人】인원수를 삼백으로 정하고 合奏를 함.

【南郭】성씨. 齊나라 남쪽 외곽에 살아 지역을 성씨로 삼은 것.

【廩食】그들에게 봉록으로 창고의 쌀을 나누어줌. 廩은 곡식 창고. 그러나 王先愼은 "廩, 給"이라 함.

【湣王】'閔王'으로도 표기하며 이름은 地. 宣王의 아들. 宣王을 이어 B.C.300~ B.C.284년까지 17년간 재위하고 淖齒에게 쫓겨 莒의 東廟에서 대들보에 달려 죽임을 당함. 그 뒤를 襄王이 이음.

【一一聽之】한 사람씩 피리를 따로따로 불게 하여 그 기교의 우열을 가려서 듣기를 좋아한 것.

참고 및 관련 자료

1. 《太平御覽》(581) 및 《北堂書鈔》(110)를 볼 것.

〈宮廷樂人圖〉畫像石

300(30-44)
하나씩 저마다 연주하도록

일설에는 이렇게 전해오고 있다.

한韓나라 소후昭侯가 말하였다.

"피리를 부는 자가 많아 나는 그중에서 잘하는 자를 알아낼 수가 없다."

그러자 전엄田嚴이 이렇게 대답하였다.

"하나씩 연주하도록 하여 들어 보십시오."

一曰: 韓昭侯曰:「吹竽者衆, 吾無以知其善者.」

田嚴對曰:「一一而聽之.」

【一曰】 앞에 제시한 故事나 逸話가 달리 전할 때 韓非는 다음에 같은 내용을
싣되 '一曰'이라 하여 구분하였음.

【韓昭侯】 전국시대 韓나라 군주. B.C.362~B.C.333년까지 30년간 재위함.
申不害를 재상을 삼아 法家의 法術로써 나라를 잘 다스렸음.

【田嚴】 성으로 보아 齊나라 사람으로 추정됨.《太平御覽》에는 '田嚴'으로 되어 있음.

> 참고 및 관련 자료

1.《太平御覽》(581)을 볼 것.

301(30-45)
동작과 표정을 살피고

조趙나라가 사람을 시켜 신불해申不害를 통하여 한韓나라에게 원병을 청해 앞으로 위魏나라를 공격할 참이었다.

신불해가 그 사실을 임금에게 알리려 하였지만 그랬다가는 임금이 자신을 외국과 거래한다고 의심할까 두려웠고, 그렇다고 말하지 않으면 조나라로부터 미움을 사게 될까 두려웠다.

이에 조소趙紹와 한답韓沓으로 하여금 임금의 동작과 표정을 시험해 본 다음 그것을 말하였다.

이렇게 하여 안으로는 소후昭侯의 의중을 알아내었고, 밖으로는 조나라로부터 신임을 얻는 성과를 거두었다.

趙令人因申子於韓請兵, 將以攻魏.

申子欲言之君, 而恐君之疑己外市也; 不則恐惡於趙.

乃令趙紹·韓沓嘗試君之動貌而後言之.

內則知昭侯之意, 外則有得趙之功.

【申子】申不害. 그 무렵 韓나라 재상이었음. 韓非보다 백여 년 앞선 인물로 法家 사상으로 韓나라 昭侯를 도왔음. 《史記》老莊申韓列傳에 "申不害者, 京人也,

故鄭之賤臣. 學術以干韓昭侯, 昭侯用爲相. 內脩政教, 外應諸侯, 十五年. 終申子之身, 國治兵彊, 無侵韓者. 申子之學本於黃老而主刑名. 著書二篇, 號曰《申子》"라 함.

【外市】외국의 뇌물을 받고 그 편의를 꾀함.

【趙紹】韓나라 신하.

【韓沓】역시 韓나라 신하.

【動貌】擧動과 顔色에 나타나는 용모. 얼굴의 표정.

【昭侯】전국시대 韓나라 군주. B.C.362~B.C.333년까지 30년간 재위함. 申不害를 재상으로 삼아 法家의 法術로써 나라를 잘 다스렸음.

302(30-46)
두 가지 모두 후회

세 나라 군대가 함곡관函谷關까지 쳐들어오자 진왕秦王이 누완樓緩에게 말하였다.

"세 나라 군대가 깊숙이 쳐들어 왔소! 나는 하동河東을 할양하고 강화를 맺고 싶소. 어떻소?"

누완이 대답하기였다.

"무릇 하동을 할양하는 것은 큰 손실이나 나라를 환란으로부터 면하게 하는 것은 큰 성과입니다. 이는 부형들의 책임인데 왕께서 어찌 공자 범氾을 불러 물어보지 않습니까?"

왕이 공자 범氾을 불러 이를 알리자 그는 이렇게 대답하였다.

"강화를 해도 후회하고 강화를 하지 않아도 후회할 것입니다. 왕께서 지금 하동을 할양하여 강화를 맺고자 하시나 세 나라 군대가 돌아가고 나면 왕께서 틀림없이 '세 나라는 애초부터 철수할 생각이었는데 내가 도리어 그들에게 세 개의 성을 주어 보내준 셈이 되었구나'라고 하실 것입니다. 그렇다고 강화를 맺지 않아 세 나라가 함곡관을 넘어 쳐들어오면 도성은 틀림없이 크게 손상을 입을 것이며 그 때 왕께서는 틀림없이 크게 후회하면서 '세 성을 바치지 않았기 때문이다'라고 하실 것입니다. 저는 그 때문에 '왕께서 강화를 해도 후회할 것이요, 강화를 하지 않아도 후회할 것입니다'라고 한 것입니다."

왕이 말하였다.

"내 후회할 바에 차라리 세 성을 잃고 후회를 할지언정 도성을 위태롭게
하고 나서 후회하는 일은 하지 않겠다. 나는 강화하기로 결단을 내리겠다."

三國兵至韓, 王謂樓緩曰:「三國之兵深矣! 寡人欲割
河東而講, 何如?」

對曰:「夫割河東, 大費也; 免國於患, 大功也. 此父兄
之任也, 王何不召公子氾而問焉?」

王召公子氾而告之, 對曰:「講亦悔, 不講亦悔. 王今割
河東而講, 三國歸, 王必曰:『三國固且去矣, 吾特以三
城送之.』不講, 三國也入韓, 則國必大擧矣, 王必大悔.
王曰:『不獻三城也.』臣故曰:『講亦悔, 不講亦悔.』」

王曰:「爲我悔也, 寧亡三城而悔, 無危乃悔. 寡人斷講矣.」

【三國】 齊·韓·魏의 연합군. 孟嘗君이 秦나라에 갔다가 '鷄鳴狗盜'로 살아 나와
그 원한으로 韓·魏 두 나라와 연합하여 秦나라를 공격한 일. 周赧王 17年
(B.C. 298)의 사건임.

【王】 秦 昭襄王(昭王). 秦 武王의 배다른 아우이며 이름은 稷. B.C.306~B.C.251년
까지 56년간 재위하였으며 그 뒤를 孝文王, 莊襄王을 거쳐 始皇(政)에게로
이어짐.

【至函】 函谷關. 戰國시대 秦나라 동쪽 관문. 지금의 河南 靈寶縣 서남쪽으로
동쪽은 崤山, 서쪽은 潼津으로 싸인 좁은 협곡에 위치하고 있으며 전국시대
많은 고사를 낳은 곳임.

【樓緩】 원래 趙나라 신하로써 趙 武靈王을 섬겨 胡服을 강력히 지지했던 인물.
뒤에 秦나라로 옮겨와 昭襄王의 재상이 되어 있었음.

【河東】 黃河의 동쪽으로 지금의 山西 서부 일대.

【父兄】 왕의 叔父에 해당하는 형제들, 公族들이 결정해야 할 책임임을 말한 것.

【公子汜】 '汜'은 판본에 따라 '汜'자로 표기된 곳도 있으며 《戰國策》에는 '公子池' 자로 되어 있음.

【固且】 '固'는 '本來', '且'는 '將'의 뜻.

【吾特】 '特'은 '却'의 뜻. '도리어'의 뜻.

【國】 國城, 都城을 뜻함. 秦나라 도읍 咸陽을 가리킴.

【大擧】 '擧'는 '攻', '拔'의 뜻. 크게 뽑힘. 크게 들림. 크게 손상을 입음.

참고 및 관련 자료

1. 《戰國策》 秦策(3)

三國攻秦, 入函谷. 秦王謂樓緩曰:「三國之兵深矣, 寡人欲割河東而講.」 對曰: 「割河東, 大費也; 免於國患, 大利也. 此父兄之任也. 王何不召公子池而問焉?」 王召公子池而問焉, 對曰:「講亦悔, 不講亦悔.」 王曰:「何也?」 對曰:「王割河 東而講, 三國雖去, 王必曰:『惜矣! 三國且去, 吾特以三城從之.』 此講之悔也. 王不講, 三國入函谷, 咸陽必危, 王又曰:『惜矣! 吾愛三城而不講.』 此又不講之 悔也.」 王曰:「鈞吾悔也, 寧亡三城而悔, 無危咸陽而悔也. 寡人決講矣.」 卒使 公子池以三城講於三國, 之兵乃退.

2. 《史記》 孟嘗君列傳

孟嘗君怨秦, 將以齊爲韓·魏攻楚, 因與韓·魏攻秦, 而借兵食於西周. 蘇代爲西 周謂曰:「君以齊爲韓·魏攻楚九年, 取宛·葉以北以彊韓·魏, 今復攻秦以益之. 韓·魏南無楚憂, 西無秦患, 則齊危矣. 韓·魏必輕齊畏秦, 臣爲君危之. 君不如 令敝邑深合於秦, 而君無攻, 又無借兵食. 君臨函谷而無攻, 令敝邑以君之情謂 秦昭王曰:『薛公必不破秦以彊韓·魏. 其攻秦也, 欲王之令楚王割東國以與齊, 而秦出懷王以爲和』. 君令敝邑以此惠秦, 秦得無破而以東國自免也, 秦必欲之. 楚王得出, 必德齊. 齊得東國益彊, 而薛世世無患矣. 秦不大弱, 而處三晉之西, 三晉必重齊」 薛公曰:「善」 因令韓·魏賀秦, 使三國無攻, 而不借兵食於西周矣. 是時, 楚懷王入秦, 秦留之, 故欲必出之. 秦不果出楚懷王.

303(30-47)
응후의 책략

응후應侯가 진왕秦王에게 말하였다.

"왕께서는 이미 완宛·섭葉·남전藍田·양하陽夏를 차지하고 하내河內를 잘라 양梁나라와 정鄭나라를 꼼짝 못하게 하고 있으면서도 아직 왕자王者가 되지 못한 까닭은 조趙나라가 복종하지 않고 있기 때문입니다. 상당上黨의 군대를 옮겨 포기한다 해도 잃는 것은 상당 하나일 뿐이니 군대를 동양東陽에 임하게 하면 한단邯鄲은 입 안에 든 이가 될 것입니다. 왕께서는 팔짱을 끼고 천하 제후들에게 조공을 들도록 하면서 늦게 굴복하는 자에게 무력을 행사하시면 됩니다. 그러나 상당이 평온한 것은 그 처한 위치가 매우 험요하기 때문입니다. 저는 그곳 군대를 이동시키려는 저의 의견을 왕께서 들어주시지 않을까 두렵습니다. 어찌하면 좋겠습니까?"

왕이 말하였다.

"반드시 군대를 이동시켜서 바꾸기로 하겠소."

應侯謂秦王曰: 「王得宛·葉·藍田·陽夏, 斷河內, 因梁·鄭, 所以未王者, 趙未服也.

弛上黨, 在一而已, 以臨東陽, 則邯鄲口中虱也. 王拱而朝天下, 後者以兵中之. 然上黨之安樂, 其處甚劇, 臣恐弛之而不聽, 奈何?」
王曰:「必弛易之矣.」

【應侯】范且. 范雎. 전국시대 魏나라 사람으로 처음에 魏나라 中大夫 須賈를
섬겨 그를 따라 齊나라에 사신으로 갔다가 제나라와 내통했다는 오해를 받아
위나라 相國 魏齊에게 폭행을 당해 죽을 고비를 넘긴 다음 이름을 張祿으로
바꾸고 秦나라에 들어가 遠交近攻策으로 秦 昭襄王에게 유세, 재상에 올라
應侯에 봉해진 인물.《史記》范雎蔡澤列傳을 참조할 것. 한편 '范雎'는 '范睢'로
표기하고 '범수'로 읽어 왔으나《戰國策考證》에《史記》와《韓非子》를 인용
하여 '范且, 范雎也, 且, 雎同字'라 하였음. '范雎'를 '范睢'로 표기하고 읽기 시작
한 것은《通鑑》의 周 赧王 四十五年後 胡三省의 注에 "范睢의 睢는 音이 雖이다"
라 하여 이때부터 '범수'로 읽기 시작한 것임. 그러나 淸 錢大昕의《通鑑》
注辨正에 "武梁祠 畫像에 范且의 且는 雎와 같은데 〈雎〉字 왼쪽의 部는 '且'
이며 '目'이 아니다. 그러므로 '睢'는 심한 誤謬이다"라 하였음.
【宛·葉·藍田·陽夏】宛은 지금의 河南 南陽, 葉은 河南 葉縣, 藍田은 지금의
陝西 藍田縣, 陽夏는 河南 太康縣.《史記》穰侯列傳에 "秦昭王二十五年, 又取
楚之宛·葉"이라 함.
【河內】지금의 河南 황하 북쪽 일대를 河內라 하였고 남쪽 일대를 河外라 하였음.
【梁·鄭】梁은 魏나라. 鄭은 韓나라를 가리킴. 梁(大梁)은 魏나라의 도성이며
鄭(新鄭)은 韓나라 도성임.
【弛】그곳의 공격을 느슨하게 하여 군대를 다른 곳으로 옮김.
【上黨】지금의 山西 長治縣 일대 전체를 上黨이라 불렀음. 전국시대 趙나라와
韓나라 사이에 있었으며 국제적인 분쟁지역이기도 하였음. 秦나라가 韓나라를
공격하자 그 무렵 上黨太守 馮亭이 17개 城으로 趙나라에 항복, 趙나라 땅이
되었다가 뒤에 秦나라가 다시 상당을 공략하면서 長平之戰을 벌여 趙나라
군사 40만 명을 생매장하기도 하였던 곳임.
【口中風】입 안에 들어 있는 이(虱)처럼 완전히 살아날 수 없는 상태를 말함.
그러나 王先愼은 '口'는 '圍'의 古字라 하여 '달아날 수 없이 포위된 이'로 보았음.
【甚劇】'劇'은 地勢가 險要한 것. 그러나 上黨은 秦나라가 공격할 때마다 극심한
저항에 부딪쳐 上黨郡守 馮亭의 반항과 白起의 공격에 趙括의 저항으로 40만을
생매장하는 등 언제나 심한 激戰地였음을 뜻하는 말로 보아야 할 것임.

304(30-48)
방경의 행정 방법

전문傳文 제 5조:

방경龐敬은 현령縣令이었다.

시장을 관리하는 관원을 보내 순찰하도록 하면서 동시에 그들을 감찰하는 상급 관원인 공대부公大夫를 부르고는 되돌려 보냈다.

그리고는 한참을 서 있다가 아무런 조칙도 내리지 않고 끝내 그대로 순찰을 나서도록 하였다.

시장을 관리하는 관원들은 현령과 공대부 사이에 어떤 말이 있었을 것이라 여기면서 서로를 믿지 않게 되어 간악한 짓을 하지 않게 되었다.

傳五:

龐敬, 縣令也.

遣市者行, 而召公大夫而還之.

立有間, 無以詔之, 卒遣行.

市者以爲令與公大夫有言, 不相信, 以至無姦.

【傳五】經文 제 5조에 대한 해설로 304~307까지 모두 4장이 들어 있음.
【龐敬】구체적으로 어느 시대 어느 나라 사람인지 알 수 없음.

【遣市者行】‘市者’는 시장을 관리하는 관원.《周禮》의 ‘賈師’와 같음. 行은 순찰을 다님.

【公大夫】市者를 감독하는 상급 관원.

참고 및 관련 자료

1.《太平御覽》(827)을 볼 것.

305(30-49)
대환의 치술

대환戴驩은 송宋나라 태재太宰로써 밤에 사람을 심부름시키면서 이렇게 말하였다.

"내가 듣건대 밤에 자주 온거輼車가 이사李史의 대문을 드나든다고 한다. 삼가 나를 위해 그 사정을 엿보고 오도록 하라."

심부름 보낸 자가 돌아와 이렇게 보고하였다.

"온거는 보이지 않았으나 상자를 들고 이사와 이야기를 나누는 자를 보았는데 잠시 뒤 이사가 그 상자를 받더이다."

戴驩, 宋太宰, 夜使人曰: 「吾聞數夜有乘輼車至李史門者, 謹爲我伺之.」

使人報曰: 「不見輼車, 見有奉筍而與李史語者, 有間, 李史受筍.」

【戴驩】宋나라 太宰. 太宰는 相國과 같음. 經文(262)에는 '戴讙'으로 되어 있음.
【李史】그 무렵 獄官을 맡았던 獄吏. 구체적으로는 알 수 없음.

【轀車】타고 있는 자의 신분을 알 수 없도록 가리고 다니는 수레.《荀子》에는 '轀車'로 되어 있음.

【筍】대나무로 짠 네모난 상자. 여기서는 뇌물 상자를 가리킴.

참고 및 관련 자료

1.《荀子》解蔽篇 注

《韓非子》曰: 戴驩爲宋太宰, 夜使人曰:「吾聞數夜有乘轀車至李史門者, 謹爲我司之.」使人報曰:「不見轀車, 見有奉筍而與李史, 李史受筍.」

306(30-50)
임금의 옥비녀

주周나라 임금이 옥비녀를 잃어버려 이를 관리로 하여금 찾도록 하였으나 사흘이 되도록 찾아내지 못하는 것이었다.

임금은 다른 사람으로 하여금 찾아보도록 하였더니 민가의 집안에서 이를 찾아내는 것이었다.

주군은 이렇게 말하였다.

"나는 관리들이 일을 제대로 처리하지 못함을 알게 되었다. 비녀를 찾아보도록 하였더니 사흘이 되도록 찾지 못하였다. 내가 다른 사람을 시켜 찾아보도록 하였더니 해도 넘어가기 전에 이를 찾아내었다."

이에 관리들이 모두 송구스러워하며 임금이 신명하다고 여기게 되었다.

周主亡玉簪, 令吏求之, 三日不能得也.

周主令人求而得之, 家人之屋間.

周主曰:「吾知吏之不事事也. 求簪, 三日不得之; 吾令人求之, 不移日而得之.」

於是吏皆聳懼, 以爲君神明也.

【事事】일에 精勤함. 정성들여 부지런히 일함. 앞의 '事'는 동사.

【聳懼】몸을 움츠리고 부들부들 떠는 모습. '聳'은 '悚'과 같음.

【移日】해가 조금 움직임. 매우 짧은 시간을 뜻함. 또는 하루의 시간을 가리 키기도 함.

【神明】귀신처럼 밝은 통찰력을 가리킴.

307(30-51)
시장 밖의 쇠똥

송宋나라 태재가 소서자少庶子로 하여금 시장을 살펴보고 오도록 하고는 그가 돌아오자 이렇게 물었다.

"시장에서 무엇을 보았는가?"

그가 대답하였다.

"본 것이 없습니다."

태재가 다시 물었다.

"비록 그렇다 하더라고 무엇인가 보지 않았겠느냐?"

그게 대답하였다.

"시장 남문 밖에 우마차가 아주 많아 겨우 통행할 수 있었을 뿐입니다."

태재는 그에게 이렇게 경계하였다.

"내가 너에게 물은 것을 함부로 다른 사람에게 말하지 말라."

그리고는 곧바로 시장을 관리하는 관원을 불러 이렇게 꾸짖었다.

"시장 문 밖에 어찌 쇠똥이 그렇게도 많은가?"

시장을 관리는 관원은 태재가 그토록 빨리 알게 된 것을 무척 괴이하게 여기면서 자신이 맡은 위치를 두려워하게 되었다.

商太宰使少庶子之市, 顧反而問之曰:「何見於市?」

對曰:「無見也.」

太宰曰:「雖然, 何見也?」
對曰:「市南門之外甚衆牛車, 僅可以行耳.」
太宰因誡使者:「無敢告人吾所問於女.」
因召市吏而誚之曰:「市門之外. 何多牛屎?」
市吏甚怪太宰知之疾也, 乃悚懼其所也.

【商】宋나라를 가리킴. 周 武王이 殷(商)의 紂를 멸하고 紂의 庶兄 微子 啓를
봉하여 제사를 이어가도록 하여 그 때문에 宋을 商이라고도 부름.
【太宰】송나라 최고 관직의 직함. 그 무렵 戴驩이 태재였음.
【少庶子】卿大夫의 자제들 가운데 젊은 이로써 군주나 태재의 측근에서 정보를
제공하는 직분을 가진 자.
【牛屎】쇠똥. 牛糞. '屎'는 '矢'와 같음.
【誡】여기서 '誡'는 '戒'자와 달리 말로 일러주는 경계를 뜻함.
【市吏】시장을 관리하는 관원.
【其所】맡은 자리. 즉 직분을 충실히 다함.

참고 및 관련 자료

1. 《太平御覽》(827)을 볼 것.

308(30-52)
잃어버린 손톱

전문傳文 제 6조:

한韓나라 소후昭侯가 자른 손톱을 쥐고 거짓으로 손톱 하나를 잃은 척하며 그것을 찾아내라고 심하게 다그쳤다.
그러자 좌우 측근들이 자신의 손톱을 잘라 그것을 바쳤다.
소후는 이로써 측근들의 성실 여부를 살펴보았다.

傳六:
韓昭侯握爪, 而佯亡一爪, 求之甚急.
左右因割其爪而效之.
昭侯以此察左右之誠不.

【傳六】經文 제 6조에 대한 해설로 308~312까지 모두 5장이 들어 있음.
【韓昭侯】전국시대 韓나라 군주. B.C.362~B.C.333년까지 30년간 재위함.
申不害를 재상을 삼아 法家의 法術로써 나라를 잘 다스렸음.
【甚急】엄하게 다그침.
【效之】'效'는 '致'와 같음.
【誠不】성실의 여부. 誠否와 같음. 한편 〈道藏本〉에는 이 구절이 "昭侯以此察左右之臣不割"로 되어 있음.

1. 《意林》(1)

韓昭侯握爪, 而佯亡, 求之甚急左右而取備之.(案一作: 左右因割其爪而效之.)
昭侯以此察左右之虛實.

2. 기타 《太平御覽》(370)을 볼 것.

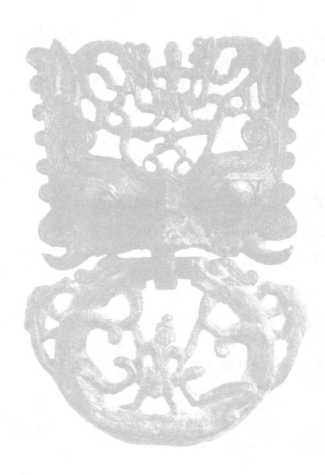

309(30-53)
남의 밭에 들어간 소

한韓나라 소후昭侯가 기사騎士로 하여금 현縣을 살펴보도록 하였다.

사자가 돌아와 보고하자 소후가 물었다.

"무엇을 보았는가?"

그가 대답하였다.

"본 것이 없습니다."

소후가 다시 물었다.

"비록 그렇다 해도 무언가 보았을 것인데?"

그가 말하였다.

"남문 밖에서 누런 송아지가 길 왼쪽의 벼 모종을 뜯어먹고 있었습니다."

소후가 사자에게 일렀다.

"내가 너에게 물은 것을 함부로 발설하지 말라."

그리고는 이렇게 명령을 내렸다.

"모를 낼 시기에 소나 말이 남의 논밭으로 들어가지 못하도록 금한 것은 고유한 명령이었다. 그런데 관리들이 제대로 그 일을 처리하지 않아 소와 말이 남의 농토로 들어가는 일이 매우 많다. 곧바로 그 숫자를 조사하여 위로 보고하라. 제대로 하지 않으면 죄를 가중시키리라."

이에 세 곳 향에서 조사하여 이를 보고하였다.

소후가 말하였다.

"아직 충분하지 못하다."

다시 나가서 살펴 이에 남문 밖에서 누런 그 송아지를 찾아냈다.

관리들은 소후가 명철하다고 여기고는 모두가 자신의 직무를 두려워하며 함부로 그릇된 행동을 저지르지 않게 되었다.

韓昭侯使騎於縣.

使者報, 昭侯問曰:「何見也?」

對曰:「無所見也.」

昭侯曰:「雖然, 何見?」

曰:「南門之外, 有黃犢食苗道左者.」

昭侯謂使者:「毋敢泄吾所問於女.」

乃下令曰:「當苗時, 禁牛馬入人田中, 固有令, 而吏不以爲事, 牛馬甚多入人田中. 亟擧其數上之; 不得, 將重其罪.」

於是三鄕擧而上之.

昭侯曰:「未盡也.」

復往審之, 乃得南門之外黃犢.

吏以昭侯爲明察, 皆悚懼其所而不敢爲非.

【韓昭侯】전국시대 韓나라 군주. B.C.362∼B.C.333년까지 30년간 재위함. 申不害를 재상을 삼아 法家의 法術로써 나라를 잘 다스렸음.

【當苗時】논밭에 모를 내는 농사철을 말함.

【固有令】오래 전부터 명령이 내려져 있음을 말함.

【擧其數】숫자를 조사함.

【三鄕】세 방향, 즉 북쪽과 동서 지방을 가리킴.

【南門之外黃犢】그 무렵 보고에서 이 일은 누락되었음을 교묘히 이용한 것.

310(30-54)
잃어버린 지팡이

주周나라 임금이 영을 내려 굽은 지팡이를 찾도록 하자 관리들이 여러 날 찾았으나 구할 수가 없었다.

임금이 사사롭게 사람을 시켜 찾도록 하였더니 하루 날이 가기도 전에 그것을 구하였다.

그러자 임금은 관리들에게 이렇게 말하였다.

"내 이로써 관리들이 자신의 일을 제대로 처리하지 못하고 있음을 알게 되었도다. 굽은 지팡이는 구하기 쉬운데도 관리들이 제대로 구하지 못하였다. 내 다른 사람으로 하여금 구하도록 하였더니 하루가 가기 전에 구하였다. 그러나 어찌 그대들이 나를 위해 충성을 한다고 할 수 있겠는가?"

관리들은 이에 모두가 자신의 직무에 두려움을 느끼고 임금을 신명한 분이라 여기게 되었다.

周主下令索曲杖, 吏求之數日不能得.

周主私使人求之, 不移日而得之.

乃謂吏曰:「吾知吏不事事也. 曲杖甚易也, 而吏不能得; 我令人求之, 不移日而得之, 豈可謂忠哉!」

吏乃皆悚懼其所, 以君爲神明.

【曲杖】굽은 지팡이.
【不移日】하루가 지나지 않음. 만 하루를 넘기지 않음.
【甚易】구하기가 매우 쉬움.

参고 및 관련 자료

1.《白孔六帖》(14)를 볼 것.

311(30-55)
어사의 독직瀆職

복피卜皮가 현령이 되었을 때 자신이 거느린 어사御史가 독직瀆職을 하고 애첩까지 두고 있었다.

복피는 이에 소서자少庶子로 하여금 그 애첩을 사랑하는 척하면서 어사의 숨겨진 잘못을 알아내도록 하였다.

卜皮爲縣令, 其御史汙穢而有愛妾.

卜皮乃使少庶子佯愛之, 以知御史陰情.

【卜皮】韓나라 安邑의 御史를 지낸 인물.

【御史】지금의 감찰관에 해당함. 〈道藏本〉에는 '御吏'로 되어 있음.

【汙穢】汚穢, 汚濊와 같음. 瀆職을 저지름.

【佯愛之】거짓으로 사랑하는 척함.

【陰情】숨겨진 비리나 陰私.

312(30-56)
잃어버린 굴대 쐐기

서문표西門豹는 업鄴의 지방장관이었을 때 거짓으로 수레바퀴 굴대의
쐐기를 잃었다고 하면서 관리들로 하여금 찾도록 하였으나 찾지 못하였다.
이에 다른 사람을 시켜 찾았더니 민가의 집에서 이를 찾아냈다.

西門豹爲鄴令, 佯亡己車轄, 令吏求之不能得.
使人求之而得之家人屋間.

【西門豹】전국 초기 魏나라 文侯를 도왔던 유명한 지방 장관. 《史記》滑稽
列傳에 河神을 빙자하여 나쁜 짓을 하는 巫堂을 물리친 일과 築渠의 치적에
대한 逸話가 실려 있음.
【鄴令】지금의 河北 臨漳縣 서쪽 지역의 장관. 《史記》魏世家에 "任西門豹守鄴,
而河內稱治"라 함.
【車轄】수레의 굴대 끝을 씌워 바퀴가 빠지지 않도록 장치한 쐐기못.

313(30-57)
거짓 비방

전문傳文 제 7조:

산양군山陽君이 한韓나라 재상이었을 때 왕이 자기를 의심하고 있다는 말을 들었는데 이는 규수樛豎를 거짓으로 비방하여 그로 하여금 말을 마구하도록 하여 그것을 알아냈던 것이다.

傳七:
陽山君相謂, 聞王之疑己也, 乃僞謗樛豎以知之.

【傳七】經文 제 7조에 대한 해설로 313~318까지 모두 6장이 들어 있음.

【陽山】'山陽'의 오기. 《戰國策》韓策에 "或謂山陽君曰:「秦封君以山陽.」"이라 하였고 본 《韓非子》說林(上)과 難(一)에도 "韓宣王謂樛留"라 하여 韓나라에 있었던 일들임.

【相謂】'謂'를 '衛'의 오기로 보아 趙本 등에는 '衛'로 고쳐져 있으나 이는 오류이며 '韓'이어야 함. 그러나 蒲坂圓은 "衛, 魏也. 此時衛削弱屬魏, 如一國, 故謂魏爲衛"라 함.

【樛豎】'摎豎'로도 표기함. 인명. 왕의 시중을 드는 측근이었음. 그를 거짓으로 헐뜯어 그로 하여금 화를 내며 임금으로부터 들은 정보를 마구 발설하도록 유도하여 왕이 자신을 의심하고 있음을 알아낸 것임.

314(30-58)
요치와 제왕

요치淖齒는 제왕齊王이 자신을 미워하고 있다는 말을 듣고는 이에 사람을 진秦나라 사신인 양 들여보내 그 사실을 확인토록 하여 알아냈다.

淖齒聞齊王之惡己也, 乃矯爲秦使以知之.

【淖齒】원래 楚나라 장수로 초나라가 齊나라를 도와 재상이 되도록 한 인물. 연나라 장수 樂毅가 五國과 연합하여 齊나라에 쳐들어오자 湣王이 莒로 달아나 楚나라에게 구원을 청하였으며 이 때 楚나라가 장군 淖齒를 보내 구해 주었던 것임. 그러자 민왕이 감격하여 그를 재상으로 삼았으나 요치는 齊나라 땅을 燕나라와 반분할 셈으로 莒에서 湣王을 죽여 그 筋骨을 뽑아 대들보에 달아 죽였음. 뒤에 淖齒는 齊나라의 대부 王孫賈에게 피살당하고 말았음.《史記》 田單列傳 및《戰國策》齊策 등을 참조할 것.
【齊王】齊湣王. 齊宣王의 아들, 이름은 地. 재위 40년. 燕나라가 樂毅 장군으로 하여금 五國과 연합해서 쳐들어오자 莒 땅으로 달아났다가 그곳에서 淖齒에게 弑殺당하였음.《史記》樂毅列傳·田單列傳 등을 참조할 것.
【矯爲秦使】'矯'는 '詐'와 같음. 齊王이 秦나라를 믿었으므로 요치가 거짓으로 자진의 사람을 진나라 사자인 양 꾸며 왕을 만나게 하여 정보를 알아냄. 王先愼 〈集解〉에 "王既不疑秦使, 必以情告"라 함.

315(30-59)
반란을 계획하면서

제齊나라 사람이 반란을 일으키려 하면서 왕이 이를 알아차릴까 걱정 스러웠다.

이에 거짓으로 자신이 아끼던 자를 축출, 그로 하여금 왕에게로 달아 나도록 하여 왕의 실정을 알아내었다.

齊人有欲爲亂者, 恐王知之.

因詐逐所愛者, 令走王知之.

【走王】 달아나서 왕이 있는 곳으로 도망하게 함. 그리하여 왕이 알고 있는지를 탐지함. 그러나 王先愼은 "王知逐所愛, 則不疑其爲亂也"라 함.

316(30-60)
문틈으로 본 백마

자지子之가 연燕나라 재상이 되어 자리에 앉아 거짓으로 이렇게 말하였다.
"문으로 달려 나간 것이 무엇인가? 백마인가?"
좌우 측근들이 모두 보지 못하였다고 말하였다.
그때 어떤 자가 쫓아갔다가 돌아와서 이렇게 보고하였다.
"맞습니다."
자지는 이로써 좌우 측근들 가운데 성신誠信하지 못한 자를 알아냈다.

子之相燕, 坐而佯言曰:「走出門者何? 白馬也?」
左右皆言不見.
有一人走追之, 報曰:「有.」
子之以此知左右之不誠信.

【子之】燕나라 재상. 蘇代와 혼인관계를 맺고 蘇代로 하여금 燕王 噲에게
나라를 禪讓하면 堯舜과 같은 聖人으로 추앙받을 것이라 유혹하여 왕의
자리를 자지에게 선양하도록 하였음. 이로 인해 연나라는 큰 혼란에 빠졌
으며 뒤에 제나라의 공격을 받아 죽임을 당함.《戰國策》燕策 및《史記》
燕世家 참조.

【不誠信】 실제 백마가 지나간 것이 아님에도 비위를 맞추고자 직접 달려나가 보는 척하고 돌아와 그의 말을 확인해 주고자 하는 아첨을 말함. 王先愼은 "僞報有白馬者, 是不誠信"이라 함. 그러나 혹 사실대로 백마가 지나간 것이며 좌우 측근들이 주의를 기울이지 못한 것을 기화로 하찮은 일이지만 직접 나서서 확인해 주려 하지 않음을 不誠信한 것으로 몰아세우고자 교묘한 획책을 한 것으로도 볼 수 있음.

317(30-61)
진술을 거꾸로

서로 소송을 제기한 사람이 있었다. 자산子産은 그들을 분리시켜 서로 말을 나눌 수 없도록 하고는 그들의 진술을 거꾸로 일러주어 그것으로써 잘잘못을 알아내었다.

有相與訟者, 子産離之而無使得通辭, 倒其言以告而知之.

【子産】公孫僑. 子國(公孫成)의 아들. 뒤에 鄭나라의 훌륭한 宰相이 되어 孔子가 자주 칭찬한 인물. 東里에 살아 東里子産으로도 불렸으며 簡公과 定公을 보필하여 40여년 정나라는 안정을 누렸음.《左傳》및《史記》鄭世家 참조.
【通辭】소송 당사자가 마주하여 자신의 주장을 말함.
【倒其言】한쪽의 말을 반대로 전해주어 사실 여부를 알아내는 방법. 王先愼은 "謂得以此言以告彼, 彼言以告此, 則知訟者之情實"이라 함.

참고 및 관련 자료

1. 이 고사는 452에도 중복하여 실려 있음.

318(30-62)
문지기에게 뇌물을

위衛 사공嗣公이 사람을 시켜 나그네 차림으로 관문을 통과하도록 하였다. 관문지기가 그를 가혹하게 조사하자 그는 관문지기에게 뇌물을 바치면서 먼저 관리關吏에게 금을 주자 이에 풀어주는 것이었다.

사공이 관리에게 이렇게 말하였다.

"모시某時에 어떤 나그네가 네가 지키던 곳을 지나면서 너에게 금을 주었고 너는 그 때문에 그를 보내주었다."

관문지기는 이에 크게 두려워하며 사공이 명찰明察하다고 여기게 되었다.

衛嗣公使人爲客過關市, 關市苛難之, 因事關市.
以金與關吏乃舍之.
嗣公爲關吏曰:「某時有客過而所, 與汝金, 而汝因遣之.」
關市乃大恐, 而以嗣公爲明察.

【衛嗣公】衛嗣君으로 부르며 衛나라 임금. 衛 平侯의 아들. 秦나라가 폄하하여 君으로 일컬은 것. 王先愼의 〈集解〉에 "君當作公, 嗣公, 衛平侯之子, 秦貶其 號爲君, 非此書未入秦作, 必不從秦所貶爲稱. 且上經「嗣公欲治不知」, 不作君, 是君當爲公之誤"라 함. 그러나 《史記》 衛康叔世家에 의하면 "成侯十一年,

公孫鞅入秦. 十六年, 衛更貶號曰侯. 二十九年, 成侯卒, 子平侯立. 平侯八年卒, 子嗣君立. 嗣君五年, 更貶號曰君, 獨有濮陽. 四十二年卒, 子懷君立. 懷君 三十一年, 朝魏, 魏囚殺懷君. 魏更立嗣君弟, 是爲元君. 元君爲魏壻, 故魏立之. 元君十四年, 秦拔魏東地, 秦初置東郡, 更徙衛野王縣, 而幷濮陽爲東郡. 二十五年, 元君卒, 子君角立. 君角九年, 秦幷天下, 立爲始皇帝. 二十一年, 二世廢君角爲 庶人, 衛絶祀"라 하여 80여년 간 衛나라는 殺君立君의 혼란을 거치면서 이미 嗣君으로 불렸으며 마침내 君角에 이르러 秦始皇에게 완전 멸망하고 말았음.

【關市】 關門을 지키는 下級 官員. 關吏의 從者. 王先愼은 "關市, 蓋關吏之從者, 與吏有別"이라 함.

【苛難之】 가혹하게 심문하고 세밀히 검사하며 通關을 시키지 않음. 王先愼은 "以情事論, 苛難之事, 吏不便自爲之, 故知有別也. 此人僞事關市, 因緣得通關吏 而與以金"이라 함.

【因事】 이를 이유로 뇌물을 주어 통과할 방책을 세움. 그리하여 關市의 上級 직책인 關吏에게 금을 준 것임.

【爲關吏曰】 '爲'는 '謂'와 같음. 王先愼은 "爲·謂, 古通"이라 함.

【而所】 而는 汝자의 뜻. 네가 관리하는 곳. 陳啓天은 "「而所」, 猶言「汝處」也"라 함.

참고 및 관련 자료

1. 이는 453에도 중복하여 실려 있음.

2.《荀子》王制篇 注

使客過關市, 賂之以金. 後召關市, 問:「其有過客, 與汝金, 汝回遣之」關市大恐, 以嗣公爲明察.

3.《意林》(1)

衛嗣君使人過關市, 關吏乃呵之, 因以金與關吏, 關令乃捨. 嗣君謂關吏曰: 「汝何得受金?」以明察之.(案一作: 關吏以爲明察. 受下有客字.)

4. 기타《太平御覽》(827)을 볼 것.

31. 내저설하内儲說下 육미六微

  '육미'六微를 부제로 하여 "은밀하게 일을 처리하여 상대가 알아차릴 수 없도록 해야 효과가 극대화됨"을 뜻하는 말로 주제를 내세운 것이다.

  따라서 '微'란 일종의 사찰伺察, 규사窺伺의 뜻을 담고 있다.

319(31-1)
여섯 가지 은미隱微한 사안

여섯 가지 은미隱微함이 있다.

첫째, 권력을 신하에게 빌려준 경우.

둘째, 서로 이익을 노려 외국의 힘을 빌리는 경우.

셋째, 비슷한 것에 의탁하여 자신의 사리를 노리는 경우.

넷째, 이해가 서로 어긋나는 상황을 조성해 놓고 자신의 이익을 노리는 경우.

다섯째, 세력이 비슷하여 내부 권력 투쟁을 일으키는 경우.

여섯째, 적국이 끼어들어 나라의 관리 임용과 폐출을 주도하는 경우.

이 여섯 가지는 임금이 살펴보아야 할 일이다.

六微: 一曰權借在下, 二曰利異外借, 三曰託於似類, 四曰利害有反, 五曰參疑內爭, 六曰敵國廢置.

此六者, 主之所察也.

【權借在下】군주가 행사해야 할 권력을 신하에게 빌려주어 전권을 휘두르게 함.

【利異外借】군신 사이 이익이 서로 다를 때 신하 쪽이 외국의 세력을 끌어들여 私利를 도모함.

【託於似類】 비슷한 사안으로써 군주를 속이고 자신의 이익을 노리는 경우를 말함.

【利害有反】 군신 사이 이해가 서로 어긋나 신하가 임금의 이익을 대변하는 척 하면서 자신의 몫을 챙기는 행위.

【參疑內爭】 '疑'는 '儗'와 같으며, 서로 뒤얽혀 피아 구분이 어려운 상태를 조성하여 결국 내부 갈등과 권력투쟁을 벌이는 것.

【敵國廢置】 적국이 자신 나라의 관리나 인물 등용의 주도권을 쥐고 任免이나 黜陟을 마음대로 하도록 하는 것. '廢置'는 任免, 黜陟의 뜻.

320(31-2)
권차權借

경문經文 제 1조: 권차權借

권세란 남에게 빌려줄 수 없는 것이다.

임금이 한 가지 권세를 잃으면 신하는 그것을 백 배 부풀려 악용한다.

그러므로 신하가 그것을 빌릴 수만 있다면 세력이 강해지고, 세력이 강해지면 안팎이 모두 그를 위하게 되며, 안팎이 모두 그를 위하게 되면, 임금의 모든 것은 가려지게 된다.

그러한 설명은 노담老聃이 말한 놓쳐 버린 물고기 이야기에 들어있다.

이런 까닭으로 군주는 길게 말을 하며, 좌우 측근들은 임금이 내려준 것으로써 부유하게 되는 것이다.

그 걱정거리는 서동胥僮이 여공厲公에게 간언한 사례와 주후州侯에 대하여 같은 말로 평판이 있었던 일과 연燕나라 사람이 개똥으로 목욕을 한 이야기 등이 있다.

이상이 경문 제 1조 권력을 빌려주었을 때에 대한 논설이다.

經一: 權借

權勢不可以借人.

上失其一, 臣以爲百.

故臣得借則力多, 力多則內外爲用, 內外爲用則人主壅.

其說在老聃之言失魚也.
是以人主久語, 而左右鬻懷刷.
其患在胥僮之諫厲公, 與州侯之一言, 而燕人浴矢也.
權借一

【經一】 본 〈內儲說下(六微)〉은 6조의 經文으로 구성되어
있으며 이곳은 經文 제 1조로 '權借'에 대한 것으로 傳文
327~333까지 7장의 내용을 압축하여 제시한 것임.
【內外爲用】 조정 안팎의 모두가 그를 위하여 움직이며
일함. 그 다음의 連環式 문장으로 '內外爲用'이 다시
이어져야 하나 〈乾道本〉에는 빠져 있음. 〈道藏本〉에
의해 補入해 넣은 것임. 王先愼은 "乾道本不重「內外
爲用」四字, 顧廣圻云:「藏本·今本重.」今據增"이라 함.
【老聃】 老子. 李耳. 道家의 창시자. 자는 伯陽. 시호는 聃.
楚나라 苦縣 사람으로 뒤에 은거하러 函谷關을 나설 때
關尹喜가 그의 말을 구하여 《老子》81장 5천여 言이
전함. 뒤에 道敎의 經典이 되어 《道德經》으로도 불림.
《史記》老莊申韓列傳 참조.

〈老子騎牛圖〉

【失魚】 물고기가 물을 벗어나서는 살 수 없음. 《老子》36장의 구절. 328을 볼 것.
【鬻】 '賣'와 같음. '팔다, 이용하다'의 뜻.
【懷刷】 '懷'는 '饋', 또는 '賜', '刷'는 '拭'으로 해석하며 나아가 '饋'는 임금이
내려준 재물. '拭'은 땀을 닦는 수건을 뜻함. 따라서 임금이 내려준 재물이나
심지어 땀을 닦는 수건까지 팔아 신하로서 부유하게 됨을 뜻함. 여기서는
임금의 주도권을 통해서만 신하가 영화를 누리며 살아갈 수 있도록 임금은
끝까지 권력을 쥐고 있어야 한다는 뜻으로 풀이함.
【胥僮】 《左傳》에는 胥童으로 되어 있음. 胥克의 아들이며, 《國語》晉語(6)에는
'胥之昧'로 되어 있음. 晉 厲公의 愛姬의 오빠. 뒤에 欒書와 中行偃에게 살해됨.
《左傳》成公 17년을 볼 것. 330과 644를 볼 것.
【厲公】 晉 厲公. 이름은 州蒲, 혹은 壽曼. 景公(獳)의 아들. B.C.580~B.C.573년

까지 8년간 재위함. 그가 사치와 악행을 저지를 것임을 여러 차례 우려하는
간언을 하였음.

【州侯】楚 襄王의 寵臣. 州(지금의 湖北 監利縣)에 봉해졌던 인물. 그 때문에
州侯라 부름. 그에 대한 평판이 한 사람 입으로 말하는 것과 똑같이 일치함.
《戰國策》楚策(4)의 鮑彪의 注에 "四人皆楚之寵幸臣也"라 함. 331을 볼 것.

【浴矢】마귀를 쫓는 방법으로 개똥물을 끼얹는 풍습. '矢'는 '屎'와 같음. 糞의
뜻. 332를 볼 것.

참고 및 관련 자료

1.《老子》36장

魚不可脫於淵, 國之利器不可以示人.

2.《左傳》成公 17年 傳

晉厲公侈, 多外嬖. 反自鄢陵, 欲盡去羣大夫, 而立其左右. 胥童以胥克之廢也,
怨郤氏, 而嬖於厲公.

3.《戰國策》楚策(4)

莊辛謂楚襄王曰:「君王左州侯, 右夏侯, 輦從鄢陵君與壽陵君, 專淫逸侈靡,
不顧國政, 郢都必危矣.」襄王曰:「先生老悖乎? 將以爲楚國祅祥乎?」莊辛曰:
「臣誠見其必然者也, 非敢以爲國祅祥也. 君王卒幸四子者不衰, 楚國必亡矣.
臣請辟於趙, 淹留以觀之.」莊辛去, 之趙, 留五月, 秦果舉鄢·郢·巫·上蔡·陳之地,
襄王流揜於城陽. 於是使人發騶, 徵莊辛於趙. 莊辛曰:「諾.」

321(31-3)
이이利異

경문經文 제 2조: 이이利異

임금과 신하는 각기 이익이 달라 그 때문에 신하가 된 자에게 충성이란 없다. 그러므로 신하가 이익을 성립시키면 임금은 이익을 잃게 되는 것이다.

이 까닭으로 간신이란 자는 적의 군대를 불러들여 안에서 자신에게 걸림돌이 되는 자를 제거하며 밖으로 일을 꾸며 군주를 현혹시키니 진실로 사사로운 이익으로 이루어진 자이며 나라의 환난 따위는 안중에도 없다.

이러한 설說은 위衛나라 사람 부부가 기도한 예가 있다.

그 때문에 대헐戴歇은 왕의 자제를 의논거리로 삼았으며 삼환三桓은 그 임금 소공昭公을 공격하였고, 공숙公叔은 제齊나라 군대를 안으로 끌어들였으며, 적황翟黃은 한韓나라 군사를 불러들였고, 오吳나라 태재太宰 비嚭는 월越나라 대부大夫 종種을 설득하였고, 대성오大成午는 신불해申不害를 가르쳤으며, 사마희司馬喜는 조왕趙王에게 알렸고, 여창呂倉은 진秦나라와 초楚나라 사이에서 일을 꾸몄으며, 송석宋石은 위군衛君에게 편지를 보냈고, 백규白圭는 포견暴譴을 가르쳤던 것이다.

본 장은 두 번째 경문 이이利異이다.

經二: 利異.

君臣之利異, 故人臣莫忠, 故臣利立而主利滅.

是以姦臣者, 召敵兵以內除, 擧外事以眩主, 苟成其私利, 不顧國患.

其說在衛人之夫妻禱祝也.

故戴歇議子弟, 而三桓攻昭公; 公叔內齊軍, 而翟黃召韓兵; 太宰嚭說大夫種, 大成牛敎申不害; 司馬喜告趙王, 呂倉規秦·楚; 宋石遺衛君書, 白圭敎暴譴.

利異二

【經二】經文 제 2조 '利異'에 대한 것으로 傳文 334~344까지 11장의 내용을 압축하여 제시한 것임.

【內除】국내에서 자신의 이익에 걸림돌이 되는 자들을 제거함.

【擧外事】외국과의 전쟁이나 외교상의 문제를 일으킴.

【衛人之夫妻禱祝】부부간에도 이해가 다르므로 복을 비는 내용이 다름. 해설은 324를 볼 것.

【戴歇議子弟】楚나라 戴歇이 초왕에게 친자제조차도 믿어서는 안 된다고 한 이야기. 335를 볼 것.

【三桓】魯의 실권자 孟孫·叔孫 季孫 세 명문 집안. 여기서는 구체적으로 孟懿子(仲孫何忌), 叔昭子(叔孫婼), 季平子(季孫意如)를 가리킴. 이들이 昭公을 공격한 사건은 336을 볼 것.

【公叔內齊軍】公叔은 韓公叔을 가리킴. 韓나라 종실의 귀족. 韓나라 襄王의 아들. 이 경문에 대한 해설은 337을 볼 것.

【翟黃召韓兵】338을 볼 것.

【太宰嚭說大夫種】君主의 이익이 성취되고 나면 신하는 버려지는 법이라고 대부 文種을 일러주었던 이야기. 339를 볼 것.

【大成牛敎申不害】'大成牛'는 '大成午'의 오기. 大戊午, 太戊午가 아닌가 하며 혹 大邴午라고도 여김. 한편 이 경문에 대한 해설은 340을 볼 것.

【司馬喜告趙王】341을 볼 것. 한편 '司馬喜'는 '司馬憙'로도 표기하며 中山國의 신하. 中山은 지금의 河北 북부와 內蒙古 동부에 있던 白狄의 나라. 趙나라

武靈王과 내통하여 중산국의 江姬와 陰姬의 왕비 혼사를 결정하는 등 智謀를
부렸던 인물.

【呂倉規秦楚】魏의 呂倉이 秦나라와 楚나라 사이에 은밀히 일을 꾸미게 하여
자신의 지위를 높인 고사. 342를 볼 것.

【宋石遺衛君書】魏나라의 宋石이 楚나라 衛君에게 자신들의 이익을 위하여
전쟁을 피하고자 보낸 편지. 343을 볼 것.

【白圭】戰國시대 魏나라 사람. 이름은 丹. 圭는 자. 또는 周나라 사람이라고도 함.
魏나라에 관직을 맡아 惠施와 함께 이름을 날렸으며 治水에 뛰어난 치적을
보이기도 하였음.《孟子》告子(下)에 "白圭曰:「丹之治水也愈於禹.」"라 하였고,
趙岐 注에 "丹名, 圭字也. 當諸侯之時有小水, 白圭爲治除之, 因自謂過乎禹也"
라 함. 魏나라 白圭가 韓나라 暴譴에게 서로 존중받을 수 있는 방안을 가르침.
344를 볼 것.

【利異】經文 제 2조의 주제로 '이익이 다름'에 대한 제목.

322(31-4)
사류似類

비슷한 사안은 임금이 처벌에 대한 실수를 저지르게 하는 원인이며 대신들이 사사롭게 자신들의 이익을 성사시켜주는 원인이 된다.

이로써 문지기가 물을 버려 이역夷射을 주살 되게 하였고, 제양군濟陽君 자신이 거짓을 꾸미며 두 사람에게 죄를 덮어씌우게 하였으며, 사마희司馬喜가 원건爰騫을 죽이자 계신季辛이 의심을 받아 주살되었으며, 정수鄭袖가 냄새를 싫어하여 입을 가리는 것이라 하였으며, 비무기費無忌가 극완郤宛을 속여 영윤이 그를 주살하게 하였고, 진수陳需가 장수張壽를 죽이자 서수犀首가 달아났던 것이다.

그러므로 여물 곳간이 불타자 엉뚱하게 중산中山의 공자公子가 죄를 받았고, 나이 많은 유자儒者를 죽이자 제양군이 상을 주었던 일이 벌어졌던 것이다.

이상이 경문經文 제 3조 비슷한 일에 대한 경계이다.

經三: 似類.

似類之事, 人主之所以失誅, 而大臣之所以成私也.

是以門人捐水而夷射誅, 濟陽自矯而二人罪, 司馬喜殺爰騫而季辛誅, 鄭袖言惡臭而新人劓, 費無忌敎郤宛而令尹誅, 陳需殺張壽而犀首走.

故燒芻廥而中山罪, 殺老儒而濟陽賞也.

似類三

【經三】經文 제 3조 '似類'에 대한 것으로 傳文 345~354까지 10장의 내용을 압축하여 제시한 것임.

【門人損水】물을 뿌려 마치 오줌을 눈 것 처럼 보이게 한 사건. 345를 참조할 것.

【濟陽自矯】魏나라 濟陽君이 자기와 사이가 나쁜 자를 제거하기 위하여 왕명을 詐稱한 사건. 346을 볼 것. 濟陽君은 濟陽(지금의 河南 南陽縣)에 봉해진 어떤 귀족. 구체적으로는 알 수 없음.

【司馬喜殺爰騫】347을 볼 것. 爰騫은 전국시대 중산국의 신하. 司馬喜는 司馬憙로도 표기하며 역시 中山國의 신하. 中山은 지금의 河北 북부와 內蒙古 동부에 있던 白族의 나라. 趙나라 武靈王과 내통하여 중산국의 江姬와 陰姬의 왕비 혼사를 결정하는 등 智謀를 부렸던 인물.

【鄭袖言惡臭】楚 懷王이 총애하던 부인 鄭袖가 새로 들어온 여자에게 입을 가리도록 하여 임금에게 그녀가 임금의 체취를 싫어한다고 말하여 劓刑을 당하도록 한 사건. 348, 349를 볼 것.

【費無忌敎郄宛】楚나라 費無忌가 郄宛에게 영윤이 병기를 좋아한다고 속여 말한 일. 350을 볼 것.

【陳需殺張壽】351을 볼 것. 陳需는 田需. 田繻로도 표기하며 원래 齊나라 출신으로 한 때 魏나라 상국이 됨. 《戰國策》및 《史記》등을 참조할 것. 張壽는 魏나라 사람. 원래 뒤에 초나라에 벼슬하기도 하였음. 張旄로도 불림. 犀首와 사이가 나빴으나 도리어 陳壽에게 죽임을 당함. 《戰國策》楚策을 참조할 것. 犀首는 魏나라 관직 이름. 혹은 公孫衍의 별호. 그는 처음에는 秦나라에서 大良造라는 벼슬을 하였으나 뒤에 魏나라로 들어간 뒤 장수가 되어 蘇秦과 함께 合從說을 주장하여 秦나라에게 맞섬. 魏 惠王 16년(B.C.319)에 魏나라 宰相에 올랐음. 《戰國策》및 《史記》등을 참조할 것.

【燒芻廥】'芻'는 여물. 廥는 여물을 저장하는 창고, 또는 廐, 즉 마구간을 가리킴. 352를 볼 것.

【殺老儒】이 사건은 353, 354를 볼 것.

【似類】비슷하게 닮은 사안에 대하여 바르게 판별할 것을 주장한 經文 제목.

1. 《戰國策》楚策(2)

楚王將出張子, 恐其敗(欺)己也, 靳尙謂楚王曰:「臣請隨之. 儀事王不善, 臣請
殺之.」楚小臣, 靳尙之仇也, 謂張旄曰:「以張儀之知, 而有秦·楚之用, 君必窮矣.
君不如使人微要靳尙而刺之, 楚王必大怒儀也. 彼儀窮, 則子重矣. 楚·秦相難,
則魏無患矣.」張旄果令人要靳尙刺之. 楚王大怒, 秦構兵而戰. 秦·楚爭事魏,
張旄果大重.

323(31-5)
유반有反

경문經文 제 4조: 유반有反

사안이 발생하고 나서 이익이 되는 바가 있다면 그 이득을 볼 자가 그 일을 주관한 것이며, 손해 본 자가 있다면 반드시 그 반대편을 잘 살펴보아야 한다.

이 때문에 명철한 임금이 사리를 논할 때는 나라가 손해를 보면 그로써 이득을 얻은 자를 살펴보고 신하가 손해를 본다면 그와 반대 입장에 섰던 자를 살펴야 한다.

이에 대한 설은 초楚나라 군사가 쳐들어와서 진수陳需가 재상이 되었고, 기장 씨앗 값이 오르자 창고지기가 조사받게 된 것으로 알 수 있다.

이 까닭으로 소해휼昭奚恤은 이엉 파는 장사꾼을 잡아들였고, 희후僖侯는 그 부하를 꾸짖었으며, 문공文公의 불고기에 머리카락을 감아 시험하였고, 양후穰侯는 진왕秦王에게 제帝라는 명칭을 쓸 것을 청하였던 것이다.

이상이 경문經文 제 4조로서 반대되는 일에 대한 경계이다.

經四: 有反.

事起而有所利, 其尸主之; 有所害, 必反察之.

是以明主之論也, 國害則省其利者, 臣害則察其反者.

其說在楚兵至而陳需相, 黍種貴而廩吏覆.

是以昭奚恤執販茅, 而僖侯譙其次; 文公髮繞炙, 而穰
侯請立帝.

有反四

【經四】經文 제 4조 '有反'에 대한 것으로 傳文 355～362까지 8장의 내용을 압축
하여 제시한 것임.

【其尸主之】尸는 원래 제사에서 神位에 앉아 신의 역할을 하는 것을 말함.
여기서는 이득을 얻는 자가 이를 주관함을 뜻함. 그러나 〈乾道本〉에는 '市'로
되어 있음.

【反察之】손해를 입는 반대편, 즉 이득을 보는 자를 살펴보아야 함.

【楚兵至而陳需相】陳需는 田需. 원래 齊나라 출신으로 魏나라 상국이 됨.
楚나라가 魏나라를 침공하여 도리어 그 덕으로 陳需가 魏나라 재상이 될 수
있었던 것임. 355를 볼 것.

【黍種貴而廩吏覆】기장 씨앗 값이 올라간 것은 창고 출납을 맡을 관리가 그것을
팔아넘긴 때문임을 말함. '覆'은 '審察'의 뜻. 356을 볼 것.

【昭奚恤執販茅】지붕을 잇는 이엉을 파는 장사꾼이 방화범임을 알아내고 잡아
들임. 昭奚恤은 楚나라 宣王 때의 令尹. 昭獻.《史記》에는 '昭魚'로 되어 있으며
昭는 성, 奚恤은 이름. '狐假虎威'의 고사를 남긴 인물.《戰國策》楚策을 참조할
것. 357을 참조할 것.

【而僖侯譙其次】僖侯의 식사에 익히지 않은 생간이 들어 있어 이를 책임질
당사자보다 그 후임 자리를 노리는 次席을 꾸짖음. 다른 판본에는 '而不僖侯
譙其次'라 하였으나 불은 衍文임. 358, 359를 볼 것.

【文公髮繞炙】文公의 식탁에 머리카락이 감긴 불고기가 들어오자 주방장이
아닌 그 아랫사람이 저지른 짓일 것임을 알아냄. 文公은 晉 文公. 重耳. 獻公의
둘째 아들. 驪姬의 핍박으로 19년간 해외 망명을 거쳐 귀국, 왕위에 오름. 뒤에
齊 桓公에 이어 春秋五霸의 지위에 오름. B.C.636～B.C.628년까지 9년간 재위함.
《史記》晉世家에 "重耳母, 翟之狐女也; 夷吾母, 重耳母女弟也. …自獻公爲
太子時, 重耳固以成人矣"라 하였고,《國語》는 重耳의 망명 생활에 대하여
매우 많은 양을 자세히 싣고 있으며 晉語(4)에는 "狐氏出自唐叔. 狐姬, 伯行之

子也, 實生重耳"라 함.《左傳》,《國語》,《史記》 등을 참조할 것. 본문 고사는 360, 371을 볼 것.

【穰侯請立帝】穰侯가 齊나라와 秦나라가 각기 東帝, 西帝의 帝號를 칭할 것을 청하여 이것이 도리어 무산되도록 계략을 꾸민 것. 穰侯는 魏冉. 원래 楚나라 출신으로 秦 昭襄王의 어머니 宣太后의 배다른 아우. 여러 차례 진나라 재상을 지냈으나 昭襄王 41년(B.C.266) 范雎를 등용하면서 재상자리에서 쫓겨 남. 穰 (지금의 河南 鄧縣) 땅을 封地로 받아 穰侯라 칭함.《史記》에 傳이 있음. 본문의 해설은 362, 363을 볼 것.

【有反】반대 되는 자가 있음을 뜻하는 經文 제 4조의 제목.

324(31-6)
참의參疑

경문經文 제 5조: 참의參疑

의혹 투성이의 사안이 뒤섞인 형세는 난이 일어나는 까닭이므로 명철한 임금은 이를 신중히 경계한다.

이 때문에 진晉나라 여희驪姬가 태자 신생申生을 죽였고, 정부인鄭夫人이 독약을 쓰게 되었으며, 위衛나라 주우州吁가 그 임금 완完을 죽였으며, 공자 근根이 동주東周를 차지하였고, 초楚나라 왕자 직職이 심하게 총애를 받자 상신商臣이 결국 난을 일으켰으며, 엄수嚴遂와 한외韓廆가 다투자 애후哀侯가 끝내 자객에게 죽임을 당하였고, 전상田常, 감지闞止, 대환戴驩, 황희皇喜가 서로 적대하자 송군宋君과 간공簡公이 살해되었던 것이다.

그 설명은 진晉나라 호돌狐突이 임금이 좋아하는 두 가지와 정소鄭昭가 아직 태어나지 않았고 대답한 것이 그 예이다.

이상이 경문經文 제 5조로서 뒤섞여 애매한 사안에 대한 경계이다.

經五: 參疑.

參疑之勢, 亂之所由生也, 故明主愼之.

是以晉驪姬殺太子申生, 而鄭夫人用毒藥, 衛州吁殺其君完, 公子根取東周, 王子職甚有寵而商臣果作亂,

嚴遂·韓廆爭而哀公果遇賊, 田常·闞止·戴驩·皇喜敵
而宋君·簡公殺.

其說在狐突之稱「二好」, 與鄭昭之對「未生」也.
參疑五

【經五】經文 제 5조 '參疑'에 대한 것으로 傳文 363~373까지 11장의 내용을 압축
하여 제시한 것임.

【驪姬殺申生】驪姬는 驪戎 출신의 여자로 晉 獻公의 총애를 받음. 뒷날 晉나라
의 國基를 흔든 여자. 驪姬의 난을 일으켜 태자 申生을 모함하여 죽이고 자신의
소생 奚齊를 태자로 세웠으며 公子들을 축출함.《國語》,《左傳》,《史記》 등을
참조할 것. 申生은 晉 獻公의 아들이며 重耳의 형. 그 무렵 晉나라 태자였음.
驪姬에게 핍박을 받아 자결함.《左傳》僖公 5년에 "晉侯殺其世子申生"이라 함.
이 사안은 363을 볼 것.

【鄭夫人用毒藥】鄭나라 부인이 자신이 낳은 아이가 태자 자리를 애첩 소생에게
빼앗길까 두려워 그 군주를 독약을 써서 죽인 일. 364를 볼 것.

【州吁殺其君完】衛나라 州吁가 그 임금 桓公 完을 살해한 사건. 州吁는 衛나라
公子. 衛 莊公과 嬖人 사이에 난 아들. 衛 桓公의 배다른 아우. 桓公(完)을
죽이고 자립하였으나 곧 이어 살해됨.《左傳》隱公 3년 傳에 "衛莊公娶于齊東
宮得臣之妹, 曰莊姜, 美而無子, 衛人所爲賦〈碩人〉也. 又娶于陳, 曰厲嬀, 生孝伯,
早死. 其娣戴嬀, 生桓公, 莊姜以爲己子. 公子州吁, 嬖人之子也. 有寵而好兵,
公弗禁. 莊姜惡之. 石碏諫曰:「臣聞愛子, 敎之以義方, 弗納於邪. 驕·奢·淫·泆,
所自邪也. 四者之來, 寵祿過也. 將立州吁, 乃定之矣; 若猶未也, 階之爲禍. 夫寵
而不驕, 驕而能降, 降而不憾, 憾而能眕者, 鮮矣. 且夫賤妨貴, 少陵長, 遠間親,
新間舊, 小加大, 淫破義, 所謂六逆也; 君義, 臣行, 父慈, 子孝, 兄愛, 弟敬, 所謂
六順也. 去順效逆, 所以速禍也. 君人者, 將禍是務去, 而速之, 無乃不可乎?」弗聽
其子厚與州吁游, 禁之, 不可. 桓公立, 乃老"이라 함. 完은 衛 桓公을 가리킴.
衛 莊公의 아들. B.C.734~B.C.719년까지 16년간 재위하고 州吁에게 시살됨.
본문 사건은 365를 볼 것.

【公子根取東周】 周나라 공자 根이 형 공자 朝와 다투다가 周나라를 둘로 나누어 동쪽 지역을 탈취한 사건. 366을 볼 것.

【王子職有寵商臣作亂】 楚나라 왕자 職은 商臣의 庶弟. 庶弟가 지나치게 총애를 받자 長子 商臣이 아버지를 죽이고 왕위를 찬탈함. 商臣은 楚 成王의 아들. 楚 成王이 商臣을 태자로 삼고자 할 때 子上이 극력 반대하자 商臣은 子上을 참훼하여 죽이고 뒤에 아버지 成王(頵)을 시해하고 왕위에 올라 穆王이 되어 B.C.625~B.C.614까지 12년간 재위하고 莊王(侶)이 그 뒤를 이음. 文公 元年의 傳文을 볼 것. 이 사건은 367과 368을 볼 것.

【嚴遂韓傀爭】 嚴遂는 嚴仲子. 衛나라 濮陽 사람으로 한나라에 벼슬하고 있었으며 韓傀와 원한 관계를 가지고 있었으며 聶政을 포섭하여 韓傀를 죽임. 韓傀는 자는 俠累.《戰國策》과 〈說林上〉에는 '韓傀'로 되어 있으며 같은 사람에 대한 표기가 일정치 않음. 戰國시대 韓나라 재상. 哀侯의 숙부. 刺客 聶政에게 살해당함. 369를 볼 것.

【哀公】 韓 哀侯를 가리킴. 전국시대 한나라 군주. B.C.376~B.C.375년까지 2년간 재위함. 嚴遂와 韓傀의 사사로운 원한 때문에 곁에 있다가 聶政에게 억울하게 피해를 입음.

【田常·闞止·戴驩·皇喜】 田常은 田恆. 田恒. '恆'은 '恒'의 異體字. 田常, 陳恒, 陳成子, 田成子 등으로 널리 불림. 簡公을 유폐시켜 시살한 인물. '陳恆'으로도 표기하며 '恆'은 '恒'의 異體字. 원래 그의 선조 陳完(田完, 敬仲)은 陳나라 출신으로 齊나라에 옮겨와 정착하여 田氏로 성을 바꾸었으며 차츰 세력을 키워 卿에 오른 다음, 그 후손이 뒤에 姜氏(姜太公의 후손)의 齊나라를 차지하여 戰國시대 田氏齊를 세움.《史記》田敬仲完世家 참조. 闞止는 齊나라 대부 陽生의 가신. 子我.《左傳》杜預 注에 "闞止, 陽生家臣子我也. 待外, 欲俱去"라 함. 한편《史記》〈仲尼弟子列傳〉,《呂氏春秋》〈愼勢篇〉,《淮南子》〈人間訓〉,《鹽鐵論》〈殊語篇, 頌賢篇〉,《說苑》〈正諫篇, 指武篇〉 등에는 '闞止'를 孔子 弟子 '宰予'(字는 子我)라 하였음. 그러나《史記》索隱에는 "左傳闞止字子我, 爲陳恆所殺, 字與宰予相涉, 因誤"라 '宰予'의 자가 '子我'여서 잘못 알려진 것이라 하였음. 戴驩은 '戴讙'으로도 표기하며 宋나라 太宰. 太宰는 相國과 같음. 傳文(305)에는 '戴驩'으로 되어 있음. 皇喜는 전국시대 宋나라 簒逆 신하. 자는 子罕. 宋나라 司城(司空)을 지냈으며 宋 桓侯를 시해하고 宋나라 정권을 탈취함.

【宋君·簡公】 宋君은 宋 桓侯를 가리킴. 簡公은 춘추 말 齊나라 군주. 이름은 壬. 悼公(陽生)을 이어 B.C.484~481년까지 4년간 재위하고 시해를 당하였으며

平公(鶩)이 그 뒤를 이어 춘추시대를 마감함. 이는 371을 볼 것.

【狐突】 자는 伯行. 춘추시대 晉 獻公 때 태자 申生의 스승이며 重耳(뒤의 文公)의 외조부. 獻公이 驪姬를 얻어 총애하자 혼란이 올 것임을 알고 6년 동안 出門하지 않음.

【二好】 狐突이 獻公에게 임금이 좋아하는 內嬖, 外嬖 두 가지 모두 위험하다고 일러준 말. 372를 볼 것.

【鄭昭】 鄭나라 신하.

【未生】 鄭君이 호색하여 새 여자가 얼마든지 자식을 낳을 수 있으므로 아직 태자가 태어나지 않은 상황과 똑같다고 대답한 일. 373을 볼 것.

【參疑】 뒤섞여 속사정을 알 수 없이 뒤얽힌 애매한 사안. 經文 5조의 제목.

325(31-7)
폐치廢置

경문經文 제 6조: 폐치廢置

상대 나라가 힘쓰는 바는 우리 쪽의 명석함을 어지럽혀 잘못된 길로 나가도록 하는 데에 있으니 임금이 이를 잘 살피지 않으면 우리쪽 신하의 임용과 폐출을 상대 나라가 마음대로 할 수 있게 된다.

그러므로 문왕文王이 비중費仲에게 밑천을 주었고, 진왕秦王이 초楚나라 사신을 걱정해주었으며, 여저黎且가 중니仲尼를 떠나도록 하였고, 간상干象이 감무甘茂를 저지하였던 것이다.

이런 까닭으로 자서子胥가 거꾸로 말을 퍼트려 자상子常이 등용되도록 한 것이며, 미녀를 받아들여 우虞와 괵虢 두 나라가 망하게 된 것이며, 거짓 편지를 보내어 장홍萇弘이 죽게 된 것이며, 닭과 돼지 피를 써서 회鄶나라의 호걸들이 모두 살해되고 말았던 것이다.

이상이 경문經文 제 6조 '상대 나라가 우리의 폐치를 마음대로 하는 것에 대해 경계해야 할 사례'이다.

經六: 廢置.

敵之所務, 在淫察而就靡, 人主不察, 則敵廢置矣.

故文王資費仲, 而秦王患楚使; 黎且去仲尼, 而干象沮甘茂.

是以子胥宣言而子常用, 內美人而虞·虢亡, 佯遺書而萇宏死, 用雞猳而鄶桀盡.

廢置六

【經六】經文 제6조 '廢置'에 대한 것으로 傳文 374~384까지 11장의 내용을 압축하여 제시한 것임.

【淫察】임금을 현혹시켜 밝게 음란한 길로 빠지도록 함.

【就靡】사치풍조를 조장하여 국정을 혼란에 빠뜨림. '靡'는 '縻'와 같음. '縻亂'의 뜻.

【文王資費仲】費仲은 殷나라 紂王에게 아첨하던 신하. '資'는 매수 자금을 뜻함. 374를 볼 것.

【秦王患楚使】秦王이 楚나라 사신이 똑똑한 것을 보고 자신의 나라에 해가 될 것임을 걱정한 것. 375를 볼 것.

【黎且去仲尼】공자가 女樂에 빠진 魯 哀公을 버리고 떠나도록 한 사건. 376을 볼 것.

【干象沮甘茂】干象은 楚 威王의 신하. 《史記》甘茂列傳에는 '范蜎'으로 되어 있으며 徐廣 注에는 '范蠉', 〈索隱〉에는 '范蜎'으로, 《戰國策》楚策에는 '范環' 등 여러 표기가 있음. 그런가 하면 《文選》過秦論 李善 注에는 '千象'으로, 宋槧에는 '于象'으로 표기 되는 등 글자의 混淆가 아주 심함. 甘茂는 원래 楚나라 下蔡(지금의 安徽 鳳臺) 출신으로 秦 惠王 때 秦나라에 들어와 벼슬하였으며 武王 때 左丞相에 오름. 昭襄王 때 참훼를 입자 齊나라로 달아났다가 楚 懷王 때 楚나라에 사신으로 가기도 함. 《史記》甘茂列傳을 참조할 것. 377을 볼 것.

【子胥宣言子常用】子胥는 伍子胥. 伍員. 子常은 囊瓦. 楚나라 令尹. 子囊의 손자. 자는 子常. 陽匄를 이어 영윤에 오름. 杜預 注에 "囊瓦, 子囊之孫子常也, 代陽匄"라 하였고, 《左傳》定公 4년에 "吳楚柏擧之戰, 子常爲將"이라 함. 378을 볼 것.

【虞·虢】고대 虞나라와 虢나라. 晉 獻公이 屈産의 명마와 垂棘의 璧으로 유혹하여 虢을 칠 것이니 길을 빌려 달라고 虞나라에 요구, 이를 뿌리치치 못한 虞君이 이를 들어주자 두 나라가 함께 망한 고사. 脣亡齒寒의 고사를 낳음. 《左傳》,《說苑》등을 참조할 것. 045, 137 등을 볼 것.

【內美人而虞虢亡】 '內'는 '納'과 같음. 계략으로 보내준 여악을 받아들임으로써
虞나라와 虢나라가 망함. 379를 볼 것.

【佯遺書而萇宏死】 거짓 편지를 보내어 모함에 빠뜨림. 萇宏은 萇弘. 周나라 대부
이며 術數家. 天文, 曆法, 豫言 등에 뛰어났었으나 뒤에 죽임을 당함. 定公 4년 및
《國語》周語(下),《淮南子》,《史記》封禪書 등에 널리 그 이름이 보임.《淮南子》
氾論訓에 "昔者萇弘, 周室之執數者也, 天地之氣‧日月之行‧風雨之變‧律曆之數,
無所不通, 然而不能自知, 鈹裂而死"라 함. 380을 볼 것.

【用雞豭而鄶桀盡】 豭는 수돼지. '桀'은 '傑'과 같음. 鄶는 河南 密縣 동북에 있던
작은 제후국으로 妘姓이며 祝融의 후예. B.C.769년 鄭나라에게 망함. 맹약이
있었던 것처럼 거짓으로 닭과 수돼지의 피를 뿌려놓음. 381을 볼 것.

【廢置】 廢黜과 存置. 상대 나라가 我國의 廢置를 마음대로 하는 것에 대해 경계
해야 할 사례를 제목으로 삼은 것.

〈美人圖(婦女圖)〉

326(31-8)
묘공廟攻

참의參疑와 폐치廢置 두 가지 일을 명철한 임금이라면 국내에서는 그렇게 할 수 없도록 끊어버리고 국외에서 그것을 시행해야 한다.

신분이 낮은 자에게 자금을 대어주고, 세력이 약한 자를 도와주어야 하는 것이니 이를 일러 '묘공廟攻'이라 한다.

국내에서는 참오參伍의 술수를 이미 사용하고 국외에서는 다시 관청觀聽의 일을 시행한다면 적의 속임수를 알아차릴 수 있다.

이에 대한 해설은 진秦나라 주유侏儒가 혜문군惠文君에게 급한 일을 알려준 이야기가 그 예이다.

그 때문에 양자襄疵는 조왕趙王이 업鄴을 공격할 것임을 일러주었고, 사공嗣公은 현령에게 자리를 하사해 준 것이다.

이상은 경문 제 7조 '묘공'이다.

이상은 경문이다.

「參疑」·「廢置」之事, 明主絶之於內而施之於外.

資其輕者, 輔其弱者, 此謂「廟攻」.

參伍旣用於內, 觀聽又行於外, 則敵僞得.

其說在秦侏儒之告惠文君也.

故襄疵言襲鄴, 而嗣公賜令蓆.
廟攻七
右經

【資其輕者】 적국 내부의 신분이 낮은 자에게 자금을 주어 공작하도록 함.

【輔其弱者】 적국 신하 가운데 세력이 약한 자를 도와주어 공작하도록 함.

【廟攻】 직접 전장에 나가 싸우지 않고 廟堂 안에서의 계략만으로 적을 이기는 전법. 廟算과 같음. 경문 7조의 제목.

【參伍】 '參'은 '三'과 같으며 '伍'는 '五'와 같음. 셋씩 다섯씩 서로 묶여 뒤섞인 상태를 표현하는 말. 그러나 參은 參證과 같으며 伍는 서로 뒤섞인 事物에서 짝을 이루는 것끼리 묶어 사실 여부를 판단함을 뜻함. 〈乾道本〉注에 "參, 比驗也; 伍, 偶會也"라 함.

【觀廳】 적의 움직임을 보고 들을 수 있는 첩보활동.

【侏儒之告惠文君】 秦나라 난쟁이 광대가 楚王과 친하게 접근하여 그 상황을 누설시킨 일. 侏儒는 난장이이며 주로 광대의 업무를 맡았음. 疊韻連綿語. 惠文君은 秦 孝公의 아들이며 이름은 駟. B.C.337~B.C.311년까지 27년간 재위하였으며 B.C.324년 稱王하여 그 때부터는 惠文王으로 불림. 382를 볼 것.

【襄疵言襲鄴】 趙王 측근과 친밀한 魏 襄疵가 조나라가 鄴을 칠 계획을 탐지하여 魏王에게 알려준 일. 襄疵는 《竹書紀年》에는 '穰疵'로 되어 있음. 383을 볼 것.

【嗣公賜令蓆】 衛嗣公이 현령의 처소에 첩자를 두어 현령의 낡은 자리를 알아내고 새 자리를 하사한 고사. 嗣公은 衛嗣公, 衛嗣君으로 부르며 衛나라 임금. 衛 平侯의 아들. 秦나라가 폄하하여 君으로 일컬은 것. 王先愼의 〈集解〉에 "君當作公, 嗣公, 衛平侯之子, 秦貶其號爲君, 非此書未入秦作, 必不從秦所貶爲稱. 且上經「嗣公欲治不知」, 不作君, 是君當爲公之誤"라 함. 그러나 《史記》 衛康叔世家에 의하면 "成侯十一年, 公孫鞅入秦. 十六年, 衛更貶號曰侯. 二十九年, 成侯卒, 子平侯立. 平侯八年卒, 子嗣君立. 嗣君五年, 更貶號曰君, 獨有濮陽. 四十二年卒, 子懷君立. 懷君三十一年, 朝魏, 魏囚殺懷君. 魏更立嗣君弟, 是爲元君. 元君爲魏壻, 故魏立之. 元君十四年, 秦拔魏東地, 秦初置東郡, 更徙衛野王縣, 而幷濮陽爲東郡. 二十五年, 元君卒, 子君角立. 君角九年, 秦幷天下,

立爲始皇帝. 二十一年, 二世廢君角爲庶人, 衛絶祀"라 하여 80여년 간 衛나라는 殺君立君의 혼란을 거치면서 이미 嗣君으로 불렸으며 결국 君角에 이르러 秦始皇에게 완전 멸망하고 말았음. 본장 고사는 384를 볼 것.

【廟攻七】본 장은 모두 '內儲說下 六微'로써 일곱 번 째 조항이 있을 수 없음. 이에 대해 王先愼은 "〈趙本〉作「廟攻七」. 盧文弨云:「此承上'參疑''廢置'爲言, 故不在'六微'中.」顧廣圻妶:「藏本同. 今本下有'七'字, 誤.」先愼案:「經旣明言 '六微', 則不應有'七'字. 此接上文而來, 並不應另標'廟攻'二字.」라 함.

327(31-9)
세중勢重

전문傳文 제 1조:

세중勢重이란 임금에게 있어서는 연못이요, 신하란 그 세중에 들어 갇혀 있는 물고기이다.

물고기가 못에서 튀어나와 달아나면 다시는 붙잡을 수 없듯이, 임금이 그 세중을 신하에게 빼앗기고 나면 다시는 돌려받을 수 없다.

옛 사람은 곧바로 이렇게 말하기 난처하므로 물고기에 빗대어 비유한 것이다.

傳一:

勢重者, 人主之淵也; 臣者, 勢重之魚也.

魚失於淵而不可復得也, 人主失其勢重於臣而不可復收也.

古之人難正言, 故託之於魚.

【傳一】經文 제 1조에 대한 해설로 327~333까지 모두 7장이 들어 있음.
【勢重】權勢의 重要함. 권력을 뜻하는 말.

【魚失於淵】물고기가 못 속에서 갇힌 상태를 넘어서서 뛰어올라 달아남. 물을 잃는다는 뜻과는 다름.

【古之人】여기서는 老聃, 즉 老子를 가리킴.《老子》36장의 "魚不可脫于淵"을 말함.

【正言】분명하게 밝혀 말함. 直言과 같음.

참고 및 관련 자료

1.《老子》36장

不可脫於淵, 國之利器不可以示人.

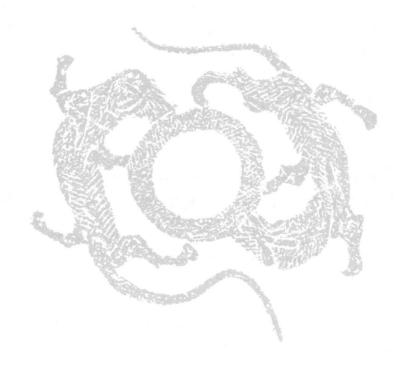

328(31-10)
상벌賞罰

상벌賞罰이란 날카로운 칼과 같은 것으로써 임금이 이를 쥐고 신하를 통제해야 하며, 신하가 이를 얻게 되면 임금을 가로막게 된다.

그 때문에 임금이 상을 주려는 대상을 먼저 알려 주면 신하는 그것을 팔아 자신의 은덕인 양 떠벌이게 되며, 임금이 벌을 줄 대상을 미리 알려 주면 신하는 그것을 팔아 벌 받을 대상에게 자신이 위세를 부리게 된다.

그러므로 "나라 다스리는 예리한 무기를 다른 사람에게 보여주어서는 안 된다"라고 말한 것이다.

賞罰者, 利器也, 君操之以制臣, 臣得之以擁主.

故君先見所賞則臣鬻之以爲德, 君先見所罰則臣鬻之以爲威.

故曰:「國之利器, 不可以示人.」

【利器】 예리한 무기를 말함. 나라를 통제하는 임금의 권력을 대신하는 말.
【擁主】 군주의 귀와 눈을 가림. '擁'은 '壅'과 같음.

【先見】임금이 미리 알려주거나 그러한 속셈, 정보를 내비침. 見은 示자와 같음. '見'은 '현'으로 읽음.

【以爲德】신하 자신이 그 자에게 은덕을 베풀어 주는 것처럼 행세함. 아래의 '以爲威' 또한 신하 자신이 벌 받을 대상에게 위세를 부림.

참고 및 관련 자료

1.《老子》36장

魚不可脫於淵, 國之利器不可以示人.

329(31-11)
정곽군靖郭君의 옛 친구

　　정곽군靖郭君은 제齊나라 재상이 되어 옛 친구와 오랫동안 이야기를
나누었더니 그 친구가 바로 부유해졌으며 측근 사람에게 손수건을 주었
더니 측근이 중시를 받았다.
　　오래 이야기를 나누고 손수건을 내리는 일은 작은 밑천인데도 오히려
그것으로써 부자가 되었으니 하물며 관리들의 권세를 주는 경우임에랴?

　　靖郭君相齊, 與故人久語, 則故人富; 懷左右刷, 則左
右重.
　　久語懷刷, 小資也, 猶以成富, 況於吏勢乎?

【靖郭君】戰國時代 齊나라의 실력자 田嬰. 威王의 아들이며 宣王과는 異母兄弟
사이였음. 戰國四公子 孟嘗君(田文)의 아버지. 일찍이 田忌, 孫臏 등과 함께 馬陵
전투(B.C.341)에서 魏나라를 대패시키고 宣王 9년(B.C.311) 相國에 올라 11년간
통치함. 湣王 3년에는 薛(지금의 山東 滕縣)을 봉지로 받아 薛公으로도 불림.
죽은 뒤의 諡號가 靖郭君이었음.《史記》孟嘗君列傳을 참조할 것.

【懷刷】 '懷'는 '饋', 혹은 '賜', '刷'는 '拭'으로 해석하며 나아가 '饋'는 임금이 내려준 재물. '拭'은 땀을 닦는 수건을 뜻함. 따라서 임금이 내려준 재물이나 심지어 땀을 닦는 수건까지 팔아 신하로써 부유하게 됨을 뜻함. 여기서는 임금의 주도권을 통해서만 신하가 영화를 누리며 살아갈 수 있도록 임금은 끝까지 권력을 쥐고 있어야 한다는 뜻으로 풀이함.

【吏勢】 "관리에게 권세를 내려 준다면 그 경우에는 어떠하겠는가?"의 뜻.

330(31-12)
진나라 육경六卿

진晉 여공厲公 때 육경六卿의 지위가 높았다.

서동胥僮과 장어교長魚矯가 이렇게 간언하였다.

"중신들이 귀하고 중해져서 임금과 맞서서 국사를 다투거나, 밖으로 거래하여 자신의 파당을 세워, 아래로는 국법을 어지럽히고 위로는 임금을 협박하는데도 나라가 위험에 빠지지 않았던 경우란 일찍이 있어본 적이 없습니다."

여공이 말하였다.

"그렇군요."

그리하여 삼경三卿을 주살하였다.

서동과 장어교가 다시 이렇게 간언하였다.

"무릇 같은 죄를 지은 사람인데도 일부만 주살하고 나머지를 다 처리하지 않으면 이는 그들로 하여금 원한을 품고 틈을 주는 것이 됩니다."

여공이 말하였다.

"나는 하루아침에 삼경을 멸하였다. 나는 차마 다 죽일 수는 없다."

장어교가 대답하였다.

"공께서 차마 할 수 없다지만 저들은 앞으로 차마 해낼 것입니다."

그러나 여공은 듣지 않았다.

석 달이 지난 뒤 여러 경들이 난을 일으켜서 마침내 여공을 죽이고 그 땅을 나누어 갖고 말았다.

晉厲公之時, 六卿貴.

胥僮·長魚矯諫曰:「大臣貴重, 敵主爭事, 外市樹黨, 下亂國法, 上以劫主, 而國不危者, 未嘗有也.」

公曰:「善.」

乃誅三卿.

胥僮·長魚矯又諫曰:「夫同罪之人偏誅而不盡, 是懷怨而借之間也.」

公曰:「吾一朝而夷三卿, 予不忍盡也.」

長魚矯對曰:「公不忍之, 彼將忍公.」

公不聽.

居三月, 諸卿作難, 遂殺厲公而分其地.

【厲公】晉 厲公. 이름은 州蒲, 혹은 壽曼. 景公(獳)의 아들. B.C.580~B.C.573년까지 8년간 재위함. 그가 사치와 악행을 저지를 것임을 여러 차례 우려하는 간언을 하였음.

【六卿】春秋時代 晉나라에는 知(智), 韓, 魏, 趙, 范, 中行 등 여섯 씨족이 모두 卿에 올라 이들의 권세가 대단하였으며 국권을 마음대로 휘둘렀음. 마침내 뒤에 이들이 다툼을 벌여 韓, 魏, 趙가 승리, 흔히 이들을 '三晉'이라 부르며 晉나라는 망하고 이들 三晉이 戰國時代 七雄의 반열에 오르게 됨. 그러나 여기서는 厲公 때 권세를 부리던 欒書, 荀偃(中行偃), 韓厥, 士燮, 郤錡, 郤至 등 여섯 卿을 가리킴.

【胥僮】《左傳》에는 '胥童'으로 되어 있음. 胥克의 아들.《國語》晉語(6)에는 '胥之昧'로 되어 있음. 晉 厲公의 愛姬의 오빠. 뒤에 欒書와 中行偃에게 살해됨. 《左傳》成公 17년, 18년을 볼 것.

【長魚矯】晉 厲公 때의 인물. 晉나라 대부. 長魚는 複姓. 矯는 이름.

【敵主爭事】임금에게 대적하고 政事를 두고 다툼.

【外市樹黨】외국과 흥정을 하고 사적으로 파당을 세움.

【偏誅】같은 죄인 가운데 그 일부만을 죽임.

【借之間】間은 틈을 엿봄. 기회를 주게 됨

【一朝而夷】'夷'는 '尸'자 같음. 죽여 없앰.

【三卿】厲公 때 권세를 부리던 郤氏 집안 三郤, 즉 郤錡, 郤犨, 郤至를 가리킴. 《左傳》成公 17년 및 본 《韓非子》 難四(644)를 볼 것.

【居三月】《左傳》成公 17년(B.C.574) 晉나라가 三卿을 죽이자 閏月에 欒書와 中行偃이 胥童을 죽였으며 이듬해 정월 임금 厲公(州蒲)이 시해되었음.《國語》晉語에는 "長魚矯奔狄, 三月, 厲公弑"라 함.

참고 및 관련 자료

1. 《左傳》成公 17年 傳

晉厲公侈, 多外嬖. 反自鄢陵, 欲盡去群大夫, 而立其左右. 胥童以胥克之廢也, 怨郤氏, 而嬖於厲公. 郤錡奪夷陽五田, 五亦嬖於厲公. 郤犨與長魚矯爭田, 執而梏之, 與其父母妻子同一轅. 既, 矯亦嬖於厲公. 欒書怨郤至, 以其不從己而敗楚師也, 欲廢之. 使楚公子茷告公曰:「此戰也, 郤至實召寡君, 以東師之未至也, 與軍帥之不具也, 曰:『此必敗, 吾因奉孫周以事君.』」公告欒書. 書曰:「其有焉. 不然, 豈其死之不恤, 而受敵使乎? 君盍嘗使諸周而察之?」郤至聘于周, 欒書使孫周見之. 公使覘之, 信. 遂怨郤至. 厲公田, 與婦人先殺而飲酒, 後使大夫殺. 郤至奉豕, 寺人孟張奪之, 郤至射而殺之. 公曰:「季子欺余!」厲公將作難, 胥童曰:「必先三郤. 族大, 多怨. 去大族, 不逼; 敵多怨, 有庸」公曰:「然」郤氏聞之, 郤錡欲攻公, 曰:「雖死, 君必危」郤至曰:「人所以立, 信·知·勇也. 信不叛君, 知不害民, 勇不作亂. 失茲三者, 其誰與我? 死而多怨, 將安用之? 君實有臣而殺之, 其謂君何? 我之有罪, 吾死後矣. 若殺不辜, 將失其民, 欲安, 得乎? 待命而已. 受君之祿, 是以聚黨. 有黨而爭命, 罪孰大焉?」壬午, 胥童·夷羊五帥甲八百將攻郤氏, 長魚矯請無用衆, 公使清沸魋助之. 抽戈結衽, 而偽訟者. 三郤將謀於榭, 矯以戈殺駒伯·苦成叔於其位. 溫季曰:「逃威也」遂趨, 矯及諸其車, 以戈殺之. 皆尸諸朝. 胥童以甲劫欒書·中行偃於朝. 矯曰:「不殺二子, 憂必及君!」公曰:「一朝而尸三卿, 余不忍益也」對曰:「人將忍君. 臣聞『亂在外爲姦, 在內爲軌. 御姦以德, 御軌以刑.』不施而殺, 不可謂德; 臣逼而不討, 不可謂刑. 德·刑不立, 姦·軌並至, 臣請行」遂出奔狄. 公使辭於二子曰:「寡人有討於郤氏, 郤氏旣伏其辜矣, 大夫無辱, 其復職位!」皆再拜稽首曰:「君討有罪, 而免臣於死, 君之惠也. 二臣雖死, 敢忘君德?」乃皆歸. 公使胥童爲卿. 公遊于匠麗氏, 欒書・中行偃遂執公焉. 召士匄, 士匄辭. 召韓厥, 韓厥辭, 曰:「昔吾畜於趙氏, 孟姬之讒, 吾能違兵. 古人有言曰『殺老牛莫之敢尸』, 而況君乎? 二三子不能事君, 焉用厥也?」

331(31-13)
초나라 정사를 전횡한 주후州侯

주후州侯는 초楚나라 재상으로써 높은 지위를 이용해 정사를 마음대로
휘둘렀다.

형왕荊王이 그를 의심하여 좌우 측근들에게 물었더니 모두들 이렇게
대답하는 것이었다.

"그런 일 없습니다."

이들의 대답은 마치 한 사람의 입에서 나오는 것 같았다.

州侯相荊, 而貴主斷.

荊王疑之, 因問左右, 左右對曰:「無有.」

如出一口也.

【州侯】楚 襄王의 寵臣. 州(지금의 湖北 監利縣)에 봉해졌던 인물. 그 때문에
　　州侯라 부름. 그에 대한 평판이 한 사람 입으로 말하는 것과 똑같이 일치함.
　　《戰國策》楚策(4)의 鮑彪의 注에 "四人皆楚之寵幸臣也"라 함.

【主斷】정사를 혼자 맡아서 결단함. 專橫함.

【荊王】楚王. 구체적으로 楚 襄王(頃襄王). B.C.298~B.C.263년까지 3년간 재위
　　하였으며 그 뒤를 考烈王이 이음.

332(31-14)
개똥 목욕

연燕나라 사람이 미친병에 걸리지 않았는데도 고의로 개똥을 뒤집어 쓰게 되었다.

연나라 사람의 처가 젊은 남자와 몰래 정을 통하고 있었다. 그 남편이 일찍 밖에서 돌아올 때 마침 그 남자가 그 집에서 나가던 중이었다.

남편이 물었다.

"어떤 손님인가?"

그 처가 말하였다.

"나간 사람이 없었는데요."

좌우들에게 물었더니 좌우 사람들도 모두 "그런 일이 없다"고 하여 마치 한 입에서 나오는 것 같았다.

그 처가 말하였다.

"그대는 혹역병惑易病에 걸리셨군요."

그리고는 개똥으로 목욕을 시켰다.

燕人無惑, 故浴狗矢.

燕人, 其妻有私通於士, 其夫早自外而來, 士適出.

夫曰:「何客也?」

其妻曰:「無客.」

問左右, 左右言「無有」, 如出一口.

其妻曰:「公惑易也.」

因浴之以狗矢.

【無惑】'惑易'으로 되어 있는 판본이 많으며 王先愼〈集解〉에 "乾道本「惑易」作「無惑」. 案「無惑」則不浴矣. 下文「公惑易也」, 明「無惑」乃「惑易」之誤. 今據張榜本改"라 하여 '惑易'이 맞는 것으로 보았으며 '無惑은 목욕을 하지 않는다'는 뜻이라 하였음. '易'는 王念孫은 '瘍'의 假借字로써 '惑瘍'는 狂病이라 하였음. 한편 陳啓天은 "惑, 惑疾也, 迷惑之疾, 爲精神失常也. 古俗以惑疾乃爲鬼所迷, 浴以狗矢, 卽可治之"라 하여 정신착란을 일으켰을 때 "개똥으로 목욕을 하면 낫는다"는 고대 속설이 있었다고 하였음. 그러나 전체 문장의 내용으로 보아 '惑'을 '惑易(惑瘍)'의 줄인 말로 본다 해도 '無惑'으로 보아야 맞을 듯함.

【故】陳奇猷는 "故, 與顧同. 反也"라 하여 '고의로, 반대로'의 뜻.

【狗矢】개똥. '矢'는 '屎'와 같음.

【私通於士】다른 남자와 몰래 정을 통함. 士는 아직 장가들지 않은 젊은 남자를 가리킴.《荀子》非相篇 注에 "士者, 未取妻之稱"이라 함.

【適】副詞로 '마침'의 뜻. '會'와 같음.

333(31-15)
난탕蘭湯 목욕

일설에는 이렇게 전하고 있다.

연燕나라 사람 이계李季가 멀리 나다니기를 좋아하였는데 그의 처가 그 틈을 이용하여 젊은 남자와 몰래 정을 통하고 있었다.

이계가 갑작스럽게 돌아왔을 때 젊은 남자가 방안에 있어 처는 걱정스러웠다.

그러자 여종이 이렇게 꾀를 일러주었다.

"공자公子로 하여금 벌거벗은 채 머리를 풀어헤치고 문으로 곧바로 나가게 하십시오. 우리들은 거짓으로 못 본 체하겠습니다."

그리하여 공자가 그 계략대로 급히 내달려 문을 나서서 달아났다.

이계가 말하였다.

"이 사람이 누구냐?"

집사람들이 모두 말하였다.

"아무도 없었는데요."

이계가 말하였다.

"내가 귀신을 본 것인가?"

부인이 말하였다.

"그렇습니다."

"그렇다면 어찌하면 좋겠는가?"

그들이 말하였다.

"다섯 가지 짐승의 똥으로 목욕을 하십시오."

이계가 말하였다.

"좋다."

이리하여 똥물로 목욕을 하게 된 것이다.

일설에는 난탕蘭湯으로 목욕을 하였다고도 한다.

一曰: 燕人李季好遠出, 其妻私有通於士.

季突至, 士在內中, 妻患之.

其室婦曰:「令公子裸而解髮, 直出門, 吾屬佯不見也.」

於是公子從其計, 疾走出門.

季曰:「是何人也?」

家室皆曰:「無有.」

季曰:「吾見鬼乎?」

婦人曰:「然.」

「爲之奈何?」

曰:「取五牲之矢浴之.」

季曰:「諾.」

乃浴以矢.

一曰浴以蘭湯.

【一曰】 앞에 제시한 故事나 逸話가 달리 전할 때 韓非는 다음에 같은 내용을 싣되 '一曰'이라 하여 구분하였음.

【李季】 燕나라 사람으로 본 고사의 張本人.

【突至】〈乾道本〉에는 '突之'로 되어 있으며 '之'는 '至'와 같음.

【室婦】집에서 부리는 여종. 또는 첩을 말함.《藝文類聚》에는 '妾'으로 되어 있음.

【公子】士를 가리킴.《太平御覽》에는 '士'로 되어 있음.

【解髮】被髮과 같음. 머리카락을 흐트러뜨림.

【吾屬】우리 집안 식구들. 가솔 모두를 말함.

【家室】家나 室 두 글자 모두 집에 딸려 있는 사람을 가리킴.

【五牲】〈乾道本〉에는 '五姓'으로, 〈道藏本〉에는 '五牲'으로 되어 있음. 姓은 牲의
오기. 性은 牲과 같음. 五牲은 희생에 쓰이는 다섯 가지 가축. 즉 소, 양, 돼지,
개, 닭.《左傳》昭公 11년 傳의 杜預 注에 "五牲: 牛, 羊, 豕, 犬, 雞也"라 함.

【蘭湯】난초를 넣어 끓인 물.

참고 및 관련 자료

1.《藝文類聚》(17) 人部 髮

燕李季好遠出, 其妻有士. 季至, 士在內, 妻患之. 妾曰:「令公子倮而解髮, 直
出門, 吾屬詳不見也.」公子從其計, 疾走出門. 季曰:「是何人也?」家室皆曰:
「無有」季曰:「吾見鬼, 爲之奈何?」婦曰:「取五姓之水浴之」季曰:「諾」乃浴.

2.《太平御覽》(395, 499)을 볼 것.

31. 내저설하內儲說下 육미六微 1243

334(31-16)
아내의 속마음

전문傳文 제 2조:

위衛나라 사람으로 기도하는 부부가 있었다. 그들은 이렇게 빌었다.
"우리를 무사하게 하여 주시고 삼베 백 필을 얻을 수 있도록 하여
주십시오."
남편이 물었다.
"어찌 그리 적게 말하오?"
그러자 아내는 이렇게 대답하였다.
"이보다 많으면 당신이 앞으로 첩을 사들일 텐데요."

傳二:

衛人有夫妻禱者, 而祝曰:「使我無故, 得百束布.」

其夫曰:「何少也?」

對曰:「益是, 子將以買妾.」

【傳二】 經文 제 2조에 대한 해설로 334~344까지 모두 11장이 들어 있음.
【祝曰】 아내가 먼저 소원을 말한 것임.
【百束布】 束은 직물 두루마리의 단위. '五匹爲束'이라 함. 〈乾道本〉에는 '百來
束布'로 되어 있으며 이는 '束'의 오기로 두 번 겹쳐 쓴 것으로 보임.

1. 《藝文類聚》(18) 人部(2) 羅

《韓子》曰: 衛人有夫妻禱而祝曰:「使我無故, 得百束布」其夫曰:「何必少也?」

妻曰:「益則子將取妾矣.』

2. 《太平御覽》(529, 820)을 볼 것.

335(31-17)
공자들의 이웃나라 벼슬

형왕荊王이 여러 공자들을 사방 이웃나라에 벼슬시키려고 하자 대헐
戴歇이 말하였다.

"안 됩니다."

"공자들이 사방 이웃나라에서 벼슬하면 이웃나라가 틀림없이 중함을
받을 것이오."

대헐이 말하였다.

"공자가 밖에 나가면 그 나라에서 중히 대접받습니다. 중히 대접받으면
틀림없이 중히 대접해 주는 나라를 위하여 무리를 짓게 됩니다. 그렇게
되면 이는 바로 공자에게 외국과의 거래를 가르치는 것이 됩니다. 편하지
못할 것입니다."

荊王欲宦諸公子於四鄰, 戴歇曰:「不可.」

「宦公子於四鄰, 四鄰必重之.」

曰:「子出者重, 重則必爲所重之國黨, 則是敎子於外
市也, 不便.」

【四鄰】 사방에 있는 주변국을 가리킴.
【市】 이익을 따져 거래를 함.
【不便】 서투른 수작. 편하지 못함.

336(31-18)
소공을 협박하는 삼환三桓

노魯나라 맹손씨孟孫氏·숙손씨叔孫氏·계손씨季孫氏가 서로 죽을힘을
다하여 소공昭公을 협박하다가 마침내는 그 나라를 빼앗고 그 정치를
독단하였다.

노나라 삼환三桓이 이러한 핍박에 소공이 계손씨를 치자 맹손씨와
숙손씨가 서로 모책을 짰다.

"계손씨를 구원해야 하는가?"

그 때 숙손씨의 어자御者가 말하였다.

"저는 가신에 지나지 않으니 어찌 공실의 일을 알겠습니까? 무릇 계손
씨가 있는 것과 계손씨가 없어지는 것 가운데 우리에게 어느 것이 이익이
됩니까?"

그러자 모두가 말하였다.

"계손씨이 없어지면 틀림없이 숙손씨도 없어지게 될 것입니다."

"그렇다면 구원해야지요."

그리하여 서북쪽 귀퉁이를 치고 들어갔다.

맹손씨는 숙손씨의 깃발이 들어가는 것을 보고 역시 구원에 나섰다.

삼환이 이렇게 한 덩어리가 되자 소공은 이길 수가 없었다.

소공은 드디어 제나라로 갔다가 간후乾侯에서 죽었다.

魯孟孫·叔孫·季孫相戮力劫昭公, 遂奪其國而擅其制.

魯三桓公偪, 昭公攻季孫氏, 而孟孫氏·叔孫氏相與謀曰:

「救之乎?」

叔孫氏之御者曰:「我家臣也, 安知公家? 凡有季孫與無季孫於我孰利?」

皆曰:「無季孫必無叔孫.」

「然則救之.」

於是撞西北隅而入.

孟孫見叔孫之旗入, 亦救之.

三桓爲一, 昭公不勝.

逐之, 死於乾侯.

【戮力】죽을힘을 다함. 戮은 勠자로 통함.

【昭公】魯 襄公의 아들. 이름은 裯. 그러나《史記》年表와《世本》,《漢書》古今
人表에는 '稠'라 하였으며〈索隱〉에는 徐廣의 말을 인용, '一作袑'라 하여 표기가
저마다 다름. 어머니는 胡나라 출신 양공의 둘째 첩 齊歸. B.C.541~B.C.510년
까지 32년간 재위함.《左傳》杜預 注에는 "在位二十五年, 遜于齊, 在外八年,
凡三十三年, 薨于乾侯"라 하여 재위기간을 33년이라 하였음.〈諡法〉에 "威儀
恭明曰昭"라 함.

【三桓】魯의 실권자 孟孫·叔孫 季孫 세 명문 집안. 모두 魯 桓公의 후손들이
어서 桓氏로 칭함. 여기서는 구체적으로 孟懿子(仲孫何忌), 叔昭子(叔孫婼),
季平子(季孫意如)를 가리킴.

【公偪】偪公. 王先愼은 "公偪, 當作偪公. 公謂公室也. 乾道本·藏本誤倒, 今本不審
而刪之, 不可從"이라 함. 그러나 顧廣圻는 "藏本同. 今本無公字, 按此不當有"
라 함. '偪'은 '逼'자와 같음.

【御者】《左傳》에는 구체적으로 '司馬鬷戾'로 나와 있음.

【逐之】'遂之齊'(드디어 제나라로 피해 달아남)여야 함. 王先愼〈集解〉에 "逐, 當作遂之誤. 之下當有齊字. 事見《左傳》"이라 함. 이 반란에 昭公은 齊나라로 피해 달아나 晉나라의 구원을 요청하였으나 뜻을 이루지 못하고 晉나라 땅 乾侯에서 생을 마침.

【乾侯】魯 昭公이 머물러 있는 곳. 乾侯는 원래 晉나라 땅. 지금의 河北 成安縣 동남쪽.《左傳》昭公 28년 經에 "公如晉, 次于乾侯"라 함.《漢書》地理志 顔師古 注에 "乾音干, 言其地水常涸也"라 하여 '간후'로 읽음. 昭公은 마침내 이곳에서 생을 마침.《左傳》昭公 32년에 "十有二月己未, 公薨于乾侯"라 함.

참고 및 관련 자료

1.《左傳》昭公 25年 傳

初, 季公鳥娶妻於齊鮑文子, 生甲. 公鳥死, 季公亥與公思展與公鳥之臣申夜姑相其室. 及季姒與饔人檀通, 而懼, 乃使其妾抶己, 以示秦遄之妻, 曰:「公若欲使余, 余不可而抶余」又訴於公甫, 曰:「展與夜姑將要余」秦姬以告公之. 公之與公甫告平子, 平子拘展於卞, 而執夜姑, 將殺之. 公若泣而哀之, 曰:「殺是, 是殺余也」將爲之請, 平子使豎勿内, 日中不得請. 有司逆命, 公之使速殺之. 故公若怨平子. 季·郈之鷄鬭, 季氏介其鷄, 郈氏爲之金距. 平子怒, 益宮於郈氏, 且讓之. 故郈昭伯亦怨平子. 臧昭伯之從弟會爲讒於臧氏, 而逃於季氏. 臧氏執旃. 平子怒, 拘臧氏老. 將禘於襄公, 萬者二人, 其衆萬於季氏. 臧孫曰:「此之謂不能庸先君之廟」大夫遂怨平子. 公若獻弓於公爲, 且與之出射於外, 而謀去季氏. 公爲告公果·公賁, 公果·公賁使侍人僚柤告公. 公寢, 將以戈擊之, 乃走. 公曰:「執之!」亦無命也. 懼而不出, 數月不見. 公不怒. 又使言, 公執戈以懼之, 乃走. 乃使言, 公曰:「非小人之所及也」公果自言, 公以告臧孫, 臧孫以難. 告郈孫, 郈孫以可, 勸. 告子家懿伯. 懿伯曰:「讒人以君徼幸, 事若不克, 君受其名, 不可爲也. 舍民數世, 以求克事, 不可必也. 且政在焉, 其難圖也」

公退之. 辭曰:「臣與聞命矣, 言若洩, 臣不獲死」乃館於公宮. 叔孫昭子如闞, 公居於長府. 九月戊戌, 伐季氏, 殺公之于門, 遂入之. 平子登臺而請曰:「君不察臣之罪, 使有司討臣以干戈, 臣請待於沂上以察罪」弗許. 請因于費, 弗許. 請以五乘亡, 弗許. 子家子曰:「君其許之! 政自之出久矣, 隱民多取食焉, 爲之徒者衆矣. 日入愿作, 弗可知也. 衆怒不可蓄也, 蓄而弗治, 將蘊. 蘊蓄, 民將生心.

生心, 同求將合. 君必悔之!」弗聽. 郈孫曰:「必殺之!」公使郈孫逆孟懿子.
叔孫氏之司馬鬷戾言於其眾曰:「若之何?」莫對. 又曰:「我, 家臣也, 不敢知國.
凡有季氏與無, 於我孰利?」皆曰:「無季氏, 是無叔孫氏也」鬷戾曰:「然則救諸!」
帥徒以往, 陷西北隅以入. 公徒釋甲執冰而踞, 遂逐之. 孟氏使登西北隅, 以望
季氏. 見叔孫氏之旌, 以告. 孟氏執郈昭伯, 殺之于南門之西, 遂伐公徒. 子家子
曰:「諸臣偽劫君者, 而負罪以出, 君止. 意如之事君也, 不敢不改」公曰:「余不
忍也.」與臧孫如墓謀, 遂行. 己亥, 公孫于齊, 次于陽州. 齊侯將唁公于平陰,
公先至于野井. 齊侯曰:「寡人之罪也. 使有司待于平陰, 爲近故也.」書曰:「公孫
于齊, 次于陽州. 齊侯唁公于野井」, 禮也. 將求於人, 則先下之, 禮之善物也. 齊侯
曰:「自莒疆以西, 請致千社, 以待君命. 寡人將帥敝賦, 以從執事, 唯命是聽.
君之憂, 寡人之憂也.」公喜. 子家子曰:「天祿不再. 天若胙君, 不過周公. 以魯
足矣. 失魯而以千社爲臣, 誰與之立? 且齊君無信, 不如早之晉.」弗從. 臧昭伯
率從者將盟, 載書曰:「戮力壹心, 好惡同之. 信罪之有無, 繾綣從公, 無通外內!」
以公命示子家子. 子家子曰:「如此, 吾不可以盟. 羈也不佞, 不能與二三子同心,
而以爲皆有罪. 或欲通外內, 且欲去君. 二三子好亡而惡定, 焉可同也? 陷君於難,
罪孰大焉? 通內外而去君, 君將速入, 弗通何爲? 而何守焉?」乃不與盟. 昭子
自闞歸, 見平子. 平子稽顙, 曰:「子若我何?」昭子曰:「人誰不死? 子以逐君成名,
子孫不忘, 不亦傷乎? 將若子何?」平子曰:「苟使意如得改事君, 所謂生死而
肉骨也」昭子從公于齊, 與公言. 子家子命適公館者執之. 公與昭子言於幄內, 曰:
「將安眾而納公」公徒將殺昭子, 伏諸道. 左師展告公. 公使昭子自鑄歸. 平子有
異志. 冬十月辛酉, 昭子齊於其寢, 使祝宗祈死. 戊辰, 卒. 左師展將以公乘馬
而歸, 公徒執之.

337(31-19)
공숙公叔과 공중公仲

　공숙公叔은 한韓나라 재상이면서 제齊나라에게도 지지를 받고 있었고, 공중公仲은 임금으로부터 심히 존중을 받고 있었다.

　공숙은 임금이 공중을 재상으로 삼지나 않을까 두려워 제나라와 한나라가 맹약을 맺어 위魏나라를 공략하도록 부추겼다.

　공숙은 그것을 핑계삼아 제나라 군사를 받아들여 한나라 땅에 주둔시키고 한왕을 협박함으로써 자신의 지위를 공고히 하였으며 두 나라 사이의 맹약을 확실하게 하였다.

公叔相韓而有攻齊, 公仲甚重於王.

公叔恐王之相公仲也, 使齊·韓約而攻魏.

公叔因內齊軍於鄭, 以劫其君, 以固其位, 而信兩國之約.

【公叔】韓公叔. 韓나라 종실의 귀족. 韓나라 襄王의 아들.
【有攻齊】齊나라의 지지를 받고 있음. 이 구절에서 '攻'은 〈藏本〉, 〈今本〉에 모두 '功'으로 되어 있으며 이에 따라 해석하고 있으나 〈集解〉에는 "按: 攻·功, 皆當衍, 讀以「有齊」句絶"이라 함. 그러나 兪樾은 《爾雅》釋詁:「功, 善也.」「有」, 讀爲「又」.「相韓以有功齊」, 謂相韓以又善齊也"라 함.

【公仲】 公仲侈, 公仲明, 公仲朋, 韓朋 등 여러 표기가 있음. 韓나라 公族으로 姓은 公仲이며 이름은 侈. 韓나라 相國을 역임함.《戰國策》秦策(2)의 鮑彪 注에 "侈作朋. 朋, 公仲名. 此書後或名朋, 或名侈, 朋侈字近, 故誤. 史竝作侈, 然韓策 言公仲侈, 又言韓侈, 爲兩人. 今定公仲名, 明別韓侈也"라 함.

【鄭】 韓나라를 뜻함. 韓나라가 鄭나라를 멸하고 그 땅 新鄭에 도읍을 정했으므로 鄭이라 일컬은 것임.《史記》韓世家에 "(韓)哀侯二年(B.C.375), 滅鄭, 因徙都鄭"이라 하였고, 〈索隱〉에 "韓旣徙都, 因改號曰鄭. 故《戰國策》謂韓惠王 曰鄭惠王, 猶魏徙大樑稱梁王然也"라 함.

【信】 굳건히 함. 賈誼《新書》道術篇에 "期果言當謂之信"이라 함.

338(31-20)
적황翟璜

적황翟璜은 위왕魏王의 신하이면서도 한韓나라와도 친하였다.

이에 한나라 군대를 불러들여 위나라를 치도록 하면서 이를 틈 타 위왕에게 강화를 맺을 것을 청하여 자신의 지위를 중하게 만들었다.

翟璜, 魏王之臣也, 而善於韓.

乃召韓兵令之攻魏, 因請爲魏王搆之以自重也.

【翟璜】 다른 판본과 經文에는 '翟黃'으로 되어 있음. 戰國 초기 魏 文侯의 대표적인 良臣으로 西門豹를 文侯에게 추천하기도 하였음. 翟觸, 翟黃, 翟璜 등 여러 표기가 있음. 《史記》 魏世家에는 翟璜. 《呂氏春秋》·《新序》·《韓詩外傳》에는 翟黃. 《說苑》에는 翟觸과 翟黃을 같이 쓰고 있음.

【魏王】 魏 文侯를 가리킴. 전국시대 魏나라의 영명한 군주. 卜子夏·段干木·田子方, 翟璜 등을 보필로 삼아 가장 먼저 개혁정책을 폈으며, 七雄 가운데 최초로 부국강병을 꾀함. B.C.445~B.C.396년까지 50년간 재위함. 이름은 '斯'. 《史記》에는 '都'로 되어 있음.

【搆之】 搆는 講과 같음. 講和를 맺음. 王先愼은 "搆, 講也"라 함.

339(31-21)

토사구팽兎死狗烹

월왕越王이 오왕吳王을 공격하여 오왕이 사죄하며 항복을 알려오자 월왕은 허락하려 하였다.

범려范蠡와 대부大夫 종種이 말하였다.

"안 됩니다. 옛날에 하늘이 월越나라를 오吳나라에게 내주었으나 오나라가 받지 않았습니다. 지금 하늘이 부차夫差에게 거꾸로 그렇게 하는 것 또한 하늘의 앙화입니다. 오나라를 월나라에게 주는 것이니 재배하며 받으십시오. 허락해서는 안 됩니다."

그러자 오나라 태재太宰 비嚭가 대부 종에게 이렇게 편지를 보냈다.

"교활한 토끼가 다 잡히면 훌륭한 사냥개는 삶기게 마련이요, 적국이 멸망하고 나면 모책을 세우던 신하도 사라지게 됩니다. 대부께서는 어찌하여 오나라를 풀어 주어 월나라의 근심거리로 만들려 하지 않습니까?"

대부 종이 편지를 받아 읽고 나서 크게 탄식하며 말하였다.

"죽여라. 월나라는 오나라와 운명을 같이할 것이다."

越王攻吳王, 吳王謝而告服, 越王欲許之.

范蠡 · 大夫種曰:「不可. 昔天以越與吳, 吳不受, 今天反
夫差, 亦天禍也. 以吳予越, 再拜受之, 不可許也.」

太宰嚭遺大夫種書曰:「狡免盡則良犬烹, 敵國滅則謀臣亡. 大夫何不釋吳而患越乎?」

大夫種受書讀之, 太息而歎曰:「殺之, 越與吳同命.」

【越王】춘추 후기 勾踐을 가리킴. 勾踐(句踐)은 越王 允常의 아들로 闔廬를 이어 越王이 됨. 麾下에 大夫 文種과 范蠡 등의 모신을 두고 吳王 夫差의 伯嚭, 伍子胥와 대칭을 이루어 吳越鬪爭, 吳越同舟, 臥薪嘗膽 등의 많은 고사를 남김. 뒤에 결국 吳나라를 멸하고 南方 霸者가 되었다가 楚나라에게 망함. 한편 越나라는《史記》越世家에 "其先禹之苗裔而夏后帝少康之庶子也"라 함. 姒姓으로 지금의 浙江 紹興(옛 會稽)을 중심으로 句踐 때 크게 발전하였으며 일부 春秋五霸에서 宋 襄公 대신 句踐을 넣기도 함.

【吳王】夫差. 闔廬의 아들로 뒤를 이어 吳王이 되어 春秋 말기를 장식한 오나라 마지막 임금. B.C.495~473년까지 23년간 재위함. 伍子胥와 太宰 伯嚭를 등용하여 越王 句踐의 范蠡와 文種에 맞서 치열한 투쟁을 벌였으나 마침내 越王 句踐에게 나라가 망함.

【范蠡】越나라 대부. 越나라 공신. 越王 句踐을 도와 吳王 夫差를 멸한 뒤 이름을 鴟夷子皮로 바꾸고 家屬과 財物을 싣고 몰래 陶라는 곳에 이르러 상업을 일으켜 큰 부자가 되어 陶朱公이라고도 불림.《史記》越王句踐世家를 참조할 것. 한편《史記》貨殖列傳에는 "范蠡旣雪會稽之恥, 乃喟然而歎曰:「計然之策七, 越用其五而得意. 旣已施於國, 吾欲用之家」乃乘扁舟浮於江湖, 變名易姓, 適齊爲鴟夷子皮, 之陶爲朱公. 朱公以爲陶天下之中, 諸侯四通, 貨物所交易也. 乃治産積居, 與時逐而不責於人. 故善治生者, 能擇人而任時. 十九年之中三致千金, 再分散與貧交疏昆弟. 此所謂富好行其德者也. 後年衰老而聽子孫, 子孫脩業而息之, 遂至巨萬. 故言富者皆稱陶朱公"이라 함.

【大夫種】越나라 大夫 文種. 文은 姓, 種은 이름. 范蠡와 함께 越王 句踐을 도와 吳王 夫差를 멸하고 패업을 이룩하게 하였으나 뒤에 句踐에게 죽임을 당함.

【太宰嚭】吳나라 太宰 伯嚭. 원래 楚나라 太宰였던 伯州犂의 손자로서 吳나라로 망명하여 吳나라 太宰가 됨. 夫差의 모신으로 伍子胥와 함께 越나라를 멸망시키고자 온 힘을 기울였으나 范蠡에게는 미치지 못하였음.

【狡免盡】발 빠른 토끼가 모두 잡혀 죽어 더 이상 사냥할 것이 없음. '狡'는 '疾'과 같음.

【謀臣亡】머리 잘 굴리던 신하도 쓸데가 없어져 버림받음.

【患越】뭇나라를 멸하지 않아서 끝내 越나라의 근심거리가 됨.

【殺之】太宰 嚭의 제의를 거절하는 뜻으로 편지를 가지고 온 사신을 죽이도록 한 것임. 王先愼은 "殺, 謂殺其使也"라 함.

【越與吳同命】"文種 자신이 越나라에서 구천에게 죽임을 당하는 것과 월나라가 오나라를 멸망시키는 것은 같은 운명"이라는 뜻. 즉 良犬이 임무를 다했음에도 죽듯이 내가 충정을 다하고 나서 구천에게 죽는 것은 오나라 멸망과 함께 시작될 것임을 한탄하고 예견한 것. 이에 王先愼은 '吳'를 '吾'자로 보아야 한다고 하면서 "吳, 當作吾. 文種自謂, 故後嚭之譖種, 種之見殺, 實基如此"라 함. 과연 文種은 오나라를 멸한 뒤 句踐에게 죽임을 당하였으며 이를 예견한 范蠡는 몰래 멀리 달아난 것임.

참고 및 관련 자료

1.《吳越春秋》(10) 勾踐伐吳外傳

范蠡知句踐愛壤土, 不惜群臣之死, 以其謀成國定, 必復不須功而返國也, 故面有憂色而不悅也. 范蠡從吳欲去, 恐句踐未返, 失人臣之義, 乃從入越. 行謂文種曰:「子來去矣! 越王必將誅子」種不然言. 蠡復爲書遺種曰:「吾聞:『天有四時, 春生冬伐. 人有盛衰, 泰終必否.』知進退存亡而不失其正, 惟賢人乎! 蠡雖不才, 明知進退.『高鳥已散, 良弓將藏; 狡兔已盡, 良犬熟烹.』夫越王爲人長頸鳥喙, 鷹視狼步; 可與共患難, 而不可共處樂; 可與履危, 不可與安. 子若不去, 將害於子, 明矣.」文種不信其言. 越王陰謀, 范蠡議欲去, 徼倖.

2.《吳越春秋》(5) 夫差內傳

吳王書其矢而射種, 蠡之軍, 辭曰:「吾聞:『狡兔以死, 良犬就烹; 敵國如滅, 謀臣必亡.』今吳病矣, 大夫何慮乎?」

3.《史記》越王勾踐世家

范蠡遂去, 自齊遺大夫種書曰:「蜚鳥盡, 良弓藏; 狡兔死, 走狗烹. 越王爲人長頸鳥喙, 可與共患難, 不可與共樂. 子何不去?」種見書, 稱病不朝. 人或讒種且作亂, 越王乃賜種劍曰:「子敎寡人伐吳七術, 寡人用其三而敗吳, 其四在子, 子爲我從先王試之.」種遂自殺.

4.《史記》淮陰侯列傳

信曰:「果若人言:『狡兔死, 良狗亨; 高鳥盡, 良弓藏; 敵國破, 謀臣亡.』天下已定, 我固當亨!」上曰:「人告公反.」遂械繫信. 至雒陽, 赦信罪, 以爲淮陰侯.

340(31-22)
두 개의 노魯나라

대성오大成午가 조趙나라로부터 한韓나라 신불해申不害에게 이렇게 말하였다.

"한나라의 힘을 빌려 나로 하여금 조나라에서 요직을 맡도록 도와주십시오. 그러면 저는 이 조나라의 힘으로써 그대가 한나라에서 요직을 맡도록 도와 드리겠습니다. 이렇게 되면 그대는 두 개의 한나라를 가지게 되는 것이요, 저는 두 개의 노나라를 가지게 되는 것입니다."

大成牛從趙謂申不害於韓曰:「以韓重我於趙, 請以趙
重子於韓, 是子有兩韓, 我有兩趙.」

【大成牛】大成午의 오기. 그 무렵 趙나라 재상. 大戊午로도 표기함.《史記》
　趙世家에 "十六年, 肅侯游大陵, 出於鹿門, 大戊午扣馬曰:「耕事方急, 一日不作,
　百日不食.」肅侯下車謝"라 함.
【申子】申不害. 그 무렵 韓나라 재상이었음. 韓非보다 백여 년 앞선 인물로 法家
　사상으로 韓나라 昭侯를 도왔음.《史記》老莊申韓列傳에 "申不害者, 京人也,
　故鄭之賤臣. 學術以干韓昭侯, 昭侯用爲相. 內脩政敎, 外應諸侯, 十五年. 終申子
　之身, 國治兵彊, 無侵韓者. 申子之學本於黃老而主刑名. 著書二篇, 號曰《申子》"라 함.
【以韓重我】한나라의 힘을 빌려 大成午를 조나라의 요직에 앉도록 함.

1.《戰國策》韓策(1)

大成午從趙來, 謂申不害於韓曰:「子以韓重我於趙, 請以趙重子於韓, 是子有
兩韓, 而我有兩趙也.」

341(31-23)
사마희司馬喜

사마희司馬喜는 중산군中山君의 신하이면서 조趙나라와 친밀하여 언제나 중산 쪽의 계략을 조왕趙王에게 몰래 고하였다.

司馬喜, 中山君之臣也, 而善於趙, 嘗以中山之謀微告趙王.

【司馬喜】司馬憙로도 표기하며 中山國의 신하. 中山은 지금의 河北 북부와 內蒙古 동부에 있던 白狄의 나라. 趙나라 武靈王과 내통하여 중산국의 江姬와 陰姬의 왕비 혼사를 결정하는 등 智謀를 부렸던 인물.
【嘗】'常'과 같음. 王先愼은 "拾補嘗改常, 是也"라 함.
【微告】비밀을 몰래 알려줌.


```
참고 및 관련 자료
```

1. 《戰國策》中山策

司馬憙使趙, 爲己求相中山. 公孫弘陰知之. 中山君出, 司馬憙御, 公孫弘參乘. 弘曰:「爲人臣, 招大國之威, 以爲己求相, 於君何如?」君曰:「吾食其肉, 不以分人」司馬憙頓首首於軾曰:「臣自知死至矣!」君曰:「何也?」(曰:)「臣抵罪」君曰:「行, 吾知之矣」居頃之, 趙使來, 爲司馬憙求相. 中山君大疑公孫弘, 公孫弘走出.

342(31-24)
여창呂倉

여창呂倉은 위왕魏王의 신하이면서도 진秦나라, 초楚나라와 가깝게 지냈다. 몰래 진나라와 초나라를 부추겨 두 나라로 하여금 자신의 위나라를 치도록 해 놓고는 이를 이용하여 자신이 화평을 청하고 강화를 함으로써 자신의 지위를 높였다.

呂倉, 魏王之臣也, 而善於秦·荊.
微諷秦·荊令之攻魏, 因請行和以自重也.

【呂倉】戰國시대 魏나라 신하. 《戰國策》에는 매우 비루한 인물로 실려 있음.
【荊】楚나라의 別稱. 楚나라의 본래 이름. 그 무렵 楚나라를 野蠻視하여 荊蠻이라 불렀음. 《左傳》莊公 10년 注에 "荊, 楚之本號"라 함.
【微諷】은밀히 부추김.

> 참고 및 관련 자료

1. 《戰國策》(1) 東周策
周相呂倉見客於周君. 前相工師藉恐客之傷己也, 因令人謂周君曰:「客者, 辯士也, 然而所以不可者, 好毁人.」

343(31-25)
송석宋石

송석宋石은 위魏나라 장수였고 위군衛君은 초楚나라 장수였다.
두 나라 사이에 전투가 벌어져 두 사람 모두 군사를 거느렸다.
이에 송석이 위군에게 편지를 보내 이렇게 말하였다.

"양쪽 군대가 마주하여 두 깃발이 서로 바라보고 있소. 오직 한바탕 싸움이 벌어질 수밖에 없으며 싸움이 벌어지면 틀림없이 양쪽 모두 살아남지 못할 것이오. 이번 전투는 두 군주의 일이오. 그대와 나는 사사로운 원한이 있는 것도 아니니 좋다면 서로 싸움을 피합시다."

宋石, 魏將也; 衛君, 荊將也.

兩國搆難, 二子皆將.

宋石遺衛君書曰:「二軍相當, 兩旗相望, 唯毋一戰, 戰必不兩存. 此乃兩主之事也, 與子無有私怨, 善者相避也.」

【宋石】 전국시대 魏나라 장수 이름.
【衛君】 역시 전국시대 楚나라 장수 이름.
【搆難】 뒤엉켜 싸움이 벌어짐. 전투가 벌어짐. '搆'는 '構'와 같음.

344(31-26)

백규白圭

백규白圭는 위魏나라 재상이었고 포견暴譴은 한韓나라 재상이었다.

백규가 포견에게 이렇게 말하였다.

"당신은 한나라 힘으로 내가 이 위나라에서 힘쓸 수 있도록 도와주시오. 나도 위나라 힘으로써 그대가 한나라에서 대접을 받도록 해 드리겠소. 그렇게 되면 나는 위나라에서 길이 정사를 맡게 될 것이며, 그대는 한나라에서 오랫동안 등용될 수 있을 것이오."

白圭相魏, 暴譴相韓.

白圭謂暴譴曰:「子以韓輔我於魏, 我以魏待子於韓, 臣長用魏, 子長用韓.」

【白圭】魏나라 재상. 경제에 뛰어났던 大商人이었음. 《史記》貨殖列傳에 周나라 사람으로 되어 있고, 魏文侯(재위 B.C.445~B.C.396년) 때에 장사를 하여 큰 부자가 되었다고 하였음. 그 때문에 흔히 장사꾼의 始祖로 일컫기도 함. 그러나 여기서의 백규는 그와 다른 인물로 보기도 함. 즉 戰國시대 魏나라 사람으로 이름은 丹. 圭는 자. 또는 周나라 사람이라고도 함. 魏나라에 관직을 맡아

惠施와 함께 이름을 날렸으며 治水에 뛰어난 치적을 보이기도 하였음.《孟子》
告子(下)에 "白圭曰:「丹之治水也愈於禹.」"라 하였고, 趙岐 注에 "丹名, 圭字也.
當諸侯之時有小水, 白圭爲治除之, 因自謂過乎禹也"라 함.

【暴譴】韓나라 재상.《戰國策》의 暴鳶이 바로 이 사람이 아닌가 함.

【待子】'待'는 禮遇를 뜻함. 그러나 尹桐陽은 "待, 持也"라 하여 지속됨을 뜻하는
것으로 보았음.

345(31-27)
회랑에 오줌을 눈 자

전문傳文 제 3조:

제齊나라 중대부中大夫로 이역夷射이라는 자가 있어 왕의 술시중을 들다가 심히 취하여 밖으로 나와 회랑문에 기대어 쉬고 있었다.

그 때 문지기 발을 잘린 절름발이가 이렇게 청하였다.

"어른께서 나머지 술을 내려주실 생각은 없으신지요?"

그러자 이역은 이렇게 꾸짖었다.

"꺼져라! 남은 형벌을 받던 자가 어찌 감히 어른이 먹던 술을 달라하느냐?"

절름발이는 그 자리에서 물러나 달아났다.

이역이 나가자 절름발이는 그 틈을 타고 회랑문 처마 아래에 물을 버려 누군가 오줌을 눈 것처럼 만들어 놓았다.

이튿날 왕이 나와 그것을 보고 꾸짖으며 이렇게 말하였다.

"누가 여기에 오줌을 누었느냐?"

절름발이는 이렇게 대답하였다.

"저는 아무도 보지 못하였습니다. 그렇지만 어제 중대부 이역이가 이곳에 서 있었습니다."

왕은 그래서 이역을 책망하고 죽여 버렸다.

傳三:

齊中大夫有夷射者, 御飲於王, 醉甚而出, 倚於郎門.

門者刖跪請曰:「足下無意賜之餘隸乎?」

夷射叱曰:「去! 刑餘之人, 何事乃敢乞飮長者!」

刖跪走退.

及夷射去, 刖跪因捐水郎門霤下, 類溺者之狀.

明日, 王出而訶之, 曰:「誰溺於是?」

刖跪對曰:「臣不見也. 雖然, 昨日中大夫夷射立於此.」

王因誅夷射而殺之.

【傳三】 經文 제 3조에 대한 해설로 345~354까지 모두 10장이 들어 있음.

【中大夫】 궁 안에서 임금을 가까이 모시는 大夫로 전국시대 관직명이라 함.

【夷射】 夷射姑를 가리킴. 邾 莊公과 夷射姑의 고사가 잘못 전해진 것임. '射'는
《左傳》〈釋文〉에 "射, 音亦. 一音夜"라 하여 '역', 혹은 '야'로 읽음. 잠정적으로
'이역'으로 읽음.

【門者刖跪】 문자는 문지기.《左傳》에는 '閽'으로 되어 있음. '刖跪'는 '跀跪'와
같음. 형벌을 받아 발뒤꿈치가 잘린 자. 흔히 멀리 움직이지 못하므로 문지기를
담당함. 跪는 足과 같은 뜻임.

【足下】 상대방을 부를 때 쓰는 존칭. 원래 晉 文公(重耳)이 介子推가 껴안고 타
죽은 나무로 나막신을 만들어 그를 기리며 부른 데서 시작된 말이라 함.

【餘隸】 '隸'는 〈乾道本〉에는 '隸'로, 〈趙本〉에는 '瀝'으로 되어 있음. 마시다가
남은 찌꺼기 술을 가리킴. 陳啓天은 "餘瀝, 猶言剩酒也"라 함.

【叱】 꾸짖는 소리를 형용함.

【刑餘之人】 형벌 받고 살아남은 자를 가리킴.

【涓水】 '빗물 따위가 흘러내리다'의 뜻.

【霤下】 처마 끝의 낙숫물이 떨어지는 곳.

【溺】 '尿'와 같음. 오줌.

【訶之】 큰 소리로 꾸짖음.

1. 《左傳》定公 2年 傳

邾莊公與夷射姑飲酒, 私出. 閽乞肉焉, 奪之杖以敲之.

2. 《左傳》定公 3年 傳

三年春二月辛卯, 邾子在門臺, 臨廷. 閽以缾水沃廷, 邾子望見之, 怒. 閽曰:
「夷射姑旋焉.」命執之, 弗得, 滋怒, 自投于牀, 廢于鑪炭. 爛, 遂卒. 先葬以車
五乘, 殉五人. 莊公卞急而好潔, 故及是.

346(31-28)
제양군濟陽君

위왕魏王의 신하 두 사람이 제양군濟陽君과 사이가 좋지 않자 제양군이 사람을 시켜 거짓 왕명으로 자신을 공격하도록 모책을 세웠다.

임금이 사람으로 하여금 제양군에게 이렇게 물어보도록 하였다.

"누구와 원한 관계가 있소?"

제양군이 대답하였다.

"감히 원한을 살만 한 자가 없습니다. 비록 그렇기는 하나 일찍이 두 사람과는 사이가 좋지 않기는 했지만 이런 지경에 이를 정도는 아니었습니다."

임금이 측근에게 물어보았더니 측근들은 이렇게 말하는 것이었다.

"진실로 그렇습니다."

임금은 그래서 두 사람을 주살하였다.

魏王臣二人不善濟陽君, 濟陽君因僞令人矯王命而謀攻己.

王使人問濟陽君曰:「誰與恨?」

對曰:「無敢與恨. 雖然, 嘗與二人不善, 不足以至於此.」

王問左右, 左右曰:「固然.」

王因誅二人者.

【濟陽君】濟陽(지금의 河南 南陽縣)에 봉해진 魏나라의 어떤 귀족. 구체적으로는
알 수 없음.
【至於此】두 사람이 제양군 자신을 공격할 만큼 심한 원한 관계는 아니었음을
말한 것.

347(31-29)
계신季辛과 원건爰騫

　　계신季辛과 원건爰騫은 서로 원한을 품고 있었다.

　　그런데 사마희司馬喜가 새롭게 계신과 증오하는 관계가 되자 몰래 사람을 시켜 원건을 살해하고 말았다.

　　중산中山의 임금은 이를 계신이 한 짓이라 여겨 그만 계신을 처형하고 말았다.

　　季辛與爰騫相怨.

　　司馬喜新與季辛惡, 因微令人殺爰騫.

　　中山之君以爲季辛也, 因誅之.

【季辛】 戰國시대 中山國의 신하.

【爰騫】 역시 중산국의 신하.

【司馬喜】 司馬憙로도 표기하며 中山國의 신하. 中山은 지금의 河北 북부와 內蒙古 동부에 있던 白族의 나라. 趙나라 武靈王과 내통하여 중산국의 江姬와 陰姬의 왕비 혼사를 결정하는 등 智謀를 부렸던 인물.《戰國策》中山策을 볼 것.

【中山】 전국시대 지금의 河北 定縣을 중심으로 있었던 나라. 白狄이 세웠던 나라로 趙나라와 접경을 이루고 있었으며《戰國策》에 中山策이 있음.

348(31-30)
코를 베어라

형왕荊王이 총애하는 첩에 정수鄭袖라는 여인이 있었다.

그런데 형왕이 새로 미녀를 얻어 들이자 정수는 그녀에게 이렇게 가르쳐 일러주었다.

"임금께서는 사람이 입을 가리는 것을 매우 좋아하신다오. 그대는 임금 가까이 가게 되거든 반드시 입을 가리도록 하세요."

미녀가 임금을 뵈러 들어가 임금 가까이 다가가자 바로 입을 가렸다.

임금이 그 까닭을 묻자 정수는 대뜸 이렇게 말하였다.

"이는 진실로 임금의 냄새가 싫다고 말하더이다."

임금과 정수, 미녀 세 사람이 함께 앉게 되자 정수가 먼저 시종에게 이렇게 경계하였다.

"임금께서 말씀이 계시면 반드시 곧바로 임금의 말씀대로 따라야 한다."

미녀가 앞으로 나가 임금에게 아주 가까이 가자 여러 번 심하게 입을 가렸다.

임금이 불끈 화를 내며 말하였다.

"코를 베어라!"

시종이 바로 칼을 뽑아 미인의 코를 베어 버렸다.

荊王所愛妾有鄭袖者.

荊王新得美女, 鄭袖因敎之曰:「王甚喜人之掩口也,
爲近王, 必掩口.」

美女入見, 近王, 因掩口.

王問其故, 鄭袖曰:「此固言惡王之臭.」

及王與鄭袖·美女三人坐, 袖因先誡御者曰:「王適有
言, 必亟聽從王言.」

美女前近王甚, 數掩口.

王悖然怒曰:「劓之!」

御因揄刀而劓美人.

【荊王】楚王. 楚 懷王. 威王의 아들이며 B.C.328~B.C.299년까지 30년간 재위하고
  그 뒤를 頃襄王이 이음. 張儀에 의해 많은 고통을 당하였으며 屈原을 축출
  하기도 한 임금임.
【鄭袖】楚 懷王의 애첩. 기지와 질투로 널리 알려진 여인. 楚나라 幸臣 靳尙과
  사사로이 계략을 꾸몄으며 근상과 몰래 정을 통하기도 하였음.
【爲近王】여기서 爲는 若자와 같은 만약이란 뜻.
【適有言】어떤 명령을 내린다고 가정함. 適은 若자로 통함.
【劓】고대의 五刑 가운데 코 베는 형벌.
【揄刀】칼을 뽑음. 揄는 끌어당김.

참고 및 관련 자료

1. 《戰國策》楚策(4)

魏王遺楚王美人, 楚王說之. 夫人鄭袖知王之說新人也, 甚愛新人. 衣服玩好,
擇其所喜而爲之; 宮室臥具, 擇其所善而爲之. 愛之甚於王. 王曰:「婦人所以
事夫者, 色也; 而妬者, 其情也. 今鄭袖知寡人之說新人也, 其愛之甚於寡人,
此孝子之所以事親, 忠臣之所以事君也.」鄭袖知王以己爲不妬也, 因謂新人曰:

「王愛子美矣. 雖然, 惡子之鼻. 子爲見王, 則必掩子鼻.」新人見王, 因掩其鼻.
王謂鄭袖曰:「夫新人見寡人, 則掩其鼻, 何也?」鄭袖曰:「妾知也.」王曰:
「雖惡必言之.」鄭袖曰:「其似惡聞君王之臭也.」王曰:「悍哉!」令劓之, 無使
逆命.

〈紅衣舞女壁畫〉(唐) 1957 陝西 長安 唐墓 벽화

349(31-31)
정수鄭袖의 계략

일설에는 이렇게 전하고 있다.

위왕魏王이 초왕楚王에게 미인을 보내 주자 초왕은 그녀를 무척 좋아하였다.

부인 정수鄭袖는 임금이 그녀를 사랑스러워한다는 것을 알고 역시 그녀를 아껴주기를 임금보다 더 하였다.

의복과 애완품은 그가 좋아하는 바를 골라서 주었다.

임금이 말하였다.

"부인은 내가 새사람을 사랑한다는 것을 알고 나보다 더 그녀를 아끼고 좋아해주니 이는 효자가 부모를 봉양하는 것과 같고 충신이 그 임금을 섬기는 것과 같구나."

부인은 임금이 자기를 질투하지 않는다고 여기고 있음을 알고는 새사람에게 이렇게 말하였다.

"임금께서 그대를 매우 사랑하고 좋아하신다오. 그런데 그대의 코가 밉다고 하시더군요. 그대는 임금을 뵐 때는 언제나 코를 가리면 임금께서는 길이 그대를 총애하게 될 것이오."

이에 새사람은 그의 말대로 임금을 뵐 때마다 언제나 코를 가렸다.

임금이 부인에게 물었다.

"새사람은 나를 볼 때마다 언제나 코를 가리는데 왜 그렇소?"

정수가 대답하였다.

"저는 알 수 없습니다."
임금이 채근하여 강하게 묻자 정수는 이렇게 대답하였다.
"요즈음 늘 임금의 몸에서 나는 냄새가 싫다고 말합디다."
임금이 노하여 말하였다.
"코를 베어라!"
부인은 이에 앞서 시종에게 이렇게 일러둔 상태였다.
"임금께서 만약 말씀이 있으시면 반드시 곧바로 그 명령을 따라야 한다."
시종은 이에 칼을 뽑아 미인의 코를 베어버렸다.

一曰: 魏王遺荊王美人, 荊王甚悅之.

夫人鄭袖知王悅愛之也, 亦悅愛之, 甚於王.

衣服玩好, 擇其所欲爲之.

王曰:「夫人知我愛新人也, 其悅愛之甚於寡人, 此孝子
所以養親, 忠臣之所以事君也.」

夫人知王之不以己爲妒也, 因爲新人曰:「王甚悅愛子,
然惡子之鼻, 子見王, 常掩鼻, 則王長幸子矣.」

於是新人從之, 每見王, 常掩鼻.

王謂夫人曰:「新人見寡人常掩鼻, 何也?」

對曰:「不己知也.」

王强問之, 對曰:「頃嘗言惡聞王臭.」

王怒曰:「劓之!」

夫人先誡御者曰:「王適有言, 必可從命.」

御者因揄刀而劓美人.

【一曰】앞에 제시한 故事나 逸話가 달리 전할 때 韓非는 다음에 같은 내용을 실되 '一曰'이라 하여 구분하였음.

【不己知也】盧文弨는 "己字疑衍"이라 함.

【頃嘗】'頃'은 '요즈음'의 뜻. '嘗'은 '常'과 같음.

【聞王臭】임금의 몸에서 나는 냄새를 맡음. '聞'은 '냄새 맡다'의 뜻. '嗅'와 같음.

【必可從命】'可'는 '亟'이어야 함. 王先愼은 "可, 當作亟"이라 함. '즉시, 급히'의 뜻.

참고 및 관련 자료

1. 《藝文類聚》(18)

《韓子》曰: 魏王遺楚王美女, 王甚悅之.

350(31-32)
비무극費無極과 극완郤宛

비무극費無極은 초楚 영윤令尹과 가까운 사이였다.

그런데 극완郤宛이 새로 영윤을 섬기게 되자 영윤은 그를 매우 총애하였다.

비무극이 이를 이유로 영윤에게 말하였다.

"군께서 극완을 매우 좋아하시면서 어찌 한번 그 집에서 주연을 베풀지 않으십니까?"

영윤이 말하였다.

"좋소."

그리하여 극완의 집에 술자리를 갖추도록 준비시켰다.

비무극이 완에 이렇게 가르쳐주었다.

"영윤은 매우 오만한 성격이며 무기를 좋아합니다. 그대는 모름지기 삼가 공경을 다하고 먼저 급히 서둘러 마당 아래로부터 문과 뜰까지 무기를 진열해 놓으시오."

극완이 그의 말대로 하였다.

영윤이 가서 이를 보고 크게 놀라 말하였다.

"이것이 어찌된 일인가?"

비무극이 말하였다.

"군께서 위험합니다. 떠나십시오! 사태를 알 수 없습니다."

영윤은 크게 노하여 군대를 일으켜 극완을 주벌하고 마침내 그를 죽여버렸다.

費無極, 荊令尹之近者也.

郤宛新事令尹, 令尹甚愛之.

無極因謂令尹曰:「君愛宛甚, 何不一爲酒其家?」

令尹曰:「善.」

因令之爲具於郤宛之家.

無極教宛曰:「令尹甚傲而好兵, 子必謹敬, 先亟陳兵堂下及門庭.」

宛因爲之.

令尹往而大驚, 曰:「此何也?」

無極曰:「君殆, 去之! 事未可知也.」

令尹大怒, 擧兵而誅郤宛, 遂殺之.

【費無極】費無忌로도 표기하며 春秋시대 楚나라 대부. 太子 建을 참소하여 그 일로 伍奢와 伍尙을 죽여 伍子胥가 吳나라로 달아나는 일이 벌어짐. 다시 郤宛을 참소하여 죽이는 등 악행을 저지르다가 令尹 囊瓦에 의해 죽임을 당함. 《左傳》 및 《史記》,《吳越春秋》 등을 참조할 것.

【令尹】楚의 재상을 일컬음. 여기서는 子常을 가리킴. 子常은 이름이 囊瓦이며 楚나라 令尹을 지냄. 子囊의 손자. 자는 子常. 陽匄를 이어 영윤에 오름. 杜預 注에 "囊瓦, 子囊之孫子常也, 代陽匄"라 하였고,《左傳》 定公 4년에 "吳楚柏擧之戰, 子常爲將"이라 함.

【郤宛】郤宛으로도 표기하며 春秋시대 楚나라 대부. 자는 子惡. 左尹을 지냈으며 정직하고 화순하였으나 費無極의 참소에 걸려 억울한 죽임을 당함.

参고 및 관련 자료

1.《左傳》昭公 27年 傳

郤宛直而和, 國人說之. 鄢將師爲右領, 與費無極比而惡之. 令尹子常賄而信讒,無極讒郤宛焉, 謂子常曰:「子惡欲飲子酒.」又謂子惡:「令尹欲飲酒於子氏.」子惡曰:「我, 賤人也, 不足以辱令尹. 令尹將必來辱, 爲惠已甚, 吾無以酬之, 若何?」無極曰:「令尹好甲兵, 子出之, 吾擇焉.」取五甲五兵, 曰:「寘諸門. 令尹至, 必觀之, 而從以酬之.」及饗日, 帷諸門左. 無極謂令尹曰:「吾幾禍子. 子惡將爲子不利, 甲在門矣. 子必無往! 且此役也, 吳可以得志. 子惡取略焉而還; 又誤羣帥, 使退其師, 曰:『乘亂不祥』. 吳乘我喪, 我乘其亂, 不亦可乎?」令尹使視郤氏, 則有甲焉. 不往, 召鄢將師而告. 將師退, 遂令攻郤氏, 且燼之. 子惡聞之, 遂自殺也. 國人弗燼, 令曰:「不燼郤氏, 與之同罪.」或取一編菅焉, 或取一秉秆焉, 國人投之, 遂弗燼也. 令尹炮之, 盡滅郤氏之族·黨, 殺陽令終與其弟完及佗, 與晉陳及其子弟. 晉陳之族呼於國曰:「鄢氏·費氏自以爲王, 專禍楚國, 弱寡王室, 蒙王與令尹以自利也, 令尹盡信之矣, 國將如何?」令尹病之.

2.《吳越春秋》闔閭內傳

六月, 欲用兵, 會楚之白喜來奔. 吳王聞子胥曰:「白喜何如人也?」子胥曰:「白喜者, 楚白州犁之孫. 平王誅州犁, 喜因出奔, 聞臣在吳而來也.」闔閭曰:「州犁何罪?」子胥曰:「白州犁, 楚之左尹, 號曰郤王, 事平王. 平王幸之, 常與盡日而語, 襲朝而食. 費無忌望而妬之, 因謂平王曰:『王愛幸宛, 一國所知, 何不爲酒, 一至宛家, 以示群臣於宛之厚.』平王曰:『善.』乃具酒於郤宛之舍. 無忌教宛曰:『平王甚毅猛而好兵, 子必前陳兵堂下門庭.』宛信其言, 因而爲之. 及平王往而大驚曰:『宛何等也?』無忌曰:『殆且有纂殺之憂, 王急去之, 事未可之.』平王大怒, 遂誅郤宛. 諸侯聞之, 莫不歎息. 喜聞臣在吳, 故來請見之.」闔閭見白喜而聞曰:「寡人國僻遠, 東濱海, 側聞子前人爲楚荊之讒怒, 費無忌之讒口. 不遠吾國, 而來於斯, 將何以敎寡人?」喜曰:「楚國之失虜, 前人無罪, 橫被暴誅. 臣聞大王收伍子胥之窮厄, 不遠千里, 故來歸命, 惟大王賜其死」闔閭傷之, 以爲大夫, 與謨國事.

351(31-33)
서수犀首와 장수張壽

서수犀首와 장수張壽는 서로 원한을 품고 있었으며 진수陳需가 새로 들어오자 그는 서수와 사이가 좋지 않았다. 그래서 진수가 몰래 사람을 시켜 장수를 죽였다.

위왕魏王은 서수가 한 짓이라고 여겨 서수를 처벌하였다.

犀首與張壽爲怨, 陳需新入, 不善犀首, 因使人微殺張壽.
魏王以爲犀首也, 乃誅之.

【犀首】 犀首는 魏나라 관직 이름. 또는 公孫衍의 별호. 그는 처음에는 秦나라에서 大良造라는 벼슬을 하였으나 뒤에 魏나라로 들어가 장수 되어 蘇秦과 함께 合從說을 주장, 秦나라에 맞섬. 魏 惠王 16년(B.C.319)에 魏나라 宰相에 올랐음.《戰國策》및《史記》등을 참조할 것.

【張壽】 魏나라 사람. 원래 뒤에 초나라에 벼슬하기도 하였음. 張旄로도 불림. 犀首와 사이가 나빴으나 도리어 陳壽에게 죽임을 당함.《戰國策》楚策 및 322를 참조할 것.

【陳需】 田需. 田繻로도 표기하며 원래 齊나라 출신으로 한 때 魏나라 상국이 됨.《戰國策》및《史記》등을 참조할 것.

【誅之】 犀首는 이 일로 죽임을 당한 것이 아니므로 '誅'는 '逐'자의 誤記이거나 또는 '문책하다. 처벌하다'의 뜻 정도로 보아야 할 것임.

352(31-34)
중산中山의 천한 공자公子

　중산中山에 천한 공자公子가 있어 그의 말이 아주 마르고 수레가 매우 낡았다.

　임금의 측근 가운데 사사롭게 그와 사이가 좋지 않은 자가 있어 이에 그를 위한답시고 임금에게 이렇게 청하였다.

　"공자가 무척 가난하여 말이 아주 말랐습니다. 임금께서 어찌 말먹이를 더 주시지 않으십니까?"

　임금은 허락하지 않았다.

　임금의 측근 그 자는 그 상황을 이용하여 밤에 몰래 여물 곳간에 불을 지르도록 시켰다.

　임금은 천한 공자가 한 짓이라고 여겨 바로 그를 처벌하였다.

　中山有賤公子, 馬甚瘦, 車甚弊.

　左右有私不善者, 乃爲之請王曰:「公子甚貧, 馬甚瘦, 王何不益之馬食?」

　王不許.

　左右因微令夜燒芻廐.

　王以爲賤公子也, 乃誅之.

【中山】 전국시대 지금의 河北 定縣을 중심으로 있었던 나라. 白狄이 세웠던 나라로 趙나라와 접경을 이루고 있었으며 《戰國策》에 中山策이 있음.
【賤公子】 신분과 지위가 낮은 공자.
【芻廐】 芻는 소나 말을 먹이는 꼴풀. 廐는 원래 마구간이나 여기서는 여물을 간직하는 곳간을 뜻함.

353(31-35)
나이든 유자儒者와 제양군濟陽君

위魏나라에 나이든 유자儒者가 있었는데 제양군濟陽君과 사이가 좋지 않았다.

객 가운데 그 나이든 유자와 사사롭게 원한을 가진 자가 있어 그 기회에 늙은 유자를 공격하여 죽이고는 제양군에게는 덕스럽게 대하면서 이렇게 말하였다.

"저는 그 자가 그대에게 잘 대하지 않는다고 여겼으므로 그대를 위해 그를 죽여버린 것입니다."

제양군은 자세히 알아보지도 않고 그에게 상을 주었다.

魏有老儒而不善濟陽君.

客有與老儒私怨者, 因攻老儒殺之, 以德於濟陽君,
曰:「臣爲其不善君也, 故爲君殺之.」

濟陽君因不察而賞之.

【老儒】 나이든 학자. 儒者는 儒家를 신봉하며 학문을 닦는 선비.
【濟陽君】 濟陽(지금의 河南 南陽縣)에 봉해진 魏나라의 어떤 귀족. 구체적으로는 알 수 없음.
【德】 덕 보이는 척함.
【不察】 王先愼은 "謂不察客固有私怨也"라 함.

354(31-36)
제양군濟陽君의 소서자少庶子

일설에 이렇게 전해지고 있다.

제양군濟陽君의 소서자少庶子 가운데 제대로 인정을 받지 못하자 그에게 들어가 총애를 받고자 하는 자가 있었다.

마침 제齊나라에서 나이든 유자儒者를 보내어 마리산馬梨山에서 약초를 캐도록 와 있던 자가 있었다.

제양군의 소서자가 공을 세우고자 제양군을 만나 이렇게 말하였다.

"제나라에서 늙은 유자를 보내 마리산에서 약초를 캐도록 하였는데 명분은 약초를 캐는 것이지만 실제로는 그대 나라를 엿보기 위한 것입니다. 그대께서 그를 죽이면 그대께서는 앞으로 제나라에게 죄를 짓는 셈이 됩니다. 청컨대 제가 그를 찔러버리겠습니다."

제양군이 말하였다.

"좋다."

이에 이튿날 성 북쪽에서 그를 붙들어 찔러 죽여버리자 제양군은 곧바로 그 때부터 그를 더욱 친히 여기게 되었다.

一曰: 濟陽君有少庶子者, 不見知欲入愛於君者.
齊使老儒掘藥於馬梨之山.

濟陽少庶子欲以爲功, 入見於君曰:「齊使老儒掘藥於馬梨之山, 名掘藥也, 實間君之國. 君殺之, 是將以濟陽君抵罪於齊矣. 臣請刺之.」

君曰:「可.」

於是明日得之城陰而刺之, 濟陽君還益親之.

【一曰】 앞에 제시한 故事나 逸話가 달리 전할 때 韓非는 다음에 같은 내용을 싣되 '一曰'이라 하여 구분하였음.

【濟陽君】 濟陽(지금의 河南 南陽縣)에 봉해진 魏나라의 어떤 귀족. 구체적으로는 알 수 없음.

【少庶子】 관직 이름. 대개 나이 어린 신분으로 귀족의 직속 측근으로 활동함.

【請刺之】 몰래 찔러 죽이는 자객 역할을 시켜 달라고 청함.

【還益親】 그때부터 친근해지기 시작함. '還'은 '旋'자와 같으며 '轉'의 뜻. 상황이나 관계가 변전됨을 뜻함. 따라서 '益'자은 衍文으로 보임. 王先愼은 "「益」字疑衍. 上文「少庶子不見知, 欲入愛於君」, 是濟陽君初不親少庶子也. 刺老儒, 君還親之, 則「親」上不當有「益」字. 還音旋"이라 함.

355(31-37)

진수陳需

전문傳文 제 4조:

진수陳需는 위왕魏王의 신하이면서 초왕楚王과도 사이가 좋아 초왕에게 자신의 위나라를 공격하도록 하였다.

초나라가 위나라를 공격하자 진수는 그 기회를 이용, 위왕에게 자신이 초나라로 가서 해결하겠노라 하였고 초나라 세력을 빌어 위나라 재상이 되었다.

傳四:

陳需, 魏王之臣也, 善於荊王, 而令荊王攻魏.

荊攻魏, 陳需因請爲魏王行解之, 因以荊勢相魏.

【傳四】經文 제 4조에 대한 해설로 355~362까지 모두 8장이 들어 있음.

【陳需】田需. 田繻로도 표기하며 원래 齊나라 출신으로 한 때 魏나라 상국이 됨.
《戰國策》및《史記》등을 참조할 것.

【解之】화해함. 講和를 주선함. '解'는 '和'자와 같음. 흔히 '搆'자로도 표현함.
王先愼은 "解, 和也. 本書多用「搆」字"라 함.

356(31-38)
기장 씨앗값

한韓 소후昭侯 때 기장의 씨앗값이 심하게 올라 양이 아주 적었다.

소후가 사람을 시켜 창고를 점검해 보도록 하였더니 창고 관리가 과연 기장 씨앗을 훔쳐내어 팔아먹은 양이 아주 많았다.

韓昭侯之時, 黍種常貴黚有.
昭侯令人覆廩, 廩吏果竊黍種而糶之甚多.

【韓昭侯】 전국시대 韓나라 군주. B.C.362~B.C.333년까지 30년간 재위함. 申不
　害를 재상을 삼아 法家의 法術로써 나라를 잘 다스렸음.
【黍種】 黍는 黍粟. 기장의 일종. 좋은 씨앗. 종자.
【黚】 '선'으로 읽으며 '鮮'과 같음. 씨앗이 너무 적어 민간에서는 구할 수가 없음.
【覆】 '覈'과 같음. '考覈'함. 점검함. 검사함.
【糶之】 糶는 糴의 상대되는 말로 곡식 등을 팔거나 대여해 줌. '粜'로도 표기함.

◖ 참고 및 관련 자료 ◗

1.《藝文類聚》(85)
《韓子》曰: 韓昭侯之時, 黍種嘗貴, 黚有. 昭侯令人覆廩. 廩吏果竊黍種而糶之.

357(31-39)
지붕에 불을 지른 자

소해휼^{昭奚恤}이 초^楚의 정사를 맡았을 때 곳간 지붕에 불을 지른 자가 있었으나 범인을 알 수 없었다.

소해휼이 관리로 하여금 이엉 파는 자를 붙잡아 신문하였더니 과연 그가 불을 지른 것이었다.

昭奚恤之用荊也, 有燒倉廥窌者而不知其人.

昭奚恤令吏執販茅者而問之, 果燒也.

【昭奚恤】 楚나라 宣王 때의 令尹. 昭獻.《史記》에는 '昭魚'로 되어 있으며 昭는 성, 奚恤은 이름. '狐假虎威'의 고사를 남긴 인물.《戰國策》楚策을 참조할 것.

【倉廥窌】 倉은 곡물 창고. 廥는 여물 곳간. 窌는 窖와 같음. 여기서는 움집의 덮개를 가리킴.《荀子》注에 "窌, 窖也. 地藏曰窖"라 함.

【販茅者】 지붕을 이는 이엉, 즉 이엉을 파는 장사꾼. 자신의 이엉을 많이 팔기 위해 고의로 放火를 한 것.

358(31-40)
익히지 않은 간

소희후昭僖侯 때 재인宰人이 밥상을 올렸는데 국물 속에 익히지 않은 간이 들어 있는 것이었다.

소후가 재인의 아랫사람을 불러 이렇게 꾸짖었다.

"너는 어찌하여 과인의 국물 속에 익히지 않은 간을 넣어두었느냐?"

재인은 머리를 조아리며 죽을죄를 졌다고 이렇게 자복하였다.

"남이 모르게 주방의 상재인尙宰人을 없애버리고 싶어서 이런 짓을 하였습니다."

昭僖侯之時, 宰人上食而羹中有生肝焉.

昭侯召宰人之次而誚之曰:「若何爲置生肝寡人羹中?」

宰人頓首服死罪, 曰:「竊欲去尙宰人也.」

【昭僖侯】韓나라 昭侯. 전국시대 韓나라 군주. B.C.362~B.C.333년까지 30년간 재위함. 申不害를 재상을 삼아 法家의 法術로써 나라를 잘 다스렸음.《戰國策》, 《呂氏春秋》등에는 '昭釐侯'로 표기하였음.

【宰人】廚房의 膳食을 담당하는 자.

【頓首】머리가 땅에 닿도록 허리를 굽혀 꾸벅거림.
【尙宰人】주방의 우두머리. '尙'은 '궁중 음식을 담당한 주방의 長, 掌, 典'과 같음.

참고 및 관련 자료

1. 《意林》(1)

僖侯時, 宰人上食, 羹中有生肝, 乃問之. 宰人曰:「當是人置之, 欲去宰, 自處也」

359(31-41)
욕조 속의 자갈

일설에는 이렇게 전하고 있다.

희후僖侯가 목욕을 하러 들어갔더니 탕 속에 자갈이 들어 있었다.

희후가 말하였다.

"탕 관리자를 면직시키면 그 뒤를 이을 자가 있는가?"

좌우 측근이 대답하였다.

"있습니다."

희후가 말하였다.

"불러오도록 하라."

그리고는 그를 이렇게 꾸짖었다.

"어찌 탕 속에 자갈을 넣었느냐?"

그가 대답하였다.

"탕 관리자가 면직되면 제가 그 자리를 대신 차지할 수 있습니다. 그 때문에 탕 속에 자갈을 넣은 것입니다."

一曰: 僖侯浴, 湯中有礫.

僖侯曰:「尚浴免, 則有當代者乎?」

左右對曰:「有.」

僖侯曰:「召而來.」

譙之曰:「何爲置礫湯中?」

對曰:「尙浴免, 則臣得代之, 是以置礫湯中.」

【一曰】앞에 제시한 故事나 逸話가 달리 전할 때 韓非는 다음에 같은 내용을 실되 '一曰'이라 하여 구분하였음.

【礫】자갈, 조약돌.

【尙浴】목욕탕을 관리하는 담당 책임자.

【當代者】일을 대신하여 뒤를 이를 사람.

【譙之】잘못을 말로 꾸짖음. 譙는 誚자로 통함.

> 참고 및 관련 자료

1.《意林》(1)

後僖侯將浴, 湯中有礫. 僖侯曰:「有人欲代湯者.」

360(31-42)
머리카락이 얽힌 불고기

문공文公 때 주방장이 불고기를 올렸는데 고기에 머리카락이 얽혀 있는 것이었다.

문공이 주방장을 불러 이렇게 꾸짖었다.

"너는 내 목을 막히게 하려는가? 어찌하여 불고기를 머리카락으로 얽었는가?"

주방장이 머리를 조아리며 재배하면서 이렇게 청하였다.

"저의 죽을죄는 세 가지입니다. 숫돌을 가져다가 칼을 갈아 날카롭기가 마치 간장干將과 같도록 하여 고기를 썰어 고기는 잘렸건만 머리카락은 잘리지 않았습니다. 이것이 저의 첫 번째 죄입니다. 나무 꼬치를 가져다가 고기를 꿰었습니다만 머리카락은 보이지 않았습니다. 이것이 저의 두 번째 죄입니다. 화로를 들어다가 숯불을 피워 고기를 모두 붉게 구웠으나 고기는 익었는데 머리카락이 타지 않았습니다. 이것이 저의 세 번째 죄입니다. 당堂 아래에 저를 미워하는 자가 있었던 것은 아닐는지요?"

문공이 말하였다.

"좋다."

이에 그 아래 사람들을 불러 꾸짖었더니 과연 그대로였다. 이에 그 자를 바로 처벌하였다.

文公之時, 宰臣上炙而髮繞之.

文公召宰人而譙之曰:「女欲寡人之哽邪, 奚爲以髮繞炙?」

宰人頓首再拜請曰:「臣有死罪三: 援礪砥刀, 利猶干將也, 切肉肉斷而髮不斷, 臣之罪一也; 援錐貫臠而不見髮, 臣之罪二也; 奉熾爐炭, 肉盡赤紅, 而炙熟而髮不焦, 臣之罪三也. 堂下得微有疾臣者手?」

公曰:「善.」

乃召其下而譙之, 果然, 乃誅之.

【文公】晉 文公. 重耳. 獻公의 둘째 아들. 驪姬의 핍박으로 19년간 해외 망명을 거쳐 귀국, 왕위에 오름. 뒤에 齊 桓公에 이어 春秋五霸의 지위에 오름. B.C.636~B.C.628년까지 9년간 재위함.《史記》晉世家에 "重耳母, 翟之狐女也; 夷吾母, 重耳母女弟也. …自獻公爲太子時, 重耳固以成人矣"라 하였고,《國語》는 重耳의 망명 생활에 대하여 매우 많은 양을 자세히 싣고 있으며 晉語(4)에는 "狐氏出自唐叔. 狐姬, 伯行之子也, 實生重耳"라 함.《左傳》,《國語》,《史記》등을 참조할 것.

【援礪砥刀】'援'은 '引'과 같음.

【肉斷而髮不斷】고기가 잘리면서 머리카락이 잘리지 않았다는 것은 있을 수 없는 일임을 암시한 것.

【干將】鎮鋣와 함께 일컬어지는 吳나라 유명한 刀工이 만든 칼 이름. 천하 명검이며 잘 드는 칼로 널리 일컬어짐.

【微有疾臣】남이 모르게 저를 질투할 수 있음. '微'는 '未', '無'자와 같음. 雙聲互訓. '疾'은 '嫉'과 같음.

참고 및 관련 자료

1.《藝文類聚》(17) 人部 髮

《韓子》曰: 文公之時, 宰人上炙而髮繞之. 文公召宰人而誚之. 宰人曰:「臣有死罪三: 援礪砥刀, 利猶干將, 切肉斷而髮不絕, 臣之罪一也; 援錐貫臠, 而不見髮, 臣之罪二也; 奉炙鑪炭, 肉盡赤紅, 炙熟而髮不焦, 臣之罪三也. 堂下得微有嫉臣者乎?」公乃召其下而誚之, 果然. 乃誅之.

2.《意林》(1)

文公之時, 宰臣上炙而有髮繞之. 文公召宰人曰:「汝使吾哽乎?」宰人頓首曰:「臣有三罪: 刀利如干將, 切肉而髮不斷, 臣罪一也; 援錐貫臠而不見髮, 臣罪二也; 熾爐炮肉盡赤, 而髮尚繞, 臣罪三也. 有人欲代臣也.」

3.《淵鑑類函》을 볼 것.

361(31-43)
미워하는 자의 소행

일설에는 이렇게 전하고 있다.

진晉 평공平公이 손님을 맞아 술자리를 베풀었을 때 소서자少庶子가 불고기를 올렸는데 거기에 머리카락이 얽혀 있었다.

평공이 주방장을 빨리 죽이도록 하면서 자신의 명령을 어기지 못하도록 하였다.

주방장이 하늘을 향해 울부짖으며 말하였다.

"아! 저는 세 가지 죽을죄를 지었습니다. 그러나 저는 죽으면서도 그 사실은 알지 못하겠군요!"

평공이 말하였다.

"무엇을 이르는 것이냐?"

그가 대답하였다.

"저의 칼의 날카로움은 풍미할 만하였건만 뼈는 잘라도 머리카락은 자르지 못하였습니다. 이것이 저의 첫 번째 죽을죄입니다. 뽕나무 숯으로 구웠습니다만 고기가 붉고 희게 구워지도록 머리카락은 불에 타지 않았다는군요. 이것이 저의 두 번째 죽을죄입니다. 불고기가 다 익도록 다시 눈을 집중시켜 살펴보았건만 머리카락이 불고기에 얽혀 있는 것이 저의 눈에는 보이지 않았습니다. 이것이 저의 세 번째 죽을죄입니다. 생각건대 당 아래에 몰래 숨어서 저를 미워하는 사람이 있었던가요? 저를 죽이는 것은 너무 이르지 않을까요?"

一曰: 晉平公觴客, 少庶子進炙而髮繞之.

平公趣殺炮人, 毋有反令.

炮人呼天曰:「嗟乎! 臣有三罪, 死而不自知乎!」

平公曰:「何謂也?」

對曰:「臣刀之利, 風靡骨斷而髮不斷, 是臣之一死也; 桑炭炙之, 肉紅白而髮不焦, 是臣之二死也; 炙熟, 又重睫而視之, 髮繞炙而目不見, 是臣之三死也. 意者堂下其有翳憎臣者乎? 殺臣不亦蚤乎?」

【一曰】 앞에 제시한 故事나 逸話가 달리 전할 때 韓非는 다음과 같은 내용을 싣되 '一曰'이라 하여 구분하였음.

【平公】 晉 平公. 이름은 彪. 平公은 師曠과 叔向이 많은 보필을 받았음. 悼公(周)을 이어 B.C.577~B.C.532년까지 26년간 재위하였으며 그 뒤를 昭公(夷)이 이음.

【趣殺炮人】 '炮人'은 '宰人'과 같음.

【風靡】 풀이 바람에 쓰러지듯이 칼이 잘 듦.

【桑炭】 뽕나무 숯.

【紅白】 고기가 잘 구워진 상태를 가리킴.

【重睫】 속눈썹이 겹치도록 가늘게 눈을 뜨고 凝視함.

【意者】 의문을 표시함. '意'는 '抑'과 같음.

【翳憎】 남이 알지 못하게 미워함. '翳'는 '陰', '隱'과 같음.

【蚤】 '早'의 假借字. 그러나 《太平御覽》에는 '枉'자로 되어 있음.

⬭ 참고 및 관련 자료

1. 《太平御覽》(863)을 볼 것.

362(31-44)
동제東帝와 서제西帝

양후穰侯가 진秦나라 재상이 되자 제齊나라가 강해졌다.

양후는 진왕을 내세워 제帝로 삼고 싶어 하였으나 제나라가 듣지 않자 이에 제나라를 내세워 동제東帝로 삼자고 청하였지만 일을 성사시킬 수 없었다.

穰侯相秦而齊强.

穰侯欲立秦爲帝而齊不聽, 因請立齊爲東帝, 而不能成也.

【穰侯】魏冉. 穰侯 楚나라 출신으로 秦 昭襄王의 어머니 宣太后의 배다른 아우. 여러 차례 진나라 재상을 지냈으나 昭襄王 41년(B.C.266) 范雎를 등용하면서 재상자리에서 추방당함. 穰(지금의 河南 鄧縣, 또는 定陶縣) 땅을 封地로 받아 穰侯라 칭함.《史記》에 전이 있음.

【東帝】秦 昭襄王이 西帝라 칭하고 齊 湣王을 東帝라 칭하였으나 두 달도 되지 않아 이를 철회함.《史記》年表에 "秦昭十九年十月與齊閔王稱帝, 十二月復改稱王"이라 하였고 이 사건은《戰國策》에도 실려 있음.

1. 《戰國策》齊策(4)

蘇秦自燕之齊, 見於華章南門. 齊王曰:「嘻! 子之來也. 秦使魏冉致帝, 子以爲何如?」對曰:「王之問臣也卒, 而患之所從生者微. 今不聽, 是恨秦也; 聽之, 是恨天下也. 不如聽之以卒秦, 勿庸稱也以爲天下. 秦稱之, 天下聽之, 王亦稱之, 先後之事, 帝名爲無傷也; 秦稱之, 而天下不聽, 王因勿稱, 其於以收天下, 此大資也.」蘇秦謂齊王曰:「齊·秦立爲兩帝, 王以天下爲尊秦乎? 且尊齊乎?」王曰:「尊秦」「釋帝則天下愛齊乎? 且愛秦乎?」王曰:「愛齊而憎秦」「兩帝立, 約伐趙, 孰與伐宋之利也?」(王曰:「不如伐宋.」) 對曰:「夫約, 然與秦爲帝, 而天下獨尊秦而輕齊; 齊釋帝, 則天下愛齊而憎秦; 伐趙不如伐宋之利. 故臣願王明釋帝, 以就天下; 倍約儐秦, 勿使爭重; 而王以其間擧宋. 夫有宋則衛之陽城危; 有淮北則楚之東國危; 有濟西則趙之河東危; 有陰·平陸則梁門不啓. 故釋帝而貳之以伐宋之事, 則國重而名尊, 燕·楚以形服, 天下不敢不聽, 此湯·武之擧也. 敬秦以爲名, 而後使天下憎之, 此所謂以卑易尊者也. 願王之熟慮之也!」

2. 《史記》田敬仲完世家

三十六年, 王爲東帝, 秦昭王爲西帝. 蘇代自燕來, 入齊, 見於章華東門. 齊王曰:「嘻, 善, 子來! 秦使魏冉致帝, 子以爲何如?」對曰:「王之問臣也卒, 而患之所從來微, 願王受之而勿備稱也. 秦稱之, 天下安之, 王乃稱之, 無後也. 且讓爭帝名, 無傷也. 秦稱之, 天下惡之, 王因勿稱, 以收天下, 此大資也.」

3. 《史記》魏世家

昭王元年, 秦拔我襄城. 二年, 與秦戰, 我不利. 三年, 佐韓攻秦, 秦將白起敗我軍伊闕二十四萬. 六年, 予秦河東地方四百里. 芒卯以詐重. 七年, 秦拔我城大小六十一. 八年, 秦昭王爲西帝, 齊湣王爲東帝, 月餘, 皆復稱王歸帝. 九年, 秦拔我新垣·曲陽之城.

363(31-45)
여희驪姬

전문傳文 제 5조:

진晉 헌공獻公 때 여희驪姬가 총애를 받아 정부인과 비길 정도가 되자 자신의 아들 해제奚齊로써 태자 신생申生을 대신하여 세우려 하였다.

이에 헌공에게 신생을 모함하여 죽이도록 하고 마침내 해제를 내세워 태자로 삼았다.

傳五:

晉獻公之時, 驪姬貴, 擬於後妻, 而欲以其子奚齊代太子申生.

因患申生於君而殺之, 遂立奚齊爲太子.

【傳五】經文 제 5조에 대한 해설로 363~373까지 모두 11장이 들어 있음.

【晉獻公】춘추시대 晉나라 군주. 武公의 아들이며 獻公(詭諸)과 文公(중이), 태자 申生의 아버지. 晉나라 군주. B.C.676~B.C.651년까지 26년간 재위함. 17國을 병탄하고 38國을 복종시켰으며 12번 승리를 거두었다 하였음. 그러나 驪姬의 난으로 重耳(文公)가 망명에 오르는 등 혼란을 조성함.

【驪姬】驪戎 출신의 여자로 獻公의 총애를 받음. 뒷날 晉나라의 國基를 흔든 여자. 驪姬의 난을 일으켜 태자 申生을 모함하여 죽이고 자신의 소생 奚齊를 태자로 세웠으며 公子들을 축출함.《國語》,《左傳》,《史記》등에 자세히 실려 있음.

【奚齊】驪姬와 獻公 사이에 난 아들. 어머니의 奸計로 태자 申生이 죽고 자신이 태자에 올랐으나 뒤에 里克에게 살해됨.

【申生】獻公의 아들이며 重耳의 형. 그 무렵 晉나라 태자였음. 驪姬에게 핍박을 받아 자결함.《左傳》僖公 5년에 "晉侯殺其世子申生"이라 함.

364(31-46)
부인에게 독살 당한 정鄭 도공悼公

정군鄭君은 이미 태자를 세웠으나 총애하는 미녀가 있어 그에게서 난 아들을 후계로 삼으려 하자 부인이 두려워하며 이에 독약을 써서 임금을 비참하게 죽였다.

鄭君已立太子矣, 而有所愛美女欲以其子爲後, 夫人恐,
因用毒藥賊君殺之.

【鄭君】 춘추시대 정나라 군주. 鄭悼公을 가리킴. 이름은 費. 襄公(堅)의 아들이며
成公(睔)의 아버지. B.C.586~B.C.585년까지 2년간 재위함. 그러나 《左傳》에는
이 기록이 실려 있지 않고 成公 6년에 "鄭悼公卒"로만 되어 있음.
【賊君】 군주를 해침. 상해를 입혀 참혹하게 만듦. '賊'은 《戰國策》 西周策 鮑彪
注에 "殺人不以道曰賊"이라 함.

365(31-47)
임금을 시해한 주우州吁

위衛나라 주우州吁는 위나라에서 권세가 중하여 임금과 맞먹을 정도여서
신하들과 백성들이 모두 그 권세의 중함을 두려워하였다.
주우는 과연 그 임금을 죽이고 정권을 빼앗았다.

衛州吁重於衛, 擬於君, 群臣百姓盡畏其勢重.
州吁果殺其君而奪之政.

【州吁】衛나라 公子. 衛 莊公과 嬖人 사이에 난 아들. 衛 桓公의 배다른 아우.
  桓公(完)을 죽이고 자립하였으나 곧 이어 살해됨.
【君】衛 桓公을 가리킴. 이름은 完. 衛 莊公의 아들. B.C.734~B.C.719년까지
  16년간 재위하고 州吁에게 시살됨.

참고 및 관련 자료

1.《左傳》隱公 3年 傳
衛莊公娶于齊東宮得臣之妹, 曰莊姜, 美而無子, 衛人所爲賦〈碩人〉也. 又娶
于陳, 曰厲嬀, 生孝伯, 早死. 其娣戴嬀, 生桓公, 莊姜以爲己子. 公子州吁, 嬖人

之子也. 有寵而好兵, 公弗禁. 莊姜惡之. 石碏諫曰:「臣聞愛子, 教之以義方, 弗納於邪. 驕·奢·淫·泆, 所自邪也. 四者之來, 寵祿過也. 將立州吁, 乃定之矣; 若猶未也, 階之爲禍. 夫寵而不驕, 驕而能降, 降而不憾, 憾而能眕者, 鮮矣. 且夫賤妨貴, 少陵長, 遠間親, 新間舊, 小加大, 淫破義, 所謂六逆也; 君義, 臣行, 父慈, 子孝, 兄愛, 弟敬, 所謂六順也. 去順效逆, 所以速禍也. 君人者, 將禍是務去, 而速之, 無乃不可乎?」弗聽. 其子厚與州吁游, 禁之, 不可. 桓公立, 乃老.

2. 《左傳》隱公 4年 經

戊申, 衛州吁弒其君完. 九月, 衛人殺州吁于濮.

3. 《史記》衛世家

十三年, 鄭伯弟段攻其兄, 不勝, 亡, 而州吁求與之友. 十六年, 州吁收聚衛亡人, 以襲弒桓公, 州吁自立爲衛君.

366(31-48)
전국 말의 동주東周

공자公子 조朝는 주周나라 태자였으나 그 아우 공자 근根이 임금에게 심히 총애를 받았다.

임금이 죽자 그는 드디어 동주東周라 칭하며 반기를 들고 나라를 둘로 나누었다.

公子朝, 周太子也, 弟公子根甚有寵於君.
君死, 遂以東周叛, 分爲兩國.

【公子朝】 이름은 班. 〈難三〉에는 '公子宰'로 되어 있음. 周 威公의 長子. 惠公.
【公子根】 公子 朝의 아우.
【周】 여기서의 周나라는 정통 東周가 아님. 周 考王(B.C.440~B.C.426년 재위)이 분봉한 나라의 작은 제후국을 가리킴. 西周 桓公(考王의 아우 揭)이 河南(지금의 洛陽 서쪽)에 봉을 받았으나 B.C.367년 다시 東周와 西周로 나뉨. 뒤에 秦나라에 등을 돌렸다가 秦나라 공격을 받자 西周 武公은 36개 읍을 바치는 조건으로 진나라로 항복하였고, 東周는 B.C.249년 秦나라에 의해 멸망하고 말았음. 《戰國策》의 東周와 西周가 이에 해당함.

1. 《**史記**》周本紀

威公卒, 子惠公代立, 乃封其少子於鞏以奉王, 號東周惠公.

367(31-49)
성왕成王을 시해한 상신商臣

초楚의 성왕成王이 상신商臣을 태자로 삼아놓고 얼마 뒤 다시 공자 직職을
태자로 세우고자 하였다.

상신이 난을 일으켜 마침내 성왕을 죽이고 말았다.

楚成王商臣爲太子, 旣而又欲置公子職.

商臣作亂, 遂攻殺成王.

【成王】 이름은 '頵'. B.C.671~B.C.626년까지 46년간 재위함.

【商臣】 楚나라 태자 이름. 成王의 아들. 楚 成王이 商臣을 태자로 삼고자 할 때
子上이 극력 반대하여 子上을 참훼하여 죽이고 뒤에 成王(頵)을 시해함. 왕위에
올라 穆王이 되어 B.C.625~B.C.614까지 12년간 재위하고 莊王(侶)이 그 뒤를
이음. 文公 元年의 傳文을 볼 것.

【公子職】 子職. 楚 成王의 다른 아들이며 商臣의 庶弟.

> 참고 및 관련 자료

1. 《左傳》 文公 元年

經: 冬十月丁未, 楚世子商臣弑其君頵.

368(31-50)
상신商臣과 반숭潘崇

일설에는 이렇게 전하고 있다.

초楚 성왕成王이 상신商臣을 태자로 삼았으나, 그러고 나서 아들 공자 직職을 세우려고 하였다.

상신이 이를 들었으나 아직 알아보지 않은 채 우선 스승 반숭潘崇에게 이렇게 여쭈었다.

"어떻게 하면 사실을 알아볼 수 있을까요?"

반숭이 말하였다.

"강미江羋를 초대하되 그를 공경하지 않는 태도를 보이십시오."

태자가 그의 말대로 하였다.

그러자 강미가 이렇게 말하였다.

"아, 비열한 놈! 임금께서 너 같은 자를 폐하고 직을 세우고자 하심이 마땅하도다."

상신이 말하였다.

"정말 그렇구나."

반숭이 말하였다.

"임금을 계속 섬길 수 있겠습니까?"

상신이 말하였다.

"그럴 수 없습니다."

"다른 제후들에게 가버릴 수 있겠습니까?"

상신이 말하였다.

"그렇게 할 수도 없습니다."

"능히 큰 일을 벌일 수 있겠습니까?"

"상신이 말하였다.

"할 수 있습니다."

이에 곧바로 숙영宿營의 병사들을 일으켜 성왕을 공격하였다.

성왕은 곰발바닥 고기를 먹고 나서 죽게 해달라고 청하였으나 허락하지 않자 스스로 목숨을 끊고 말았다.

一曰: 楚成王以商臣爲太子, 旣欲置公子職.

商臣聞之, 未察也, 乃爲其傅潘崇曰:「奈何察之也?」

潘崇曰:「饗江芊而勿敬也.」

太子聽之.

江芊曰:「呼, 役夫! 宜君王之欲廢女而立職也.」

商臣曰:「信矣.」

潘崇曰:「能事之乎?」

曰:「不能.」

「能爲之諸侯乎?」

曰:「不能.」

「能擧大事乎?」

曰:「能.」

於是乃起宿營之甲而攻成王.

成王請食熊膰而死, 不許, 遂自殺.

【一曰】앞에 제시한 故事나 逸話가 달리 전할 때 韓非는 다음에 같은 내용을 싣되 '一曰'이라 하여 구분하였음.

【職】子職. 楚 成王의 다른 아들이며 商臣의 庶弟.

【潘崇】楚나라 大夫이며 商臣(穆王)의 스승.

【江芈】〈乾道本〉에는 '江芊'으로 되어 있으나 '芈'자가 '芊'자와 비슷하여 잘못 기록된 것임. 楚 成王의 누이동생. 商臣의 고모. 江나라 군주에게 시집을 갔으며 '芈'는 楚나라 여자들 성씨. 그 때문에 강미라 부름.《左傳》杜預 注에 "江芈, 成王妹, 稼於江"이라 하였으나《史記》楚世家에는 "饗王之寵姬江芈而勿敬也" 라 하여 성왕의 총희라 하였음. 그러나 江나라는 嬴姓이므로 江芈가 성왕의 총희였다면 그를 '江嬴'으로 불러야 함.

【役夫】'천한 사나이'라는 뜻. 사람을 매도하는 욕.《管子》輕重己篇에 "處里爲 下陳, 處師爲下通, 謂之役夫"라 함.

【大事】임금을 시해하는 큰 일.

【宿營】《左傳》에는 '宮甲'으로 되어 있으며 '宮甲'은 태자궁의 甲士. 군사. 杜預 注에 "太子宮甲, 僖二十八年王以東宮卒從子玉, 蓋取此宮甲"이라 함.

【食熊膰而死】'熊膰'은 '熊蹯'과 같으며 '熊掌'이라고도 함. 곰 발바닥 요리를 먹고 죽었으면 하고 소원을 말한 것.《孟子》告子(上)에 "魚, 我所欲也; 熊掌, 亦我所欲也, 二者不可得兼, 舍魚而取熊掌者也"라 하였고,《本草綱目》에「熊冬 月蟄時不食, 餓則舐其掌, 故其美在掌」라 함. 한편 成王이 이를 요구한 것은 곰 발바닥 요리는 훌륭한 별미지만 삶는 시간이 길어 그 시간을 이용하여 구원을 기다리려 한 것이었음.《左傳》杜預 注에 "熊蹯難熟, 望久將爲有外救"라 함.

참고 및 관련 자료

1.《左傳》文公 元年 傳

初, 楚子將以商臣爲大子, 訪諸令尹子上. 子上曰:「君之齒未也. 而又多愛, 黜乃 亂也. 楚國之舉, 恒在少者. 且是人也, 蠭目而豺聲, 忍人也, 不可立也.」弗聽. 旣, 又欲立王子職, 而黜大子商臣. 商臣聞之而未察, 告其師潘崇曰:「若之何 而察之?」潘崇曰:「享江芈而勿敬也.」從之. 江芈怒曰:「呼! 役夫! 宜君王之 欲殺女而立職也.」告潘崇曰:「信矣.」潘崇曰:「能事諸乎?」曰:「不能.」「能 行乎?」曰:「不能.」「能行大事乎?」曰:「能.」冬十月, 以宮甲圍成王. 王請食熊蹯而死. 弗聽. 丁未, 王縊. 諡之曰「靈」, 不瞑; 曰「成」, 乃瞑. 穆王立, 以其爲大子之室與潘崇, 使爲大師, 且掌環列之尹.

2.《列女傳》節義傳 楚成鄭瞀

處期年, 王將立公子商臣以爲太子, 王問之於令尹子上, 子上曰:「君之齒未也, 而又多寵. 子旣置而黜之, 必爲亂矣. 且其人蜂目而豺聲, 忍人也, 不可立也.」王退而問於夫人, 子瞀曰:「令尹之言, 信可從也.」王不聽, 遂立之. 其後商臣以子上救蔡之事, 譖子上而殺之. 子瞀謂其保曰:「吾聞婦人之事, 在於饋食之間而已. 雖然, 心之所見, 吾不能藏. 夫昔者子上言太子之不可立也, 太子怨之, 譖而殺之, 王不明察, 遂辜無罪. 是白黑顚倒, 上下錯謬也. 王多寵, 子皆欲得國, 太子貪忍, 恐失其所; 王又不明, 無以照之. 庶嫡分爭, 禍必興焉.」後王又欲立公子職. 職, 商臣庶弟也.

3.《史記》楚世家

四十六年, 初, 成王將以商臣爲太子, 語令尹子上. 子上曰:「君之齒未也, 而又多內寵, 絀乃亂也. 楚國之擧常在少者. 且商臣蜂目而豺聲, 忍人也, 不可立也.」王不聽, 立之. 後又欲立子職而絀太子商臣. 商臣聞而未審也, 告其傅潘崇曰:「何以得其實?」崇曰:「饗王之寵姬江羋而勿敬也.」商臣從之. 江羋怒曰:「宜乎王之欲殺若而立職也.」商臣告潘崇曰:「信矣.」崇曰:「能事之乎?」曰:「不能.」「能亡去乎?」曰:「不能.」「能行大事乎?」曰:「能.」冬十月, 商臣以宮衛兵圍成王. 成王請食熊蹯而死, 不聽. 丁未, 成王自絞殺. 商臣代立, 是爲穆王.

369(31-51)
한괴韓傀와 엄수嚴遂

한괴韓傀는 한韓 애후哀侯의 재상이었을 때 엄수嚴遂도 임금에게 신임을
받고 있었으며 두 사람은 서로를 아주 미워하였다.

엄수가 이에 사람을 시켜 조정에서 한괴를 찔러 죽이게 하자 한괴는
달아나 임금을 껴안는 바람에 그만 한괴를 찌르고 애후까지 함께 찔렀다.

韓傀相韓哀侯, 嚴遂重於君, 二人甚相害也.

嚴遂乃令人刺韓傀於朝, 韓傀走君而抱之, 遂刺韓傀
而兼哀侯.

【韓傀】 자는 俠累. '傀'는 '괴'로 읽음. 《戰國策》과 〈說林上〉에는 '韓傀'로 되어
있으며 같은 사람에 대한 표기가 일정치 않음. 戰國시대 韓나라 재상. 哀侯의
숙부. 刺客 聶政에게 살해당함.

【哀侯】 韓나라 임금. 그러나 《史記》 韓世家에는 '烈侯'로, 《世本》에는 '武侯'로,
《戰國策》 등에는 哀侯로, 저마다 다름. 集解에는 "各不同, 事在三年, 與世家之
哀侯非一人也"라 함.

【嚴遂】 嚴仲子. 衛나라 濮陽 사람으로 한나라에 벼슬하고 있었으며 韓傀와 원한
관계를 가지고 있었음.

【令人】 사람을 시켜 그를 죽이게 함. 구체적으로는 聶政을 가리킴.

1.《戰國策》韓策(2)

韓傀相韓(韓相俠累), 嚴遂重於君, 二人相害也. 嚴遂政議直指, 擧韓傀之過.
韓傀以之叱之於朝. 嚴遂拔劍趨之, 以救解. 於是嚴遂懼誅, 亡去游, 求人可以
報韓傀者. 至齊, 齊人或言:「軹深井里聶政, 勇敢士也, 避仇隱於屠者之間.」
嚴遂陰交於聶政, 以意厚之. 聶政問曰:「子欲安用我乎?」嚴遂曰:「吾得爲役
之日淺, 事今薄, 奚敢有請?」於是嚴遂乃具酒, 觴聶政母前, 仲子奉黃金百鎰,
前爲聶政母壽. 聶政驚, 愈怪其厚, 固謝嚴仲子. 仲子固進, 而聶政謝曰:「臣有
老母, 家貧, 客游以爲狗屠, 可旦夕得甘脆以養親. 親供養備, 義不敢當仲子之賜.」
嚴仲子辟人, 因爲聶政語曰:「臣有仇, 而行游諸侯衆矣. 然至齊, 聞足下義甚高.
故直進百金者, 特以爲夫人麤糲之費, 以交足下之驩, 豈敢以有求邪?」聶政曰:
「臣所以降志辱身, 居市井(屠)者, 徒幸而養老母. 老母在, 政身未敢以許人也.」
嚴仲子固讓, 聶政竟不肯受. 然仲子卒備賓主之禮而去. 久之, 聶政母死, 旣葬,
除服. 聶政曰:「嗟乎! 政乃市井之人, 鼓刀以屠, 而嚴仲子乃諸侯之卿相也, 不遠
千里, 枉車騎而交臣, 臣之所以待之至淺鮮矣, 未有大功可以稱者, 而嚴仲子擧
百金爲親壽, 我雖不受, 然是深知政也. 夫賢者以感忿睚眦之意, 而親信窮僻之人,
而政獨安可嘿然而止乎? 且前日要政, 政徒以老母. 老母今以天年終, 政將爲
知己者用.」遂西至濮陽, 見嚴仲子曰:「前所以不許仲子者, 徒以親在. 今親不幸,
仲子所欲報仇者爲誰?」嚴仲子具告曰:「臣之仇韓相傀. 傀又韓君之季父也,
宗族盛, 兵衛設, 臣使人刺之, 終莫能就. 今足下幸而不棄, 請益具車騎壯士,
以爲羽翼.」政曰:「韓與衛, 中間不遠, 今殺人之相, 相又國君之親, 此其勢不可
以多人. 多人不能無生得失, 生得失則語泄, 語泄則韓擧國而與仲者爲讎也, 豈不
殆哉!」遂謝車騎人徒, 辭, 獨行仗劍至韓. 韓適有東孟之會, 韓王及相皆在焉,
持兵戟而衛者甚衆. 聶政直入, 上階刺韓傀. 韓傀走而抱哀侯, 聶政刺之, 兼中
哀侯, 左右大亂. 聶政大呼, 所殺者數十人. 因自皮面抉眼, 自屠出腸, 遂以死.
韓取聶政屍(暴)於市, 縣購之千金. 久之莫知誰子. 政姊聞之, 曰:「弟至賢, 不可
愛妾之軀, 滅吾弟之名, 非弟意也.」乃之韓. 視之曰:「勇哉! 氣矜之隆. 是其軼賁·
育而高成荊矣. 令死而無名, 父母旣歿矣, 兄弟無有, 此爲我故也. 夫愛身不揚
弟之名, 吾不忍也.」乃抱屍而器之曰:「此吾弟軹深井里聶政也.」亦自殺於屍下.
晉·楚·齊·衛聞之曰:「非獨政之能, 乃其姊者, 亦列女也.」聶政之所以名施於
後世者, 其姊不避菹醢之誅, 以揚其名也.

2. 《史記》刺客列傳

聶政者, 軹深井里人也. 殺人避仇, 與母·姊如齊, 以屠爲事. 久之, 濮陽嚴仲子
事韓哀侯, 與韓相俠累有卻. 嚴仲子恐誅, 亡去, 游求人可以報俠累者. 至齊,
齊人或言聶政勇敢士也, 避仇隱於屠者之閒. 嚴仲子至門請, 數反, 然後具酒自
暢聶政母前. 酒酣, 嚴仲子奉黃金百溢, 前爲聶政母壽. 聶政驚怪其厚, 固謝嚴
仲子. 嚴仲子固進, 而聶政謝曰:「臣幸有老母, 家貧, 客游以爲狗屠, 可以旦夕得
甘毳以養親. 親供養備, 不敢當仲子之賜.」嚴仲子辟人, 因爲聶政言曰:「臣有仇,
而行游諸侯衆矣; 然至齊, 竊聞足下義甚高, 故進百金者, 將用爲大人麤糲之費,
得以交足下之驩, 豈敢以有求望邪!」聶政曰:「臣所以降志辱身居市井屠者, 徒幸
以養老母; 老母在, 政身未敢以許人也.」嚴仲子固讓, 聶政竟不肯受也. 然嚴
仲子卒備賓主之禮而去. 久之, 聶政母死. 旣已葬, 除服, 聶政曰:「嗟乎! 政乃
市井之人, 鼓刀以屠; 而嚴仲子乃諸侯之卿相也, 不遠千里, 枉車騎而交臣. 臣之
所以待之, 至淺鮮矣, 未有大功可以稱者, 而嚴仲子奉百金爲親壽, 我雖不受,
然是者徒深知政也. 夫賢者以感忿睚眦之意而親信窮僻之人, 而政獨安得嘿然
而已乎! 且前日要政, 政徒以老母; 老母今以天年終, 政將爲知己者用.」乃遂
西至濮陽, 見嚴仲子曰:「前日所以不許仲子者, 徒以親在; 今不幸而母以天年終.
仲子所欲報仇者爲誰? 請得從事焉!」嚴仲子具告曰:「臣之仇韓相俠累, 俠累
又韓君之季父也, 宗族盛多, 居處兵衛甚設, 臣欲使人刺之, 終莫能就. 今足下
幸而不棄, 請益其車騎壯士可爲足下輔翼者.」聶政曰:「韓之與衛, 相去中閒不
甚遠, 今殺人之相, 相又國君之親, 此其勢不可以多人, 多人不能無生得失, 生得
失則語泄, 語泄是韓擧國而與仲子爲讎, 豈不殆哉!」遂謝車騎人徒, 聶政乃辭
獨行. 杖劍至韓, 韓相俠累方坐府上, 持兵戟而衛侍者甚衆. 聶政直入, 上階刺殺
俠累, 左右大亂. 聶政大呼, 所擊殺者數十人, 因自皮面決眼, 自屠出腸, 遂以死.
韓取聶政屍暴於市, 購問莫知誰子. 於是韓(購)縣(購)之, 有能言殺相俠累者予
千金. 久之莫知也. 政姊榮聞人有刺殺韓相者, 賊不得, 國不知其名姓, 暴其尸
而縣之千金, 乃於邑曰:「其是吾弟與? 嗟乎, 嚴仲子知吾弟!」立起, 如韓, 之市,
而死者果政也, 伏尸哭極哀, 曰:「是軹深井里所謂聶政者也.」市行者諸衆人皆
曰:「此人暴虐吾國相, 王縣購其名姓千金, 夫人不聞與? 何敢來識之也?」榮應
之曰:「聞之. 然政所以蒙汙辱自棄於市販之閒者, 爲老母幸無恙, 妾未嫁也.
親旣以天年下世, 妾已嫁夫, 嚴仲子乃察擧吾弟困汙之中而交之, 澤厚矣, 可奈何!
士固爲知己者死, 今乃以妾尚在之故, 重自刑以絶從, 妾其奈何畏歿身之誅, 終滅

賢弟之名!」大驚韓市人. 乃大呼天者三, 卒於邑悲哀而死政之旁. 晉・楚・齊・衛
聞之, 皆曰:「非獨政能也, 乃其姊亦烈女也. 鄉使政誠知其姊無濡忍之志, 不重
暴骸之難, 必絶險千里以列其名, 姊弟俱僇於韓市者, 亦未必敢以身許嚴仲子也.
嚴仲子亦可謂知人能得士矣!」

3.《列女傳》續列女傳 節義

齊勇士聶政之姊也. 聶政母旣終, 獨有姊在. 及爲濮陽嚴仲子刺韓相俠累,
所殺者數十人, 恐禍及姊. 因自披其面, 抉其目, 自屠剔而死. 韓暴其尸於市,
購問以千金, 莫知爲誰. 姊曰:「弟至賢, 愛妾之軀, 滅吾之弟名, 非弟意也.」
乃之韓, 哭聶政尸. 謂吏曰:「殺韓相者, 妾之弟軹深井里聶政也.」亦自殺於尸下.
晉・楚・齊・衛聞之曰:「非獨聶政之勇, 乃其姊者烈女也.」君子謂聶政姊仁而有
勇, 不去死以滅名.《詩》云:「死喪之滅, 兄弟孔懷.」此之謂也.

4.《史記》韓世家

烈侯三年, 聶政殺韓相俠累.

370(31-52)
간공簡公을 시해한 전항田恒

전항田恒이 제齊나라 재상이었을 때 감지闞止가 간공簡公에게 신임이 두터워지자 두 사람은 서로 미워하며 해치려 하였다.

전항이 사사롭게 백성들에게 은혜를 베풀어 그 나라를 취하고 마침내 간공을 죽이고 정권을 빼앗았다.

田恆相齊, 闞止重於簡公, 二人相憎而欲相賊也.
田恆因行私惠以取其國, 遂殺簡公而奪之政.

【田恆】 田恒. '恆'은 '恒'의 異體字. 田常, 陳常, 陳恒, 陳成子, 田成子 등으로 널리 불림. 簡公을 유폐시켜 시살한 인물. '陳恆'으로도 표기하며 '恆'은 '恒'의 異體字. 원래 그의 선조 陳完(田完, 敬仲)은 陳나라 출신으로 齊나라에 옮겨와 정착하여 田氏로 성을 바꾸었으며 차츰 세력을 키워 卿에 오른 다음, 그 후손이 뒤에 姜氏(姜太公의 후손)의 齊나라를 차지하여 戰國시대 田氏齊를 세움.《史記》 田敬仲完世家 참조.
【闞止】 齊나라 대부 陽生의 가신. 子我.《左傳》 杜預 注에 "闞止, 陽生家臣子我也. 待外, 欲俱去"라 함. 한편《史記》(仲尼弟子列傳),《呂氏春秋》(愼勢篇),《淮南子》(人間訓),《鹽鐵論》(殊語篇, 頌賢篇),《說苑》(正諫篇, 指武篇) 등에는 '闞止'를 孔子 弟子 '宰予'(字는 子我)라 하였음. 그러나《史記》 索隱에는 "《左傳》闞止字子我,

爲陳恆所殺, 字與宰予相涉, 因誤"라 '宰予'의 자가 '子我'여서 잘못 알려진 것이라 하였음.

【簡公】춘추 말 齊나라 군주. 이름은 壬. 悼公(陽生)을 이어 B.C.484~481년까지 4년간 재위하고 田常에게 시해를 당하였으며 平公(鰲)이 그 뒤를 이어 춘추 시대를 마감함.

【私】田成子가 백성들에게 사사롭게 식량을 대여해준 다음 도량형의 기준을 바꾸어 적게 받아 백성들의 환심을 삼. 이 이야기는《左傳》,《晏子春秋》,《史記》 등에 널리 실려 있음.

참고 및 관련 자료

1.《左傳》哀公 6年 傳

陳僖子使召公子陽生. 陽生駕而見南郭且于, 曰:「嘗獻馬於季孫, 不入於上乘, 故又獻此, 請與子乘之」出萊門而告之故. 闞止知之, 先待諸外. 公子曰:「事未可知, 反, 與壬也處」戒之, 遂行. 逮夜, 至於齊, 國人知之. 僖子使子士之母養之, 與饋者皆入. 冬十月丁卯, 立之. 將盟, 鮑子醉而往. 其臣差車鮑點曰:「此誰之命也?」陳子曰:「受命于鮑子」遂誣鮑子曰:「子之命也!」鮑子曰:「女忘君之爲孺子牛而折其齒乎? 而背之也?」悼公稽首, 曰:「吾子, 奉義而行者也. 若我可, 不必亡一大夫; 若我不可, 不必亡一公子. 義則進, 否則退, 敢不唯子是從? 廢興無以亂, 則所願也」鮑子曰:「誰非君之子?」乃受盟. 使胡姬以安孺子如賴, 去鬵姒, 殺王甲, 拘江說, 囚王豹于句竇之丘. 公使朱毛告於陳子, 曰:「微子, 則不及此. 然君異於器, 不可以二. 器二不匱, 君二多難, 敢布諸大夫」僖子不對而泣, 曰:「君擧不信羣臣乎? 以齊國之困, 困又有憂, 少君不可以訪, 是以求長君, 庶亦能容羣臣乎! 不然, 夫孺子何罪?」毛復命, 公悔之. 毛曰:「君大訪於陳子, 而圖其小可也」使毛遷孺子於駘. 不至, 殺諸野幕之下, 葬諸殳冒淳.

2.《左傳》哀公 14年

經: 夏四月, 齊陳恒執其君, 寘于舒州.

傳: 齊簡公之在魯也, 闞止有寵焉. 乃卽位, 使爲政. 陳成子憚之, 驟顧諸朝. 諸御鞅言於公曰:「陳·闞不可並也, 君其擇焉」弗聽. 子我夕, 陳逆殺人, 逢之, 遂執以入. 陳氏方睦, 使疾, 而遺之潘沐, 備酒肉焉, 饗守囚者, 醉而殺之, 而逃. 子我盟諸陳於陳宗. 初, 陳豹欲爲子我臣, 使公孫言己, 已有喪而止. 旣, 而言之,曰:「有陳豹者, 長而上僂, 望視, 事君子必得志, 欲爲子臣. 吾憚其爲人, 故緩以告」子我曰:「何害? 是其在我也」使爲臣. 他日, 與之言政, 說, 遂有寵, 謂之曰:「我盡逐陳氏而立女, 若何?」對曰:「我遠於陳氏矣, 且其違者不過數人, 何盡逐焉?」遂告陳氏. 子行曰:「彼得君, 弗先, 必禍子」子行舍於公宮. 夏五月壬申, 成子兄弟四乘如公. 子我在幄, 出, 逆之, 遂入, 閉門. 侍人禦之, 子行殺侍人. 公與婦人飲酒于檀臺, 成子遷諸寢. 公執戈, 將擊之. 大史子餘曰:「非不利也, 將除害也」成子出舍于庫, 聞公猶怒, 將出, 曰:「何所無君?」子行抽劍, 曰:「需, 事之賊也. 誰非陳宗? 所不殺子者, 有如陳宗!」乃止. 子我歸, 屬徒, 攻闈與大門, 皆不勝, 乃出. 陳氏追之, 失道於弇中, 適豐丘. 豐丘人執之, 以告, 殺諸郭關. 成子將殺大陸子方, 陳逆請而免之. 以公命取車於道, 及耏, 衆知而東之. 出雍門, 陳豹與之車, 弗受, 曰:「逆爲余請, 豹與余車, 余有私焉. 事子我而有私於其讎, 何以見魯·衛之士?」東郭賈奔衛. 庚辰, 陳恒執公于舒州. 公曰:「吾早從鞅之言, 不及此!」

371(31-53)
임금을 시해한 황희皇喜

대환戴驩이 송宋나라 태재太宰였을 때 황희皇喜도 임금에게 신임이 두터워 두 사람은 나라 일을 다투고 서로 적해하였다.
황희가 드디어 송군宋君을 죽이고 정권을 빼앗았다.

戴驩爲宋太宰, 皇喜重於君, 二人爭事而相害也.
皇喜遂殺宋君而奪其政.

【戴驩】宋나라 太宰. 太宰는 相國과 같음. '戴讙'으로 표기함.
【皇喜】전국시대 宋나라 簒逆 신하. 자는 子罕. 宋나라 司城(司空)을 지냈으며 戴驩과 정권 다툼 속에 宋 桓侯를 시해하고 宋나라 정권을 빼앗음.
【宋君】宋 桓侯. 皇喜에게 시해를 당함.

372(31-54)
호돌狐突

호돌狐突이 말하였다.

"임금이 안으로 여자를 좋아하면 태자가 위태롭고, 밖으로 폐신을 좋아하면 재상이 위태롭다."

狐突曰:「國君好內則太子危, 好外則相室危.」

【狐突】 자는 伯行. 晉 獻公 때 태자 申生의 스승이며 重耳(뒤의 文公)의 외조부.
   獻公이 驪姬를 얻어 총애하자 혼란이 올 것임을 알고 6년 동안 出門하지 않음.
【好內】 嬖妾이 많음.
【相室】 三晉은 大夫로써 諸侯가 되어 그들의 相國을 여전히 相室로 불렀음.
   여기서는 재상을 말함.

373(31-55)
정소鄭昭의 대답

정鄭나라 임금이 정소鄭昭에게 물었다.

"태자가 어떠하오?"

정소가 대답하였다.

"태자가 아직 태어나지 않았는데요."

임금이 말하였다.

"태자를 이미 세웠는데 '아직 태어나지 않았다'고 하니 어찌 된 것이오?"

정소가 대답하였다.

"비록 태자를 세웠으나 임금께서 여자 좋아하시기를 그치지 않고 계십니다. 총애하시는 분에게서 아들이 생기면 임금께서는 틀림없이 그를 사랑하실 것이요, 사랑하게 되면 틀림없이 후계자로 삼고 싶어 하실 것입니다. 저는 그런 까닭으로 '태자가 아직 태어나지 않았다'고 말씀드린 것입니다."

鄭君問鄭昭曰:「太子亦何如?」

對曰:「太子未生也.」

君曰:「太子已置而曰『未生』, 何也?」

對曰:「太子雖置, 然而君之好色不已, 所愛有子, 君必愛之, 愛之則必欲以爲後, 臣故曰『太子未生』也.」

【鄭昭】鄭나라 신하.
【亦何如】근황이 어떤지를 물어본 것.

374(31-56)
비중費仲

전문傳文 제 6조:

문왕文王이 비중費仲에게 자금을 주어 주紂 곁에 가서 그들과 친하도록 하면서 그로 하여금 주에게 간언을 하여 그 마음을 어지럽히도록 하였다.

傳六:
文王資費仲而遊於紂之旁, 令之諫紂而亂其心.

【傳六】經文 제 6조에 대한 해설로 374~384까지 모두 11장이 들어 있음.

【文王】周나라 건국의 聖王. 姬昌. 后稷(姬棄)의 후손으로 季歷의 아들이며 古公亶甫의 손자. 商나라 말 紂임금 때 西伯이 되어 인정을 베풀었으며 紂의 미움을 받아 羑里(牖里, 지금의 河南 湯陰縣)의 감옥에 갇히는 등 고초를 겪기도 하였으며 그 아들 武王(姬發)에 이르러 紂를 牧野에서 멸하고 周나라를 일으킴. 《史記》周本紀 참조.

【費仲】文王의 신하. 文王이 紂에 의해 羑里(牖里)의 감옥에 갇혔을 때 진기한 보물로써 紂에게 가서 환심을 사도록 하였던 인물.

【紂】殷의 末王. 폭군으로 널리 알려짐. 帝辛, 商辛으로도 부르며 帝乙의 아들. 妲己에게 빠져 '炮烙之刑'과 '酒池肉林' 등의 악한 고사를 가지고 있으며 周 文王(姬昌)을 羑里(牖里)에 가두는 등 周나라와 맞서다가 武王(姬發)에게 망함.

375(31-57)
외국의 신임을 받는 자

초왕楚王이 진秦나라에 사신을 보내자 진왕秦王이 그 사신을 크게 예우하였다.

왕이 말하였다.

"상대나라에 어진 자가 있는 것은 우리나라의 근심거리가 된다. 지금 초왕이 보낸 사신은 아주 똑똑하여 나는 이를 두려워하고 있다."

신하들이 이렇게 간언하였다.

"왕의 현성賢聖하심과 우리의 풍족한 물자로써 초왕이 거느리고 있는 어진 자를 원하신다면 임금께서는 어찌 그와 깊이 사귀시어 몰래 그를 우리 편으로 만들지 않으십니까? 초나라로서는 그가 외국에서 신임을 받는다고 여겨 틀림없이 그를 죽여버릴 것입니다."

荊王使人之秦, 秦王甚禮之.

王曰:「敵國有賢者, 國之憂也. 今荊王之使者甚賢, 寡人患之.」

群臣諫曰:「以王之賢聖與國之資厚, 願荊王之賢人, 王何不深知之而陰有之. 荊以爲外用也, 則必誅之.」

【賢聖】여기서는 임금의 재능이 뛰어나며 똑똑함을 추켜세운 것.

【深知之】깊은 관계를 맺음. '知'는 '相親'과 같은 뜻으로 보고 있음. 王先謙은 "深知之, 猶言深結之"라 함.

【陰有之】몰래 우리 편으로 끌어들임. 그러나 '거짓으로 우리 편으로 삼는 척하다' 의 뜻으로 봄. 王先愼은 "陰, 當作陽. 字之誤也. 陽與佯通"이라 함.

376(31-58)
노나라를 떠난 공자孔子

공자가 노魯나라 정사를 맡아 길에서는 떨어진 물건도 줍지 않을 정도가
되자 제齊 경공景公이 이를 걱정하였다.

그러자 여저黎且가 경공에게 말하였다.

"공자를 그 나라로부터 떠나게 하는 것은 털을 불어서 날리는 것과 같습
니다. 임금께서 어찌 후한 봉록과 높은 지위로 그를 맞아들이고, 애공哀公
에게는 여악女樂을 그 자신 뜻에 교만과 미혹함이 들도록 하지 않습니까?
애공이 그것을 처음 즐기게 되면 틀림없이 정치에 태만해질 것이요, 중니는
틀림없이 간언할 것이며, 간언하면 틀림없이 공자는 노나라에서 경시
당하여 끊어질 것입니다."

경공이 말하였다.

"옳다."

그리고는 여저에게 여자들로 이루어진 악대 16명을 애공에게 보내었다.
애공은 이를 즐겼고 과연 정치에 태만하게 되었다.

공자가 간하였으나 듣지 않자 공자는 노나라를 버리고 초楚나라로
가버렸다.

仲尼爲政於魯, 道不拾遺, 齊景公患之.

黎且謂景公曰:「去仲尼猶吹毛耳. 君何不迎之以重祿

高位, 遺哀公女樂以驕榮其意. 哀公新樂之, 必怠於政, 仲尼必諫, 諫必輕絶於魯.」

景公曰:「善.」

乃令梨且以女樂二八遺哀公, 哀公樂之, 果怠於政.

仲尼諫, 不聽, 去而之楚.

【道不拾遺】길가에 떨어진 물건조차 줍지 않음. 잘 다스려진 상황을 비유함.

【齊景公】이름은 杵臼.《公羊傳》에는 '處臼'로 되어 있음. 莊公(光)을 이어 B.C.547~490년까지 58년간 재위하였으며 晏孺子(茶)가 1년, 다시 悼公(陽生)이 뒤를 이음. 晏子(晏嬰)를 재상으로 하여 많은 도움을 받았던 임금.

【黎且】〈乾道本〉에는 '犁且'로,《史記》孔子世家에는 黎鉏로,《後漢書》馮衍傳 注에는 '犁鋤'로,《太平御覽》에는 黎鉏,《意林》에는 黎且로 되어 있음. 景公의 신하.

【女樂】여자 악대 가무단.

【哀公】孔子와 같은 시대의 魯나라 군주. 定公(宋)의 아들이며 이름은 蔣.《史記》魯周公世家에는 이름을 '將'이라 하였음. 어머니는 定姒. B.C.494~B.C.468년까지 27년간 재위함. 梁玉繩의《史記志疑》에는 "人表於魯悼公下注 云「出公子」, 是哀公亦有出公之稱, 以孫于越故也"라 함.

〈孔子〉

〈諡法〉에 "恭仁短折曰哀"라 함. 그러나《史記》孔子世家에는 이 일이 魯 定公 때의 일이라 하였음.

【驕榮】호사스런 마음에 들뜬 상태. '榮'은 '熒'과 같음. '惑'의 뜻. 王渭는 "榮當 作熒"이라 함.

【輕絶】인연을 끊기가 간단함.

【二八】가무단의 구성이 두 줄 여덟 사람씩 한 조가 된 인원수.

【去而之楚】《太平御覽》에는 '楚'가 '齊'로 되어 있음.

1. 《史記》孔子世家

定公十四年, 孔子年五十六, 由大司寇行攝相事, 有喜色. 門人曰:「聞君子禍
至不懼, 福至不喜.」孔子曰:「有是言也. 不曰『樂其以貴下人』乎?」於是誅魯大夫
亂政者少正卯. 與聞國政三月, 粥羔豚者弗飾賈; 男女行者別於塗; 塗不拾遺;
四方之客至乎邑者不求有司, 皆予之以歸. 齊人聞而懼, 曰:「孔子爲政必霸, 霸則
吾地近焉, 我之爲先幷矣. 盍致地焉?」黎鉏曰:「請先嘗沮之; 沮之而不可則
致地, 庸遲乎!」於是選齊國中女子好者八十人, 皆衣文衣而舞康樂, 文馬三十駟,
遺魯君. 陳女樂文馬於魯城南高門外, 季桓子微服往觀再三, 將受, 乃語魯君爲
周道游, 往觀終日, 怠於政事. 子路曰:「夫子可以行矣.」孔子曰:「魯今且郊,
如致膰乎大夫, 則吾猶可以止.」桓子卒受齊女樂, 三日不聽政; 郊, 又不致膰
俎於大夫. 孔子遂行, 宿乎屯. 而師己送, 曰:「夫子則非罪.」孔子曰:「吾歌可夫?」
歌曰:「彼婦之口, 可以出走; 彼婦之謁, 可以死敗. 蓋優哉游哉, 維以卒歲!」
師己反, 桓子曰:「孔子亦何言?」師己以實告. 桓子喟然歎曰:「夫子罪我以群
婢故也夫!」

2. 《孔子家語》子路初見

孔子相魯, 齊人患其將霸, 欲敗其政, 乃選好女子八十人, 衣以文飾, 而舞容璣.
及文馬四十駟, 以遺魯君, 陳女樂, 列文馬于魯城南高門外. 季桓子微服往觀之
再三, 將受焉, 告魯君爲周道遊觀, 觀之終日, 怠於政事. 子路言於孔子曰:「夫子
可以行矣.」孔子曰:「魯今且郊, 若致膰於大夫, 是則未廢其常, 吾猶可以止也.」
桓子既受女樂, 君臣荒淫三日, 不聽國政, 郊又不治膰俎, 孔子遂行, 宿於郭屯,
師以送曰:「夫子非罪也.」孔子曰:「吾歌可乎?」歌曰:「彼婦人之口, 可以出走;
彼婦人之請, 可以死敗. 『優哉游哉! 聊以卒歲.』」

3. 《意林》(1)

齊景公惡仲尼爲魯政, 黎且曰:「去仲尼如吹毛耳. 乃使黎且以女樂六遺魯哀公,
哀公樂之, 果怠於政, 仲尼諫不納, 去而之楚.

4. 《論語》微子篇

齊人歸女樂, 季桓子受之, 三日不朝, 孔子行.

5. 기타 《後漢書》(馮衍傳注) 및 《太平御覽》(478, 571)을 볼 것.

377(31-59)
간상干象

초왕楚王이 간상干象에게 말하였다.

"내가 우리 초楚나라의 힘으로 감무甘茂를 도와 그를 진秦나라 재상으로 삼고 싶은데 되겠소?"

간상이 대답하였다.

"불가합니다."

왕이 물었다.

"어찌 그렇소?"

간상이 말하였다.

"감무는 젊을뿐더러 사거史擧선생을 스승으로 모시고 있습니다. 사거는 상채上蔡의 감문監門 벼슬로서 크게는 임금을 섬길 생각도, 작게는 집안도 돌볼 뜻이 없이 가혹하고 각박한 자로써 천하에 소문이 났던 자입니다. 감무가 그러한 자를 스승으로 모셨으니 그러한 뜻에 순응한 것입니다. 그리고 혜왕惠王의 명청함과 장의張儀의 말솜씨를 감무는 받들고 있으면서 관직을 열 가지나 지내면서도 죄에 걸려든 적이 없었습니다. 이는 감무가 똑똑하기 때문입니다."

왕이 말하였다.

"상대국에 사람을 보내어 재상을 삼아주면서 똑똑한 자를 재상으로 삼는 법이거늘 그것이 불가하다니 어떤 이유요?"

간상이 말하였다.

"지난 번 왕께서는 소활邵滑을 월越나라에 가도록 하여 5년 만에 월나라를 망하게 할 수 있었습니다. 그렇게 된 까닭은 월나라는 어지러웠고 초나라는 잘 다스려지고 있었기 때문이었습니다. 지난 번 월나라를 잘 알고 하셨던 일을 지금 진나라에 대해서는 잊고 계시니 너무 빨리 잊으신 것이 아닌지요?"

왕이 말하였다.

"그렇다면 어떻게 하면 되겠소?"

간상이 대답하였다.

"공립共立을 재상으로 삼느니만 못합니다."

왕이 말하였다.

"공립을 재상으로 삼을 만하다니 무슨 뜻이오?"

간상이 대답하였다.

"공립은 어려서는 총애를 받았고 자라서는 높은 경卿의 신분이 되어 옥으로 만든 옷을 입으며, 두약杜若을 입에 물고 옥환玉環을 손에 쥐고 조정에서 정사를 들을 정도이니 앞으로 그러한 자가 진나라를 어지럽게 하는 데 이로울 것입니다'라고 하였다.

楚王謂干象曰:「吾欲以楚扶甘茂而相之秦, 可乎?」

干象對曰:「不可也.」

王曰:「何也?」

曰:「甘茂少而事史擧先生. 史擧, 上蔡之監門也, 大不事君, 小不事家, 以苛刻聞天下. 茂事之, 順焉. 惠王之明, 張儀之辨也, 茂事之, 取十官而免於罪, 是茂賢也.」

王曰:「相人敵國而相賢, 其不可何也?」

干象曰:「前時王使邵滑之越, 五年而能亡越. 所以然者, 越亂而楚治也. 日者知用之越, 今忘之秦, 不亦太亟忘乎?」

王曰:「然則爲之奈何?」

干象對曰:「不如相共立.」

王曰:「共立可相, 何也?」

對曰:「共立少見愛幸, 長爲貴卿, 被王衣, 含杜若, 握玉環, 以聽於朝, 且利以亂秦矣.」

【楚王】楚 懷王. 威王의 아들이며 B.C.328~B.C.299년까지 30년간 재위하고 그 뒤를 頃襄王이 이음. 張儀에 의해 많은 고통을 당하였으며 屈原을 축출하기도 한 임금임.

【干象】楚 威王의 신하.《史記》甘茂列傳에는 '范蜎'으로 되어 있으며 徐廣 注에는 '范蝝', 〈索隱〉에는 '范蠉'으로,《戰國策》楚策에는 '范環' 등 여러 표기가 있음. 그런가 하면《文選》過秦論 李善 注에는 '千象'으로, 宋槧에는 '于象'으로 표기 되는 등 글자의 混淆가 아주 심함.

【甘茂】원래 楚나라 下蔡(지금의 安徽 鳳臺) 출신으로 秦 惠王 때 秦나라에 들어와 벼슬하였으며 武王 때 左丞相에 오름. 昭襄王 때 참훼를 입자 齊나라로 달아났다가 楚 懷王 때 楚나라에 사신으로 가기도 함.《史記》甘茂列傳을 참조할 것.

【史擧】甘茂의 스승.

【上蔡】원래 蔡나라 도읍이었던 곳으로 지금의 河南 上蔡縣 서쪽.

【監門】관문을 지키는 사람. 주로 형을 받은 자가 맡는 천한 직책.

【苛刻】가혹하고 각박함. 일을 엄격하게 처리함. 까다롭게 단속함.

【惠王】秦나라 군주. 孝公의 아들이며 이름은 駟(嬴駟). B.C.37~B.C.311년까지 27년간 재위하였으며 B.C.324년부터 王을 칭하여 그 전까지는 惠文君으로 불렀음.

【張儀】魏의 사람. 蘇秦과 쌍벽을 이루었던 전국시대 縱橫家의 대표적인 유세가. 蘇秦과 함께 鬼谷선생에게 외교술을 배웠으나 소진이 먼저 秦나라에 대항하는 六國 合從說(合縱說)로 성공하자 장의는 秦나라를 중심으로 連橫說(連衡說)을 써서 秦나라 국력을 신장시켰음.《史記》張儀列傳 및《戰國策》을 참조할 것.

【辨】변별 능력이 뛰어난 辯舌을 뜻함.

【邵滑】楚나라 신하. 召滑, 邵涓, 昭滑, 淖滑 등 다양하게 표기됨.

【忘】〈乾道本〉에는 '忘'자가 '亡'자로 되어 있음.

【共立】초나라 사람이겠으나 구체적으로 다른 기록에는 보이지 않음.《戰國策》楚策⑴에는 '公孫赫'으로,《史記》에는 '向壽'로 되어 있어 각기 다름.

【王衣】玉衣의 오기. 兪樾은 "王, 當作玉,《三國志》魏文帝紀注云:「舜承堯禪, 被珍裘」, 玉衣猶云珍裘矣. 古人於美好之物皆曰玉, 食言玉食, 衣言玉衣, 其義同也. 此與下文之握玉環本同. 作王, 後人不解而臆改耳"라 함.

【杜若】향초의 일종. 풀이름.

참고 및 관련 자료

1.《史記》甘茂列傳

齊使甘茂於楚, 楚懷王新與秦合婚而驩. 而秦聞甘茂在楚, 使人謂楚王曰:「願送甘茂於秦」楚王問於范蜎曰:「寡人欲置相於秦, 孰可?」對曰:「臣不足以識之.」楚王曰:「寡人欲相甘茂, 可乎?」對曰:「不可. 夫史擧, 下蔡之監門也, 大不爲事君, 少不爲家室, 以苟賤不廉聞於世, 甘茂事之順焉. 故惠王之明, 武王之察, 張儀之辯, 而甘茂事之, 取十官而無罪. 茂誠賢者也, 然不可相於秦. 夫秦之有賢相, 非楚國之利也. 且王前嘗用召滑於越, 而內行章義之難, 越國亂, 故楚南塞厲門而郡江東. 計王之功所以能如此者, 越國亂而楚治也. 今王知用諸越而忘用諸秦, 臣以王爲鉅過矣. 然則王若欲置相於秦, 則莫若向壽者可. 夫向壽之於秦王, 親也, 少與之同衣, 長與之同車, 以聽事. 王必相向壽於秦, 則楚國之利也.」於是使使請秦相向壽於秦. 秦卒相向壽. 而甘茂竟不得復入秦, 卒於魏.

2.《戰國策》楚策⑴

楚王問於范環曰:「寡人欲置相於秦, 孰可?」對曰:「臣不足以知之.」王曰:「吾相甘茂可乎?」范環對曰:「不可」王曰:「何也?」曰:「夫史擧, 上蔡之監門也. 大不如(知)事君, 小不如(知)處室, 以苟廉聞於世, 甘茂事之順焉. 故惠王之明, 武王之察, 張儀之好譖, 甘茂事之, 取十官而無罪, 茂誠賢者也, 然而不可相秦. 秦之有賢相也, 非楚國之利也. 且王嘗用滑於越而納句章, 昧之難, 越亂, 故楚南察瀨胡而野江東. 計王之功所以能如此者, 越亂而楚治也. 今王以用之於越矣, 而忘之於秦, 臣以爲王鉅速忘矣. 王若欲置相於秦乎? 若公孫郝者可. 夫公孫郝之於秦王, 親也. 少與之同衣, 長與之同車, 被王衣以聽事, 眞大王之相已. 王相之, 楚國之大利也.」

3. 기타《文選》(〈過秦論〉注)을 볼 것.

378(31-60)
오자서伍子胥의 계략

오吳나라가 초楚나라를 공격하면서 오자서伍子胥가 사람을 시켜 초나라에 이렇게 말을 퍼뜨리도록 하였다.

"자기子期가 등용되면 앞으로 공격할 것이다. 자상子常이 등용되면 앞으로 퇴각할 것이다."

초나라 사람들이 이를 듣고 자상을 등용하고 자기를 물리치자 오나라가 공격하여 마침내 승리를 거두었다.

吳攻荊, 子胥使人宣言於荊曰:「子期用, 將擊之; 子常用, 將去之.」

荊人聞之, 因用子常而退子期也, 吳人擊之, 遂勝之.

【攻荊】 '攻'은 〈乾道本〉에는 '政'으로 되어 있음. 王先愼은 "乾道本攻作政, 今從 趙本改"라 함. '政'은 '攻'의 오자이거나 '征'의 뜻으로 쓰인 것.

【子胥】 춘추시대 楚나라 伍子胥(伍員). 그 아버지 伍奢와 형 伍尙이 자신으로 인해 平王에게 살해당하자 吳나라로 달아난 뒤 楚나라를 쳐서 원수를 갚기도 하였으며 吳王을 도와 越王 句踐에게 승리를 거두는 등 큰 활약을 하였으나 마침내 夫差에게 죽임을 당함. 《史記》伍子胥列傳을 볼 것.

【子期】楚나라 公子 結. 楚 昭王의 형. 楚 平王 때 司馬를 지냈음.《史記》楚世家와
《說苑》에는 '子綦'로 되어 있음.

【子常】囊瓦. 楚나라 令尹. 子囊의 손자. 자는 子常. 陽匂를 이어 영윤에 오름.
杜預 注에 "囊瓦, 子囊之孫子常也, 代陽匂"라 하였고,《左傳》定公 4년에 "吳楚
柏擧之戰, 子常爲將"이라 함.

379(31-61)
우虞나라와 괵虢나라

진晉 헌공獻公이 우虞와 괵虢을 치고 싶었다. 이에 굴屈에서 나는 네 마리 말과 수극垂棘에서 나는 벽옥, 그리고 여악女樂 16명을 보내어 그 마음을 형혹熒惑시키고 그 정사를 혼란에 빠져들게 하였다.

晉獻公欲伐虞·虢, 乃遺之屈産之乘, 垂棘之璧, 女樂
二八, 以熒其意而亂其政.

【晉獻公】춘추시대 晉나라 군주. 武公의 아들이며 獻公(詭諸)과 文公(重耳), 태자 申生의 아버지. 晉나라 군주. B.C.676∼B.C.651년까지 26년간 재위함. 17國을 병탄하고 38國을 복종시켰으며 12번 승리를 거두었다 하였음. 그러나 驪姬의 난으로 重耳(文公)가 망명에 오르는 등 혼란을 조성함.
【虞·虢】고대 虞나라와 虢나라. 晉 獻公이 屈産의 명마와 垂棘의 璧으로 유혹하여 虢을 칠 것이니 길을 빌려 달라고 虞나라에 요구, 이를 뿌리치지 못한 虞君이 이를 들어주자 두 나라가 함께 망한 고사. 脣亡齒寒의 고사를 낳음. 《左傳》,《說苑》 등을 참조할 것. 045, 137 등을 볼 것.
【屈産之乘】屈은 지금의 山西 吉縣 근처. 乘은 네 마리 駟馬. 명마를 가리킴.

【二八】16명을 한 조로 이룬 악대. 다른 본에는 '六'으로 되어 있음.
【熒其意】임금의 마음을 熒惑시킴. '熒'은 '熒'과 같음.

참고 및 관련 자료

1.《太平御覽》(305, 478, 568)을 볼 것.

380(31-62)
숙향叔向과 장홍萇弘

숙향叔向이 장홍萇弘을 참소하면서 그에게 이렇게 편지를 보냈었다.

"그대 장홍이 나 숙향에게 '당신이 나를 위하여 진晉나라 임금에게 임금과 약속한 시기가 다 되었다고 말하시오. 왜 군대를 빨리 보내오지 않습니까?'라고 전해주시오."

그리고는 짐짓 그 편지를 주周나라 임금의 조정에 떨어뜨리고 급히 달아났다.

주나라에서는 장홍이 주나라를 팔아넘긴다고 여겨 이에 장홍을 처벌하여 죽여버렸다.

叔向之讒萇弘也, 爲萇弘書曰謂叔向曰:「子爲我謂晉君, 所與君期者, 時可矣, 何不亟以兵來?」

因佯遺其書周君之庭而急去行.

周以萇弘爲賣周也, 乃誅萇弘而殺之.

【叔向】羊舌肸. 晉나라 公室의 일족이며 上大夫. 士渥濁을 이어 太傅에 오름. 그러나 《國語》晉語(7)에 의하면 悼公(周)이 이미 그 무렵 태자였던 豹(平公)를

위해 叔向을 불러 태부로 삼았었으며 그 뒤 진나라에 큰 영향을 미친 인물.
'叔譽'으로도 표기함.

【萇弘】周나라 대부이며 術數家. 天文, 曆法, 豫言 등에 뛰어났으나 뒤에
죽임을 당함. 定公 4년 및 《國語》周語(下), 《淮南子》, 《史記》封禪書 등에 널리
그 이름이 보임. 《淮南子》氾論訓에 "昔者萇弘, 周室之執數者也, 天地之氣·日月
之行·風雨之變·律曆之數, 無所不通, 然而不能自知, 鈹裂而死"라 함.

【時可矣】약속한 시기에 맞게 분위기가 성숙되었음을 말함.

381(31-63)
닭과 돼지 피

정鄭 환공桓公이 회鄶나라를 습격하고자 하면서 먼저 회나라의 호걸과 양신, 변론과 지모가 뛰어나며 용감한 이들의 이름을 물어 그 성명을 모두 알아내고는 회나라의 좋은 땅을 골라 그들에게 뇌물로 주고 관작 명칭까지 써서 이를 기록하였다.

그리고 짐짓 곽문鄕門 밖에 제단을 설치하여 거기에 그 문서를 묻은 뒤 닭과 돼지 피를 발라 마치 맹약을 치렀던 흔적인 양 놓아두었다.

회나라 임금은 이를 그들이 내란을 일으킨다고 여겨 그 양신들을 모조리 잡아 죽였다.

정 환공이 회를 습격하여 드디어 그 나라를 차지하였다.

鄭桓公將欲襲鄶, 先問鄶之豪傑·良臣·辯智果敢之士,
盡與姓名, 擇鄶之良田賂之, 爲官爵之名而書之.
因爲設壇場郭門之外而埋之, 釁之以雞豭, 若盟狀.
鄶君以爲內難也而盡殺其良臣.
桓公襲鄶, 遂取之.

【鄭桓公】西周 말 幽王을 섬겨 犬戎에게 함께 살해당한 鄭나라 시조. 周 宣王의 아우이며 厲王의 막내아들. 이름은 友. B.C.806~B.C.771년까지 36년간 재위하고 武公이 그 뒤를 이어 東周를 맞이함.《史記》鄭世家에 "鄭桓公友者, 周厲王少子 而宣王庶弟也"라 함.

【鄶】지금의 河南 密縣 동북쪽에 있던 작은 나라. '檜'로도 표기하며 祝融의 후손 으로 周初 河南 鄭州 남쪽에 봉해졌다가 鄭 武公에 의해 망함.

【與姓名】성명을 모두 기록함. '與'는 '擧'와 같음.

【釁】맹약할 때 희생의 피를 바르는 것.

【內難】內亂과 같음. 안으로 難事를 조성함.

＿＿＿＿＿＿＿＿
│ 참고 및 관련 자료 │
￣￣￣￣￣￣￣￣

1.《說苑》權謀篇

鄭桓公將欲襲鄶, 先問鄶之辨智果敢之士, 書其名姓, 擇鄶之良臣, 而與之, 爲官 爵之名, 而書之, 因爲設壇於門外, 而埋之. 釁之以㹨, 若盟狀. 鄶君以爲內難也, 盡殺其良臣. 桓公因襲之, 遂取鄶.

382(31-64)
진秦나라 주유侏儒

　　진秦나라 주유侏儒가 초왕楚王에게 잘 보였으며 아울러 몰래 초왕의 좌우 측근들과도 은밀하게 친하였고, 안으로 혜문군惠文君에게도 신임을 얻고 있었다.

　　그리하여 초나라가 모책을 세울 때면 주유는 이를 남보다 먼저 듣고 혜문군에게 일러주곤 하였다.

　　秦侏儒善於荊王, 而陰有善荊王左右而內重於惠文君.
　　荊適有謀, 侏儒常先聞之以告惠文君.

【侏儒】키 작은 난장이로 흔히 광대가 되어 임금 가까이 신임을 받음. 疊韻連
　　綿語.
【惠文君】秦 孝公의 아들이며 이름은 駟. B.C.337~B.C.311년까지 27년간 재위
　　하였으며 B.C.324년 稱王하여 그 때부터는 惠文王으로 불림.
【適有謀】모략 꾸미는 경우를 말함. '適'은 '若'과 같음. 王引之는 "適, 猶若也"
　　라 함.

383(31-65)
업鄴의 현령 양자襄疵

업鄴의 현령 양자襄疵는 조왕趙王의 측근들과 은밀히 친하였다.

조왕이 업을 습격하고자 모책을 세울 때 양자는 늘 재빠르게 듣고 위왕魏王에게 먼저 이를 알리곤 하였다.

위왕이 이에 대비를 하여 조趙나라는 그만두고 되돌아갔다.

鄴令襄疵, 陰善趙王左右.

趙王謀襲鄴, 襄疵常輒聞而先言之魏王.

魏王備之, 趙乃輒還.

【鄴】魏나라 지명. 지금의 河北 臨漳縣 서남쪽.

【襄疵】그 무렵 鄴令을 지냈던 魏나라 사람. 《竹書紀年》에는 '穰疵'로 되어 있음.

【輒還】'輟行'으로 표기되어야 할 것이 오류를 일으킨 것으로 봄. 王念孫은 "輒還, 當作輟行. 言趙王知魏之有備而止其行也. 輟字旣譌作輒, 後人不得其解, 故改 輒行爲輒還. 不知上言趙謀襲鄴, 則兵尙未出, 不得言還也"라 함.

1. 〈乾道本〉과 〈藏本〉에는 이 장이 앞의 '秦侏儒' 앞에 실려 있음.
2. 《竹書紀年》을 볼 것.

384(31-66)
낡은 자리

위衛 사군嗣君 때 사람을 현령의 측근에 두고 살펴보도록 하였다.

현령이 깔개 자리를 펴 보았더니 자리가 심히 낡아 있는 것이었다. 위사공은 곧바로 사람을 시켜 자리 하나를 현령에게 보내주면서 이렇게 말하였다.

"내 듣기로는 그대는 지금 자리를 펴 보았더니 심히 낡았다고 하더이다. 이에 내가 그대에게 자리를 보내드립니다."

현령은 크게 놀라며 사군이 신통력이 있다고 여겼다.

衛嗣君之時, 有人於縣令之左右.

縣令發蓐而席弊甚, 嗣公還令人遺之席, 曰：「吾聞汝今者發蓐而席弊甚, 賜汝席.」

縣令大驚, 以君爲神也.

【衛嗣公】衛嗣君으로 부르며 衛나라 임금. 衛 平侯의 아들. 秦나라가 폄하하여 君으로 칭한 것. 王先愼의 〈集解〉에 "君當作公, 嗣公, 衛平侯之子, 秦貶其號爲君, 非此書未入秦作, 必不從秦所貶爲稱. 且上經「嗣公欲治不知」, 不作君, 是君當

爲公之誤"라 함. 그러나《史記》衛康叔世家에 의하면 "成侯十一年, 公孫鞅入秦.
十六年, 衛更貶號曰侯. 二十九年, 成侯卒, 子平侯立. 平侯八年卒, 子嗣君立. 嗣
君五年, 更貶號曰君, 獨有濮陽. 四十二年卒, 子懷君立. 懷君三十一年, 朝魏, 魏囚
殺懷君. 魏更立嗣君弟, 是爲元君. 元君爲魏壻, 故魏立之. 元君十四年, 秦拔魏
東地, 秦初置東郡, 更徙衛野王縣, 而幷濮陽爲東郡. 二十五年, 元君卒, 子君角立.
君角九年, 秦幷天下, 立爲始皇帝. 二十一年, 二世廢君角爲庶人, 衛絶祀"라 하여
80여년 간 衛나라는 殺君立君의 혼란을 거치면서 이미 嗣君으로 불렸으며
마침내 君角에 이르러 秦始皇에게 완전 멸망하고 말았음.
【發蓐】요나 방석 같은 것을 들어올림.

┌─────────────────────┐
│ 참고 및 관련 자료 │
└─────────────────────┘

1.《太平御覽》(709)을 볼 것.

32. 외저설좌상 外儲說左上

《史記》〈索隱〉에 "外儲, 言明君觀聽臣下之言行以斷其賞罰, 賞罰在彼, 故曰外也"라 하여 상벌의 대상이 신하에게 있으므로 '외'자를 넣은 것이라 하였다.

앞의 두 편과 달리 부제를 달지는 않았으나 전체적인 내용은 여섯 가지 주제로 되어 있다.

즉 청언聽言과 관행觀行의 방법, 공용功用을 도모하기 위한 술책, 선왕先王을 법으로 삼는 것에 대한 경계, 선비에게 명리名利를 부여하지 말 것, 군주가 직접 나서지 말 것, 권위에 대한 믿음을 확보한 다음 실행에 옮길 것 등이다.

한편 일부 경經과 전傳이 일치하지 않는 것과 서로 빠진 것이 있어 완정본完整本이 아닌 것으로 여기기도 한다.

385(32-1)
명석한 군주

경문經文 제 1조:

현명한 군주의 치도는 유약有若이 복자宓子에게 응답한 말과 같다.

그러나 보통 군주가 말을 들을 때 말을 잘하는 것을 좋아하고, 행동을 관찰할 때는 고답스러움을 훌륭하다 여긴다.

그 때문에 신하들과 사민士民이 하는 말은 돌리고 과장을 부리며, 그 행동은 세상 정서와 맞지 않는다.

그러한 예는 전구田鳩가 초왕楚王에게 대답한 말이 그에 해당한다.

그러므로 묵자墨子가 나무로 솔개를 만든 고사와 가수 계癸가 무궁武宮을 건축할 때 부른 노래가 있다.

무릇 '약주藥酒'와 '용언用言'은 명주이나 성군만이 홀로 알고 있어야 하는 것이다.

經一:

明主之道, 如有若之應宓子也.

明主之聽言也, 美其辯; 其觀行也, 賢其遠.

故群臣士民之道言者迂弘, 其行身也離世.

其說在田鳩對荊王也.

故墨子爲木鳶, 謳癸築武宮.
夫「藥酒」·「用言」, 明君聖主之以獨知也.

【經一】 본 〈外儲說左上〉은 6조의 經文으로 구성되어 있으며 이곳은 經文 제1조로 傳文 391~395까지 5장의 내용을 압축하여 제시한 것임.

【有若】 공자 제자 有若. 《史記》 仲尼弟子列傳에 "有若, 少孔子十三歲"라 하였으나, 《孔子家語》에는 "魯人, 字有, 少孔子三十三歲"라 함. 孔子 死後에 제자들이 유약이 공자와 닮았다고 하여 스승으로 모시고자 하였음.

【宓子】 원본에는 '密子'로 되어 있으나 '密'은 '宓'자의 오기. 孔子 제자 子賤 이름은 不齊. 선보(單父)의 宰가 되어 치적을 이루었으며 魏 文侯 때 西門豹를 鄴令으로 추천하기도 하였음. 391 참조.

【明主之聽言】 앞의 '明主之道'에 대칭되는 것으로 여기서의 '明主'는 응당 '世主'나 '人主'가 되어야 함. 陶鴻慶은 "明主當作人主"라 함.

【賢其遠】 고답스러운 행동을 훌륭하게 여김.

【迂弘】 迂闊하고 과장됨.

【離世】 세상 情緖에서 멀리 벗어나 있음. 현실에 맞지 않음.

【田鳩】 '田俅'로도 표기함. 齊나라 사람으로 墨翟의 후학. 《呂氏春秋》 首時篇에 그 이름이 보임. 《漢書》 藝文志 墨家에 《田鳩子(田俅子)》 3편이 저록되어 있으나 지금은 실전되고 馬國翰과 孫詒讓의 輯佚本이 있음. 392 참조.

【荊王】 楚王. 구체적으로 楚 懷王을 가리킴. 威王의 아들. B.C.328~B.C.299년까지 30년간 재위하고 그 뒤를 頃襄王이 이음. 張儀에 의해 많은 고통을 당하였으며 屈原을 축출하기도 한 임금임.

【謳癸】 謳는 노래를 잘하는 歌人. 癸는 사람 이름. 394 참조.

【武宮】 鍊武場. 講武堂. 군사 훈련이나 閱兵 등을 위한 큰 건물.

【墨子】 諸子百家의 하나로 墨家의 대표적인 인물. 墨翟(B.C.501~B.C.416). 孟子보다 앞선 사상가로 兼愛, 非攻, 尙賢, 尙同, 節用, 非樂, 天志, 非命 등을 주장함. 《墨子》 71편(현존 53편)이 있음.

【木鳶】 나무로 만든 솔개. 393 참조.

【用言】 陶鴻慶은 '中言'이어야 하며 '中'은 '忠'과 같은 뜻이라 하였음. 395 참조.

386(32-2)
신하의 말을 듣는 방법

경문經文 제 2조:

　군주가 신하의 말을 들을 때, 공용功用을 목표로 삼지 않으면 말하는 자가 흔히 가시나무로 조각할 수 있다든지, 백마는 말이 아니라는 등의 궤변을 늘어놓을 것이며, 정해진 표적을 관건으로 삼지 않으면 활 쏘는 자는 모두 예羿와 같은 명사수라 자랑할 것이다.

　군주가 남의 말에 상대하는 방법이 모두 연왕燕王이 도道를 배우는 것과 같으면 장황하게 논리를 펴는 자들은 모두가 정鄭나라 사람들이 나이를 다투는 것과 같게 될 것이다.

　이 까닭으로 말로써 섬세히 살피고 미묘하게 숨겨두는 일은 급히 힘써야 할 것이 아니다.

　그러므로 계량季良·혜시惠施·송견宋鈃·묵적墨翟은 모두 대나무 쪽에 그림을 그린 것과 같으며, 그들의 논리는 오활하고 심원하며, 광대하기만 할 뿐 쓸모는 없다.

　이 까닭에 위모魏牟·장로자長盧子·첨하瞻何·진병陳騈·장주莊周 같은 이들은 모두가 요괴들로써, 그들의 행동에는 마구 난처하게 하기가 딱딱한 돌과 같아 아무런 효과를 낼 수가 없다.

　그러므로 무광務光·변수卞隨·포초鮑焦·개자추介子推·묵적墨翟 같은 이들은 모두가 딱딱한 표주박 같다.

　게다가 우경虞慶은 장인匠人을 굴복시켰으나 집이 무너졌고, 범저范且는 공장工匠을 궁지로 몰았으나 활이 부러지고 말았던 것이다.

이 까닭으로 진실을 찾는 것은 집으로 돌아가 밥을 먹도록 하지 않으면 불가한 것이다.

經二:

人主之聽言也, 不以功用爲的, 則說者多「棘刺」·「白馬」之說; 不以儀的爲關, 則射者皆如羿也.

人主於說也, 皆如燕王學道也, 而長說者, 皆如鄭人爭年也.

是以言有纖察微難而非務也.

故李·惠·宋·墨皆畫策也; 論有迂深閎大, 非用也.

故畏·震·瞻·車·狀皆鬼魅也; 言而拂難堅确, 非功也.

故務·卞·鮑·介·墨翟皆堅瓠也.

且虞慶詘匠也而屋壞, 范且窮工而弓折.

是故求其誠者, 非歸餉也不可.

【經二】經文 제 2조로 傳文 396~409까지 14장의 내용을 압축하여 제시한 것임.

【的】과녁. 목표.

【棘刺】나무 가시 같은 작은 공간에 원숭이를 그리겠다는 과장. 396과 397을 참조할 것.

【白馬】'白馬非馬論'을 뜻함. 398을 볼 것.

【儀的】표준이 되는 과녁. 399를 볼 것.

【爲關】관문, 통과해야 할 과제. 명중시킴. 관통함. '關'은 '貫'과 같음.

【羿】后羿. 夏나라 때 제후 有窮氏의 군주였으며, 有窮后羿라 부름. 활의 명수로서 하늘에 아홉 개의 해가 나타나자 이를 쏘아 하나만 남겼다는 '射滅九日', 그리고 그 아내가 달로 달아난 '嫦娥奔月' 등 많은 신화 전설을 남긴 인물.

《十八史略》(1)에는 "有窮后羿, 立其弟仲康而專其政, 羲和守義不服, 羿假王命, 命胤侯征之. 仲康崩, 子相立, 羿逐相自立. 嬖臣寒浞, 又殺羿自立. 相之后, 有仍國君女也, 方娠, 奔有仍, 而生少康"이라 하여 仲康의 아들 相을 축출하고 자립하였다가 寒浞 등에게 죽임을 당함.

【燕王學道】 不死術을 배우겠다는 고사. 400을 볼 것.

【鄭人爭年】 鄭나라 사람이 나이를 다툰 고사. 401을 볼 것.

【李·惠·宋·墨】 '李'는 '季'의 誤記. 〈集解〉에 "顧廣圻曰:「李, 當作季.」季良·惠施·宋銒·墨翟也"라 함. 그러나 松皐圓의 《定本韓非子纂聞》에는 李克, 혹은 李悝로, 物雙松의 《讀韓非子》에는 李聃으로 보았으며, 또는 '李'를 '秉'자로 보아 公孫龍의 字가 子秉임을 들어 公孫龍으로 보기도 함. 《莊子》徐无鬼篇에 "莊子曰:「然則儒墨楊秉四, 與夫子爲五, 果孰是邪?」"라 한 것을 그 예로 들고 있음. 季良은 季梁으로도 표기하며 道家의 한 사람. 惠施는 역시 《莊子》에 보이는 道家. 宋銒은 宋牼, 宋榮子 등으로 불리며 《漢書》藝文志에 "孫卿道宋子, 其言黃老意"라 하여 黃老學派에 속하는 인물.

【畫策】 대나무쪽에 그림을 그리고 그 위에 옻칠을 하여 분별이 되지 않음. 402를 볼 것.

【畏震瞻車狀】 각 글자의 표기가 달라 많은 혼란을 가져왔으나 이는 漢初나 兩晉, 六朝시대 道家가 성행하면서 《韓非子》를 각기 자신들의 宗師를 諱하는 과정에 표기가 달라진 것으로 보임. 顧廣圻 《韓非子識誤》에 "畏, 當作魏, 魏牟也, 聲近誤. 震, 當作處, 瞻, 瞻何. 《莊子》讓王篇釋文云: 瞻子, 賢人也, 《淮南》作詹. 車, 當作陳, 陳駢也, 形近誤. 狀皆, 當作皆狀"이라 하였으며, 대체로 '畏'는 '魏'의 오기로 魏牟. '瞻'은 瞻何(詹何). 車는 '陳', 陳駢으로 보고 있으며 그중 '震'은 '長', 즉 長盧子. '狀'은 '莊', 즉 莊子(莊周)로 여기고 있음. 《漢書》藝文志에 《公子牟》(魏牟) 4편, 《田子》(陳駢) 25편, 《長盧子》9편 등이 저록되어 있으며 모두 道家의 인물들.

【鬼魅】 도깨비. 怪異한 詭辯을 늘어놓아 사람들로 하여금 幻無定形의 논리로 현혹시켰다고 하여 貶下한 것. 403을 볼 것.

【言而拂難堅确】 顧廣圻는 '言而'는 '行有'여야 한다고 보았음. '拂難'은 어려움을 조성하여 犯難함. 남을 난처하게 만듦. '堅确'은 단단한 돌과 같아 固執不通임을 뜻함. '确'은 '학'으로 읽음.

【務·卞·鮑·介·墨翟】 務光, 卞隨, 鮑焦, 介子推(介之推)와 墨翟. 그러나 王先愼은 "墨翟二字有誤, 或當作申徒狄. 先愼曰: 墨翟, 卽田仲之譌."라 하여 申徒狄이거나

田仲(陳仲子, 於陵仲子)이어야 한다고 보았음. 그러나 일부 학자는 '墨翟'은 '伯田'의 音訛로 보아 伯夷와 田仲 두 사람이라 주장하기도 함. 이들은 모두가 지나친 潔癖症으로 생을 포기하거나 지나친 행동을 한 인물들임.

【堅瓠】無用之物을 뜻함. 《莊子》逍遙遊篇에 "惠子謂莊子曰:「魏王貽我大瓠之種, 我樹之成而實五石, 以盛水漿, 其堅不能自擧也; 剖之以爲瓢, 則瓠落無所容. 非不呺然大也, 吾爲其無用而掊之.」"라 함. 404를 볼 것.

【虞慶】虞卿. '慶'은 '卿'과 같음. 전국시대 유명한 유세가. 趙나라 上卿을 지냈으며 長平之戰을 해결한 것으로 유명함. 《史記》虞卿傳 등에 널리 그의 일화가 실려 있음. 그러나 그의 이름은 《呂氏春秋》에는 '高陽應', 《淮南子》에는 '高陽魋'로 되어 있음. 405, 406, 408을 볼 것.

【詘】'屈'과 같음. 屈服시킴.

【范且】范雎. '且'는 '雎'와 같으며 '저'로 읽음. 戰國시대 魏나라 사람으로 처음에 魏나라 中大夫 須賈를 섬겨 그를 따라 齊나라에 사신으로 갔다가 제나라와 내통했다는 오해를 받아 위나라 相國 魏齊에게 폭행을 당하여 죽을 고비를 넘긴 다음 이름을 張祿으로 바꾸고 秦나라에 들어가 遠交近攻策으로 秦昭襄王에게 유세, 재상에 올라 應侯에 봉해진 인물. 《史記》范雎蔡澤列傳을 참조할 것. 한편 '范雎'는 '范雎'로 표기하고 '범수'로 읽어왔으나 《戰國策考證》에 《史記》와 《韓非子》를 인용하여 '范且, 范雎也, 且, 雎同字'라 하였음. '范雎'를 '范雎'로 표기하고 읽기 시작한 것은 《通鑑》의 周 赧王 四十五年後 胡三省의 注에 "范雎의 雎는 音이 雖이다"라 하여 이때부터 '범수'로 읽기 시작한 것임. 그러나 淸 錢大昕의 《通鑑》注辨正에 "武梁祠 畫像에 范且의 且는 雎와 같은데 〈雎〉字 왼쪽의 部는 '且'이며 '目'이 아니다. 그러므로 '雎'는 심한 誤謬"라 하였음. 407, 408을 볼 것.

【歸餉】어린아이가 밖에 나가 놀다가 해가 지면 집으로 돌아와 밥을 먹는 이치를 뜻함. 409를 볼 것.

387(32-3)
책망을 감추고

경문經文 제 3조:

서로 남을 위한다고 여기면 책망을 하게 되지만, 나 자신만을 위해서 하는 일이라 여기면 일은 잘 되어 간다.

그러므로 부자 사이에도 혹 원망하고 꾸짖는 경우가 있지만, 사람을 사서 농사를 짓는 사람은 맛있는 국을 내놓게 된다.

이러한 사례는 문공文公이 미리 선언해 둔 고사와 구천勾踐이 여황如皇을 칭찬한 이야기를 들 수 있다.

그러므로 환공桓公은 채蔡나라에 노기를 감춘 채 초楚나라를 공격하였고, 오기吳起는 상처를 고쳐준 실효를 계산하고 고름을 빨았던 것이다.

또한 선왕의 부송賦頌이나 종정鐘鼎의 명문은 모두가 파오산播吾山의 발자국이며 화산華山의 바둑판같은 유이다.

그러나 선왕이 기대하였던 것은 이익이며 사용한 것은 힘이었다.

사묘社廟를 지을 때의 속담은 자신을 지목하여 한 말이었다.

학자들에게 청하여 선왕을 완만宛晩하게 행적을 칭송토록 한다면 아마 오늘날에는 맞지 않을 것이다.

이와 같은 것을 고칠 수 없는 것이 있으니 이를테면 정현鄭縣 사람이 수레의 멍에를 손에 들었던 일과 위衛나라 사람이 주살 쏘는 사냥을 도와준 일, 그리고 복자卜子의 처가 낡아 해진 바지를 만든 이야기, 그리고 어린 아이가 술마시는 법을 흉내낸 고사 등이 있다.

선왕의 말로써 작은 뜻으로 한 것을 세상에서 크게 여기는 것이 있는지,

또는 큰 뜻으로 말한 것을 세상에서는 별것 아닌 것으로 여기는 것이 있는지 모두 알 수는 없다.

그러한 예는 송宋나라 사람이 글 내용을 잘못 알았던 것과 양梁나라 사람이 기록을 잘못 읽은 것을 들 수 있다.

그러므로 선왕 때 영郢 땅 사람의 편지가 있었는데 후세에 그것을 달리 해석한 연燕나라 사람이 많았던 것이다.

무릇 실제 나랏일에 맞추지 않고 선왕만을 따라하겠다고 모책을 세운다면 이는 모두가 집에 다시 돌아가서 발의 길이를 잰 이야기와 같은 것이 될 것이다.

經三:

挾夫相爲則責望, 自爲則事行.

故父子或怨譟, 取庸作者進美羹.

說在文公之先宣言與句踐之稱如皇也.

故桓公藏蔡怒而攻楚, 吳起懷瘳實而吮傷.

且先王之賦頌, 鍾鼎之銘, 皆播吾之迹, 華山之博也.

然先王所期者利也, 所用者力也.

築社之諺, 目辭說也.

請許學者而行宛曼於先王, 或者不宜今乎?

如是, 不能更也, 鄭縣人得車厄也, 衛人佐弋也, 卜子妻寫弊袴也, 而其少者也.

先王之言, 有其所爲小而世意之大者, 有其所爲大而世意之小者, 未可必知也.

說在宋人之解書與梁人之讀記也.

故先王有郢書, 而後世多燕說.
夫不適國事而謀先王, 皆歸取度者也.

【經三】經文 제 3조로 傳文 410~428까지 19장의 내용을 압축하여 제시한 것임.
【挾】'挾'은 '夾', '脥'과 같으며 '겨드랑이에 끼듯이 마음에 품고 있다'의 뜻. 남을
위해 일을 한다는 마음을 품고 있음. 愼子는 "用人之自爲, 不用人之爲我, 則莫
不可得而用矣. ……人皆自爲而不能爲人, 故君人者使其自爲用, 而不使爲我用"
이라 함.
【怨譟】원망하며 꾸짖음. 그러나 내용으로 보아 '譟'는 '譙'가 되어야 함. 譟는
'시끄럽게 떠들다'의 뜻이므로 전문의 해설에 맞지 않음. 전문 410을 볼 것.
【庸作】'庸'은 '傭'과 같음. 남의 품을 사서 농사를 지음.
【美羹】자신을 위해 대신 농사를 지어주는 자에게 음식을 잘 대접함. 410을 볼 것.
【文公】晉 文公. 重耳. 獻公의 둘째 아들. 驪姬의 핍박으로 19년간 해외 망명을
거쳐 귀국, 왕위에 오름. 뒤에 齊 桓公에 이어 春秋五霸의 지위에 오름.
B.C.636~B.C.628년까지 9년간 재위함.《史記》晉世家에 "重耳母, 翟之狐女也;
夷吾母, 重耳母女弟也. …自獻公爲太子時, 重耳固以成人矣"라 하였고,《國語》는
重耳의 망명 생활에 대하여 매우 많은 양을 자세히 싣고 있으며 晉語(4)에는
"狐氏出自唐叔. 狐姬, 伯行之子也, 實生重耳"라 함.《左傳》,《國語》,《史記》등을
참조할 것.
【先宣言】晉 文公이 宋나라를 치면서 미리 백성에게 그 임금의 무도함을 치는
것이라 선언함. 411을 볼 것.
【句踐】춘추 후기의 패자 越王 勾踐. 勾踐(句踐)은 越王 允常의 아들로 闔廬를
이어 越王이 됨. 麾下에 大夫 文種과 范蠡 등의 모신을 두고 吳王 夫差의 伯嚭,
伍子胥와 대칭을 이루어 吳越鬪爭, 吳越同舟, 臥薪嘗膽 등의 많은 고사를 남김.
뒤에 결국 吳나라를 멸하고 南方 霸者가 되었다가 楚나라에게 망함. 한편
越나라는《史記》越世家에 "其先禹之苗裔而夏后帝少康之庶子也"라 함.
姒姓으로 지금의 浙江 紹興(옛 會稽)을 중심으로 句踐 때 크게 발전하였으며
일부 春秋五霸에서 宋 襄公 대신 句踐을 넣기도 함.
【稱如皇】如皇은 吳王이 만든 樓臺. 그 화려함을 칭찬하면서 실제는 비난한
것임. 412를 볼 것.

【桓公】春秋五霸의 첫 首長 齊桓公. 이름은 小白. 齊나라에 난이 일어나자 鮑叔이 모시고 莒나라로 피신, 管仲은 公子 糾를 모시고 魯나라로 피신함. 뒤에 난이 진압되고 먼저 귀국하는 자가 왕이 될 수 있는 기회에 小白이 오는 길을 管仲 일행이 막고 활을 쏘아 소백의 허리띠 고리에 맞추자 소백은 죽은 척 쓰러져 있다가 지름길로 귀국하여 왕위에 오름. 뒤에 포숙의 추천으로 관중을 등용, 제나라를 부강하게 하여 九合諸侯, 一匡天下하여 첫 패자가 됨. B.C.685~B.C.643년까지 43년간 재위함.《史記》齊太公世家를 참조할 것. 桓公이 蔡나라를 벌한 고사는 413을 볼 것.

【吳起】孫子(孫臏)와 더불어 대표적인 병법가. 戰國時代 衛나라 左氏(지금의 山東 曹縣) 출신으로 용병과 병법에 뛰어나 처음 魯나라 장수를 거쳐 魏 文侯의 장수가 되어 中山을 정벌하고 秦나라 5개성을 점령하여 西河太守가 되기도 함. 그러나 武侯가 즉위하여 미움을 받자 楚나라로 달아나, 楚 悼王을 도와 개혁 정책을 실현하고 令尹에 오름. 그러나 悼王이 죽고 宗室의 亂에 枝解(支解)의 형을 당하여 생을 마침. 병법서《吳子》6편을 남김.《史記》吳起列傳 참조.

【懷瘯實】吳起가 병사의 종기를 치료해주고 나면 그 효과가 있을 것임을 마음 속에 품고 있었음. 414를 볼 것.

【播吾】播吾山. 지금의 河北 平山縣 동남에 있음. 趙나라 主父가 거인의 발자국을 새김. 415를 볼 것.

【華山之博】華山은 지금의 陝西 華陰縣 남쪽. 秦 昭王이 산 정상에 큰 바둑판을 만들게 하여 신선과 바둑을 둔 흔적을 남김. 416을 볼 것.

【築社之諺】토지신을 모시는 社廟를 지을 때는 일꾼들이 옷을 아무렇게나 걸어 두지만 완성한 뒤에는 예복을 갖추어 제사를 지낸다는 속담. 417을 볼 것.

【請許學者】'請許'는 假定함을 말함. 學者는 儒家나 墨家를 가리킴.

【宛曼】아득하고 희미함을 뜻하는 疊韻連綿語. 太田方의《韓非子翼毳》에 "皆渺茫廣遠也"라 함. '汗漫'과 같은 뜻임.

【鄭縣】戰國시대에는 鄭나라가 망하고 그 땅이 韓나라의 縣이었음. 지금의 河南 鄭州市.

【車厄】'厄'은 '軛'과 같으며 수레를 끄는 소나 말의 멍에. 419를 볼 것.

【佐弋】주살로 새 잡는 일을 돕는다고 나섰다가 도리어 새를 날려 보냄. 420을 볼 것.

【卜子】鄭나라 사람으로 그 아내가 자라를 목이 마를 것이라 하여 풀어준 고사. 421을 볼 것.

【寫弊袴】 새로 만든 바지가 헌 바지와 똑같이 되도록 만듦. 〈乾道本〉에는 '寫', 〈趙本〉에는 '爲'로 되어 있으나 盧文弨는 '象'이어야 한다고 보았으며 '같다. 비슷하다'의 뜻. 418을 볼 것.

【其少者】 어른이 술 마시는 법을 어린아이가 흉내 냄. 422, 423, 424를 볼 것.

【宋人之解書】 宋나라 사람이 글을 잘못 해석한 고사. 425를 볼 것.

【梁人之讀記】 역시 梁(魏)나라 사람이 글을 잘못 해석한 고사. 426을 볼 것.

【郢書】 영 땅 사람이 밤에 편지의 글자를 잘못 쓴 고사. 427을 볼 것.

【歸取度】 신을 사러 나서면서 발에 맞추지 않고 치수를 재어 놓은 잣대를 찾으러 집으로 돌아감. 428을 볼 것.

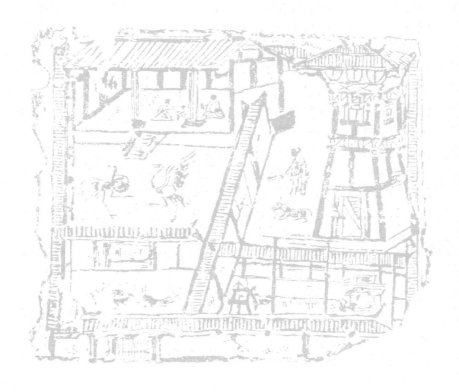

388(32-4)
이익과 명성이 있는 곳

경문經文 제 4조:

이익이 있는 곳에는 사람들이 모여들고 명성이 드러나는 곳에서 선비가
목숨을 내놓는 법이다.

이 까닭으로 공적이 법을 벗어나는데도 상을 주게 되면 임금은 아래로
부터 이익을 거둘 수 없으며, 명성이 법을 벗어나는데도 명예를 더해 주면
선비가 명성을 올리는 데에만 힘을 쓸 뿐 임금으로부터 양육을 당하려
하지 않는다.

그러므로 중장中章과 서기胥己가 벼슬을 하자 중모中牟의 백성들로써
농토를 버리고 학문을 하겠다고 나서는 자가 고을의 반이나 되었으며,
평공平公이 장딴지가 아프고 발이 마비가 되도록 감히 자세를 흐트러
뜨리지 않자 진晉나라에서 벼슬하던 자와 식객으로써 떠나겠다고 하는
자가 나라의 절반이나 되었다.

이 세 선비란 자들은 하는 말이 법에 맞으면 관부官府의 문서에 이름이
오르고, 자신들의 행동이 일에 맞아떨어지면 법령을 잘 따르는 일반 백성과
같이 될 따름인데도 임금이 그들을 예우함은 너무 심하였다.

만일 그 말이 법에 위배되고 행동이 실적과 멀다면 법을 벗어난 백성이
되고 마는 것인데 두 임금은 어찌 그들을 예우했겠는가? 예로써 우대함은
마땅히 있을 수 없는 일이었다.

게다가 배움에만 매달려 있는 선비는 나라에 일이 없을 때에는 힘쓰려
하지 않고, 국난이 있어도 갑옷을 입으려 들지 않는다.

예우를 하면 농사나 전투에 공을 세우는 일에는 게을리 하고, 예우를 하지 않으면 임금의 법을 제멋대로 왜곡한다.

나라가 편안하면 존경받고 영달하며, 나라가 위태로우면 기세가 꺾인 시골 사람이 되고 마니 임금이 학문만 하는 선비에게서 무엇을 얻을 수 있겠는가?

그러므로 현명한 군주라면 이자李疵가 중산中山을 정찰하던 예를 논의 거리로 삼아야 한다.

經四:

利之所在, 民歸之, 名之所彰, 士死之.

是以功外於法而賞加焉, 則上不信得所利於下, 名外於法而譽加焉, 則士勸名而不畜之於君.

故中章·胥己仕, 而中牟之民弃田圃而隨文學者邑之半; 平公腓痛足痺而不敢壞坐, 晉國之辭仕託者國之錘.

此三士者, 言襲法, 則官府之籍也; 行中事, 則如令之民也; 二君之禮太甚.

若言離法而行遠功, 則繩外民也, 二君又何禮之? 禮之當亡.

且居學之士, 國無事不用力, 有難不被甲.

禮之, 則惰修耕戰之功; 不禮, 則周主上之法.

國安則尊顯, 危則爲屈公之威, 人主奚得於居學之士哉?

故明王論李疵視中山也.

【經四】經文 제 4조로 傳文 429~432까지 4장의 내용을 압축하여 제시한 것임.

【不信得所利】〈趙本〉에는 '不能得所利'로 되어 있어 훨씬 의미가 순통함.

【不畜之於君】기름을 받으려 하지 않음. '畜'은 '가축이 주인에게 길러지듯이 함'을 뜻하며 '順服'의 뜻을 담고 있음.《禮記》祭統에 "順於道, 不逆於倫, 是之謂畜"이라 함.

【中章·胥己】趙襄主가 中章과 胥己 두 사람의 학문이 훌륭하다고 하여 中大夫로 등용한 예를 뜻함. 428을 볼 것.

【中牟】춘추시대 晉나라 읍. 戰國시대 趙나라 땅이 됨. 지금의 河北 邢臺와 邯鄲 중간 지역. 六卿 가운데 趙氏의 관할 구역이었음.

【文學】법술과 대립되는 儒墨의 학문을 가리키며 법가에서는 부정적으로 본 것임.

【平公腓痛】晉平公이 장딴지에 통증을 느끼면서도 叔向을 정중히 대한 예를 말함. 430을 볼 것.

【辭仕託】벼슬과 식객으로 몸을 依託하던 것을 버리고 떠나감. 託은 〈乾道本〉에는 '記'로 되어 있으나 〈道藏本〉에 의해 바로잡음.

【國之錘】'錘'는 저울의 균형을 잡으므로 절반의 뜻으로 쓰인 것. 그러나 '錘'는 '垂'와 같아《淮南子》에 "天下二垂歸之"의 高誘 注에 "三分天下有其二"라 한 것으로 보아 三分의 一을 가리키는 것으로 봄.

【三士】中章·胥己·叔向 세 사람을 가리킴.

【襲法】법에 따름. '襲'은 '因'과 같음.

【如令之民】법을 받들어 순종하는 백성. '如'는 '順'의 뜻.

【二君】趙 襄主와 平公을 가리킴.

【居學之士】밖으로 나와 벼슬하지 않고 집안에 들어앉아 공부에만 매달린 선비.

【周主上之法】'周'는 왜곡함.《韻會》에 "周, 曲也"라 함.

【屈公之威】적이 무서워서 기절한 鄭의 시골 사람 屈公. '屈'은 무서워 나서지도 못하는 자를 임의로 이름을 지은 것임. '威'는 '畏'의 뜻. 王先愼〈集解〉에 "威, 卽畏. 威畏同字"라 함. 431을 볼 것.

【論李疵】趙의 主父가 李疵에게 학자와 居士만을 존대하여 군사가 약해진 中山을 칠 것을 의론함. 李疵는 趙 武靈王의 신하. 구체적인 사적은 알 수 없음.

【中山】戰國시대 나라 이름. 지금의 河北 定縣을 중심으로 있었던 白狄이 세웠던 나라로 趙나라와 접경을 이루고 있었으며《戰國策》에 中山策이 있음.

389(32-5)
궁행躬行

경문經文 제 5조:

《시詩》에 "자신이 직접 하지 않거나 몸소 하지 않으면 서민은 믿지 않으리"라 하였다.

전傳에 보라색 옷을 입지 말도록 설득하였고, 정鄭 간공簡公과 송宋 양공襄公을 들어 증명하면서 경작과 전투를 존중하여 직접 행하도록 책임을 요구하였다.

무릇 직분을 명확히 하지 않고, 성적을 따지지도 아니한 채 자신이 직접 아래에 임하는 것은 수레를 내려 뛰어가고, 앉아서 잠을 자며, 자신의 신분을 엄폐하고 미복微服을 입고 나선 것과 같다. 공구孔丘는 이를 알지 못하였으므로 물 담는 그릇과 같다고 일컬었고, 추군鄒君도 알지 못하였으므로 자신을 먼저 욕보였던 것이다.

현명한 군주의 치도란 마치 숙향叔向이 사냥 짐승을 나눈 예나 소후昭侯가 청원을 어떻게 들을까 한 사례와 같다.

經五:

《詩》曰:『不躬不親, 庶民不信.』

傳說之以「無衣紫」, 緩之以鄭簡·宋襄, 責之以尊厚耕戰.

夫不明分, 不責誠, 而以躬親位下, 且爲「下走」·「睡臥」,

與夫「搶弊微服」.

孔丘不知, 故稱猶盂; 鄒君不知, 故先自僇.

明主之道, 如叔向賦獵與昭侯之奚聽也.

【經五】經文 제 5조로 傳文 433~443까지 11장의 내용을 압축하여 제시한 것임.

【詩】《詩經》小雅 節南山의 구절. "弗躬弗親, 庶民弗信. 弗問弗仕, 勿罔君子.
式夷式已, 無小人殆. 瑣瑣姻亞, 則無膴仕"라 함.

【傳說】殷 高宗(武丁)의 신하였던 부열(傅說)이 아님. '傳'는 '傅'의 오기로 기도
하나 傳文의 내용으로 보아 齊 桓公의 太傅 管仲을 가리킴. '說'은 "桓公을 설득
하다"의 뜻임.

【無衣紫】임금이 보라색 옷을 좋아하지 않으면 백성도 따라하여 그 옷감 값이
오르지 않을 것임을 설득한 사례. 433,434를 참조할 것.

【緩】高亨의 《韓非子補箋》에 "緩, 當作援, 形近而譌"라 함. "끌어들여 증거로
삼다"의 뜻. 그러나 《爾雅》釋詁에 "懈·弛, 緩也"라 하여 "게으르다, 느슨하다"의
뜻으로 보기도 함.

【鄭簡】鄭 簡公. 이름은 嘉. 春秋時代 鄭나라 군주. B.C.565~B.C.530년까지
36년간 재위하였으며 子産의 도움으로 나라를 안정시킴. 그 뒤를 定公(寧)이
이음. 435, 436을 볼 것.

【襄公】宋 襄公. 이름은 玆父(玆甫). 桓公(御說)을 이어 왕위에 올랐으며
B.C.650~B.C.637년까지 14년간 재위함. 《史記》에는 春秋五霸의 하나로 여겼
으며 宋世家에 "三十一年春, 桓公卒, 太子玆甫立, 是爲襄公. 以其庶兄目夷爲相"
이라 함. 宋襄之仁의 고사를 남김. 437을 볼 것.

【耕戰】耕은 평시, 戰은 戰時의 일. 이를 임금도 몸소 해야 한다고 본 것. 太田方의
《韓非子翼毳》에 "謂人君處尊厚之勢而自耕戰也"라 함.

【責誠】'誠'은 '成'의 뜻. 高亨은 "誠, 借爲成"이라 하여 "신하에게 일을 시키고
임금이 그 성과를 따지다"의 뜻으로 보았음.

【位下】신하가 할 일을 군주가 몸소 함. '位'는 '莅'와 같으며 이는 다시 '涖', '臨'의
뜻임.

【下走】齊 景公이 晏子의 죽음에 달려가기 위해 수레가 늦다고 내려서 뛰어감.
438을 볼 것.

【睡臥】책을 읽다가 졸려 잠을 잠. 439를 볼 것.

【捫弊微服】‘捫’은 ‘掩’과 같으며 ‘弊’는 ‘蔽’와 같음. 자신의 신분을 감추고 민간인의 옷으로 바꿔 입음. 이 사례는 傳文에 없음.

【猶盃】그릇과 같음. 盃는 鉢盃. 440을 볼 것.

【鄒君】고대 鄒나라의 임금. ‘鄒’는 고대 나라 이름. 邾, 邾婁라고도 불렀으며 이름을 鄒로 바꿈. 원래 周 武王이 祝融 八姓의 하나였던 邾俠(曹俠)을 封하여 부용국으로 삼았었으며 지금의 山東 鄒縣. 이 때문에 전국시대에 이름을 ‘鄒’로 바꾸었음. 曹姓이며 子爵 작위를 받았으나 魯나라에 예속되었다가 뒤에 楚나라에게 망함. 441을 볼 것.

【自僇】스스로 욕을 봄. ‘僇’은 ‘辱’의 뜻. 傳文에는 ‘戮’으로 되어 있음.

【叔向】羊舌肸. 晉나라 公室의 일족이며 上大夫. 士渥濁을 이어 太傅에 오름. 그러나 《國語》晉語(7)에 의하면 悼公(周)이 이미 그 무렵 태자였던 豹(平公)를 위해 叔向을 불러 태부로 삼았었으며 그 뒤 진나라에 큰 영향을 미친 인물. ‘叔嚮’으로도 표기함.

【賦獵】사냥의 성과물을 공의 다소에 따라 나눔. ‘賦’는 ‘分’, ‘授’의 뜻. ‘獵’은 구체적 사냥이 아니라 ‘祿’을 뜻하는 것이라 보기도 함. 두 글자는 雙聲이며 《國語》晉語에 “賦祿任功”이라 한 것이 그 예임. 442를 볼 것.

【昭侯】戰國시대 韓나라 군주. B.C.362~B.C.333년까지 30년간 재위함. 申不害를 재상을 삼아 法家의 法術로써 나라를 잘 다스렸음. 443을 볼 것.

390(32-6)
신의信義

경문經文 제 6조:

작은 믿음이 이루어지면 큰 신의도 서게 되는 것이니 그 때문에 현명한 군주는 신의를 쌓는다.

상벌에 믿음이 없으면 금령이 행하여지지 않는 것이니 그 예는 문공文公이 원原을 칠 때의 이야기와 기정箕鄭이 기근을 구하는 사례에 있다.

이 까닭으로 오기吳起는 친구를 끝까지 기다려 식사하였고, 문후文侯는 우인虞人을 만나 사냥의 약속을 지켰던 것이다.

그러므로 현명한 군주의 믿음이란 증자曾子가 아들과의 약속대로 돼지를 잡은 일과 같다.

우환이 된 예는 여왕厲王이 경계하는 북을 친 것과 이회李悝가 두 군문의 군사를 속인 것 등이다.

이상은 경문經文이다.

經六:

小信成則大信立, 故明主積於信.

賞罰不信則禁令不行, 說在文公之攻原與箕鄭救餓也.

是以吳起須故人而食, 文侯會虞人而獵.

故明主信, 如曾子殺彘也.

患在尊屬王擊警鼓與李悝謾兩和也.
右經

【經六】經文 제 6조로 傳文 444~453까지 10장의 내용을 압축하여 제시한 것임. (단 452, 453의 전문은 본 경문과 관련이 없음.)

【文公】晉 文公. 重耳. 獻公의 둘째 아들. 驪姬의 핍박으로 19년간 해외 망명을 거쳐 귀국, 왕위에 오름. 뒤에 齊 桓公에 이어 春秋五霸의 지위에 오름. B.C.636~B.C.628년까지 9년간 재위함.《史記》晉世家에 "重耳母, 翟之狐女也; 夷吾母, 重耳母女弟也. …自獻公爲太子時, 重耳固以成人矣"라 하였고,《國語》는 重耳의 망명 생활에 대하여 매우 많은 양을 자세히 싣고 있으며 晉語(4)에는 "狐氏出自唐叔. 狐姬, 伯行之子也, 實生重耳"라 함.《左傳》,《國語》,《史記》등을 참조할 것.

【攻原】晉 文公이 약속한 날짜에 原을 치지 못하고 돌아가자 그에 감동하여 원이 항복한 일. 原은 지금의 河南 濟源縣 서북 原鄉. 444를 참조할 것.

【箕鄭救餓】箕鄭은 晉 文公을 섬긴 大夫. 箕鄭父로도 부르며, 士縠, 蒯得 등과 내란을 일으켰다가 죽임을 당함. 箕, 즉 지금의 山西 大谷縣 箕城을 봉지로 받아 箕鄭이라 부름.《左傳》을 참조할 것. 445를 참조할 것.

【吳起】孫子(孫臏)와 더불어 대표적인 병법가. 戰國時代 衛나라 左氏(지금의 山東 曹縣) 출신으로 용병과 병법에 뛰어나 처음 魯나라 장수를 거쳐 魏 文侯의 장수가 되어 中山을 정벌하고 秦나라 5개성을 점령하여 西河太守가 되기도 함. 그러나 武侯가 즉위하여 미움을 받자 楚나라로 달아나, 楚 悼王을 도와 개혁 정책을 실현하고 令尹에 오름. 그러나 悼王이 죽고 宗室의 亂에 枝解(支解)의 형을 당하여 생을 마침. 병법서《吳子》6편을 남김.《史記》吳起列傳 참조.

【須故人】식사 약속을 한 친구가 오기를 끝까지 기다림. '須'는 '待'의 뜻. 446을 참조할 것.

【魏文侯】전국시대 魏나라의 영명한 군주. 武侯의 아버지. 卜子夏·段干木·田子方, 翟璜 등을 보필로 삼아 가장 먼저 개혁정책을 폈으며, 七雄 가운데 최초로 부국 강병을 꾀함. B.C.445~B.C.396년까지 50년간 재위함. 이름은 '斯'.《史記》에는 '都'로 되어 있음.

【會虞人】魏 文侯가 사냥 약속을 어기지 않으려고 강풍을 무릅쓰고 사냥터 관리인을 만나 그 여부를 물었음. 羽人은 사냥터를 관리하는 직책. 尹桐陽은 "羽人, 掌山澤之官"이라 함. 447을 참조할 것.

【曾子】曾參. 자는 子輿. 춘추시대 魯나라 南武城 출신으로 曾點(曾晳)의 아들이며 曾元의 아버지. 公子 제자로 효성으로 이름이 높았음. 子思(孔伋)에게 학문을 전하여《大學》을 짓도록 하였다 하며《孝經》은 증자가 정리한 것이라 함.

【殺彘】曾子가 아들과의 약속대로 돼지를 잡음. 448을 참조할 것.

【擊警鼓】楚 厲王이 술에 취하여 경계하는 북을 잘못 울려 이를 듣고 달려온 병사들에게 사과한 일. 449를 참조할 것. 이 구절 "患在尊厲王擊警鼓"의 '尊'자는 연문임.

【李悝】'悝'는 '회'로 읽음. 李克으로도 알려짐. 子夏의 제자. 전국초기 魏나라 사람으로 法家의 초기 인물. 일찍이 魏 文侯의 재상이 되어 變法을 시행, 世卿世祿의 제도를 폐지하고 功過와 能力에 따라 상벌을 내리는 행정을 실천함. 이로써 魏나라 강국으로 발전하게 되었으며《晉書》刑法志에 "律文起自李悝, 撰次諸國法, 著《法經》"이라 하여 각국 법률을 참작, 최초의 법전《法經》이라는 책을 편찬하기도 하였으나 지금은 전하지 않음. 그의 언론은《漢書》食貨志에도 실려 있음.《漢書》藝文志에는《李子》(32篇 名悝, 相魏文侯, 富國彊兵)가 저록되어 있음.

【謾兩和】'謾'은 '瞞'과 같음. 軍門의 좌우에 세운 병사를 속임. '和'는 깃발을 세운 군문으로 '華', 혹은 '桓'이라고도 칭함.《周禮》夏官 大司馬 "以旌爲左右和之門"의 注에 "軍門曰和, 今謂之壘門, 立兩旌以爲之"라 함. 450, 451을 참조할 것.

391(32-7)
선보單父를 맡은 복자천宓子賤

전문傳文 제 1조:

복자천宓子賤이 선보單父를 다스릴 때 유약有若이 그를 만나 이렇게 말하였다.

"그대는 어찌 그리 야위었는가?"

복자천이 말하였다.

"임금께서 나의 불초함을 알지 못하고 선보를 다스리도록 하셨는데 관직의 일은 급하고 마음은 걱정이 되어 그 때문에 이렇게 살이 빠진 것입니다."

유약이 말하였다.

"옛날에 순舜임금은 오현금五絃琴이나 타고 〈남풍南風〉의 노래를 부르면서도 천하를 잘 다스렸소. 지금 선보는 작은 고을인데 다스리면서 걱정을 하다니 천하를 다스리게 되면 앞으로 어찌할 것인가? 그러므로 술術을 익혀 다스려 나가면 몸은 묘당廟堂에 앉아 처녀 같은 안색을 하고 있어도 정치에 해가 없을 것이지만 술을 익히지 아니한 채 백성을 통제하려 든다면 몸이 비록 야위도록 고생을 한다고 해도 도리어 이익이 없을 것이오."

傳一:

宓子賤治單父, 有若見之曰:「子何臞也?」

宓子曰:「君不知不齊不肖, 使治單父, 官事急, 心憂之,故臞也.」

有若曰:「昔者, 舜鼓五絃·歌《南風》之詩而天下治.
今以單父之細也, 治之而憂, 治天下將奈何乎? 故有術而
御之, 身坐於廟堂之上, 有處女子之色, 無害於治; 無術
而御之, 身雖痒臞, 猶未有益.」

【傳一】經文 제 1조에 대한 해설로 391~395까지 모두 5장이 들어 있음.
【宓子賤】孔子 제자. 宓不齊. 자는 子賤(B.C.521~?). 孔子보다 41세 아래였으며
  單父의 宰를 역임함.
【單父】춘추시대 魯의 邑이름. 지금의 山東 單縣의 남쪽. '單'은 지명과 성씨
  에서는 '선'으로 읽음.
【有若】역시 孔子 제자이며《論語》에는 有子로 나옴.《孟子》와《史記》에 의하면
  孔子가 죽은 뒤 有若이 孔子처럼 생겼다고 하여 스승으로 모시고자 하였으나,
  질책하고 물러섰다 함.
【臞】몸이 瘦瘠하여 마름. 파리함.
【舜】고대 五帝의 하나. 有虞氏. 姓은 姚氏, 이름은 重華. 虞舜으로도 부름.
  堯임금으로부터 천하를 물려받아 帝位에 오름. 瞽瞍의 아들로 孝誠이 뛰어났던
  분으로 널리 알려져 있으며 儒家에서 聖人으로 추앙함.《十八史略》(1)에 "帝舜
  有虞氏: 姚姓, 或曰名重華, 瞽瞍之子, 顓頊六世孫也. 父惑於後妻, 愛少子象,
  常欲殺舜. 舜盡孝悌之道, 烝烝乂不格姦"이라 함.
【五弦】五絃과 같음. 다섯줄의 거문고.
【南風】순임금이 지은 태평 시.《孔子家語》및《古詩源》을 참조할 것.
【術】法術. 統治術.
【廟堂】정치하는 곳을 가리킴. 중요한 정사를 종묘에서 의론하여 결정하였음.

참고 및 관련 자료

1.《孔子家語》辨樂解
子路鼓琴, 孔子聞之, 謂冉有曰:「甚矣, 由之不才也! 夫先王之制音也, 奏中聲

以爲節, 流入於南, 不歸於北. 夫南者生育之鄉, 北者殺伐之域, 故君子之音溫柔居中, 以養生育之氣, 憂愁之感, 不加于心也; 暴厲之動, 不在于體也. 夫然者, 乃所謂治安之風也. 小人之音則不然, 亢麗微末, 以象殺伐之氣, 中和之感, 不載於心; 溫和之動, 不存于體. 夫然者, 乃所以爲亂之風. 昔者, 舜彈五弦之琴, 造南風之詩, 其詩曰:『南風之薰兮, 可以解吾民之溫兮; 南風之時兮, 可以阜吾民之財兮.』唯修此化, 故其興也勃焉. 德如泉, 流至于今, 王公大人, 述而弗忘. 殷紂好爲北鄙之聲, 其廢也忽焉, 至于今, 王公大人擧以爲戒. 夫舜起布衣, 積德含和, 而終以帝; 紂爲天子, 荒淫暴亂, 而終以亡, 非各所修之致乎? 由今也匹夫之徒, 曾無意于先王之制, 而習亡國之聲, 豈能保其六七尺之體哉?」冉有以告子路, 子路懼而自悔, 靜思不食, 以至骨立. 夫子曰:「過而能改, 其進矣乎!」

2.《古詩源》(1)

《家語》: 舜彈五絃之琴, 歌〈南風〉之詩. 其詩曰:『南風之薰兮, 可以解吾民之慍兮. 南風之時兮, 可以阜吾民之財兮.』

3.《十八史略》(1)

四海之內, 咸戴舜功. 彈五絃之琴, 歌南風之詩, 而天下治, 詩曰:『南風之薰兮, 可以解吾民之慍兮! 南風之時兮, 可以阜吾民之財兮!』時景星出, 卿雲興. 百工相和而歌曰:『卿雲爛兮, 禮縵縵兮. 日月光華, 旦復旦兮.』

392(32-8)
매독환주賣櫝還珠

초왕楚王이 전구田鳩에게 물었다.

"묵자墨子란 자는 이름난 학자이다. 그가 몸으로 실천하는 행동은 옳지만 언론은 유창하지 못한데 어찌 그러한가?"

전구가 말하였다.

"옛날 진백秦伯이 딸을 진晉나라 공자에게 시집보내면서 신부 의상을 꾸미도록 함과 아울러 문채 나는 옷을 입힌 잉첩媵妾 70명도 수행하도록 하였습니다. 그런데 이들이 진나라에 이르자 진나라에서는 그 첩들을 좋아하고 공녀는 천히 여기게 되었습니다. 이는 첩을 잘 시집보냈다고 말할 수는 있어도 딸을 잘 시집보냈다고 말할 수는 없습니다. 초楚나라 어떤 사람으로 정鄭나라에 가서 진주를 팔던 이가 있었습니다. 목란木蘭 나무로 짠 상자에 계초桂椒로 향내를 피우고 주옥을 매달고 붉은 보석으로 장식하고 비취 깃털을 모아 진주를 담았습니다. 그러자 정나라 사람들은 그 상자만 사고 진주는 되돌려주는 것이었습니다. 이는 상자를 잘 팔았다고 말할 수는 있어도 진주를 잘 팔았다고 말할 수는 없습니다. 세상에 지금 말하는 담론이란 모두 교묘하게 꾸민 말을 뜻하는 것으로써 임금은 꾸민 쪽만을 보고 실용은 잊게 됩니다. 묵자의 주장은 선왕先王의 도를 전하고 성인의 말을 논하여 사람들에게 널리 일러주는 것입니다. 만약 말을 꾸며서 하면 사람들이 그 꾸밈에만 마음이 끌려 진실을 잊어버리는 것이 아닌가 두려우니 꾸밈이 실용을 해치게 된다는 것입니다. 이것은 초나라 사람이 진주를 팔려고 한 것과 진백이 딸을 시집보낸 일과 같은 유일 것입니다.
그러므로 그 언론이 장황하고 유창하지 못한 것입니다."

　楚王謂田鳩曰:「墨子者, 顯學也. 其身體則可, 其言多
不辯, 何也?」
　曰:「昔秦伯嫁其女於晉公子, 令晉爲之飾裝, 從文衣之
媵七十人. 至晉, 晉人愛其妾而賤公女. 此可謂善嫁妾,
而未可謂善嫁女也. 楚人有賣其珠於鄭者, 爲木蘭之櫃,
薰以桂椒, 綴以珠玉, 飾以玫瑰, 輯以翡翠. 鄭人買其櫝
而還其珠. 此可謂善賣櫝矣, 未可謂善鬻珠也. 今世之
談也, 皆道辯說文辭之言, 人主覽其文而忘有用. 墨子
之說, 傳先王之道, 論聖人之言, 以宣告人. 若辯其辭,
則恐人懷其文忘其直, 以文害用也. 此與楚人鬻珠·秦伯
嫁女同類, 故其言多不辯.」

【楚王】楚 懷王. 威王의 아들이며 B.C.328~B.C.299년까지 30년간 재위하고
　그 뒤를 頃襄王이 이음. 張儀에 의해 많은 고통을 당하였으며 屈原을 축출하
　기도 한 임금임.
【田鳩】'田俅'로도 표기함. 齊나라 사람으로 墨翟의 후학.《呂氏春秋》首時篇
　에 그 이름이 보임.《漢書》藝文志 墨家에《田鳩子(田俅子)》3편이 저록되어
　있으나 지금은 실전되고 馬國翰과 孫詒讓의 輯佚本이 있음.
【墨子】諸子百家의 하나로 墨家의 대표적인 인물. 墨翟(B.C.501~B.C.416). 孟子
　보다 앞선 사상가로 兼愛, 非攻, 尚賢, 尚同, 節用, 非樂, 天志, 非命 등을 주장함.
　《墨子》71편(현존 53편)이 있음.
【顯學】세상에 이름이 잘 알려진 학자를 말함.
【身體】몸소 실천하여 행동으로 옮김. 그러나 王先謙은 '體身'이어야 한다고
　보았음.

【不辯】말에 꾸밈이 없음. 辯은 유창한 能辯.

【秦伯】尹桐陽은 秦 穆公, 그 딸은 懷嬴, 晉나라 公子는 重耳(뒤의 文公)를 가리키는 것이라 하였음.

【令晉爲之飾裝】'令晉' 두 글자는 없어야 함. 王先愼은《御覽》引無「令晉」二字"라 함.

【媵】媵은 媵妾. 고대 여자가 시집갈 때 데리고 가는 자신의 시녀. 남자 시종의 경우 媵臣이라 함.

【薰以桂椒】계수나무와 산초의 향을 피워 스며들게 함. '薰'은 '熏'과 같으며 熏香함.

〈墨子(墨翟)〉 姚谷良(畫)

【綴以珠玉】주옥을 꿰어 상자에 아로새김.

【舖以玫瑰】보석으로 아름답게 장식함. 玫瑰는 붉은 돌. 붉은 장미와 같은 아름다운 돌을 함.《玉篇》에 "玫瑰, 火齊珠也"라 하였고《一切經音義》(2)에《字林》을 인용하여 "石之美好曰玫, 圓好曰瑰"라 함.

【輯以翡翠】물총새의 깃털을 모아서 상자 안에 넣음. 혹은 翡翠石으로 장식함.

참고 및 관련 자료

1.《呂氏春秋》首時篇

墨者有田鳩欲見秦惠王, 留秦三年而弗得見. 客有言之於楚王者, 往見楚王, 楚王說之, 與將軍之節以如秦, 至, 因見惠王. 告人曰:「之秦之道, 乃之楚乎?」固有近之而遠, 遠之而近者. 時亦然. 有湯武之賢而無桀紂之時不成, 有桀紂之時而無湯武之賢亦不成. 聖人之見時, 若步之與影不可離. 故有道之士未遇時, 隱匿分竄, 勤以待時. 時至, 有從布衣而爲天子者, 有從千乘而得天下者, 有從卑賤而佐三王者, 有從匹夫而報萬乘者, 故聖人之所貴唯時也. 水凍方固, 后稷不種, 后稷之種必待春, 故人雖智而不遇時無功. 方葉之茂美, 終日采之而不知, 秋霜旣下, 衆林皆贏. 事之難易, 不在小大, 務在知時.

2.《藝文類聚》(84)

《韓子》曰: 楚人賣珠於鄭, 爲木蘭之櫃, 薰以桂椒, 綴以珠玉, 飾以瑰玉, 緝以翡翠. 鄭人買其櫃, 還其珠, 可謂善賣櫃, 不可謂善鬻珠也.

3. 기타《太平御覽》(541, 713, 803, 828) 및《初學記》(27)를 볼 것.

393(32-9)
묵자墨子가 만든 나무 솔개

묵자墨子가 나무 솔개를 만들면서 3년이 걸려 완성하였으나 하루 날리고 망가뜨렸다.

제자가 말하였다.

"선생님의 공교한 재능은 나무 솔개를 나르도록 하는 경지에 이르렀습니다."

그러자 묵자가 말하였다.

"나는 거예車輗를 만드는 자만 못하다. 그는 지척밖에 안 되는 나무로써 하루아침의 시간도 소비하지 않고 30섬의 무게를 싣고 끌며 멀리 갈 힘도 있으며 오래 써도 견뎌내는 것을 만들어내는데 나는 지금 솔개 하나를 만들면서 3년 걸려 완성하였지만 하루 날리고 부서지고 말았다."

혜자惠子가 이를 듣고 말하였다.

"묵자는 매우 공교한 재주를 가지고 있다. 거예 만드는 것을 재주 있다 여기고, 솔개 만드는 것을 재주없다 여겼으니."

墨子爲木鳶, 三年而成, 蜚一日而敗.
弟子曰:「先生之巧, 至能使木鳶飛.」

墨子曰：「不如爲車輗者巧也. 用咫尺之木, 不費一朝之事, 而引三十石之任, 致遠力多, 久於歲數. 今我爲鳶, 三年成, 蜚一日而敗.」

惠子聞之曰：「墨子大巧, 巧爲輗, 拙爲鳶.」

【蜚】‘飛’의 가차자로 쓴 것임.

【木鳶】나무로 만든 솔개. 墨子는 兼愛를 위해 전쟁을 막고자 자신이 무력을 소지하고 있지 않으므로 무기나 기계를 사용해야 한다고 믿어 起重機, 棧車, 볼록거울 등 많은 발명을 시도하기도 하였음. 나무솔개도 그중의 하나였음.

【車輗】수레 바퀴의 바퀴살을 잇는 부품 못. 수레 채의 마구리. 큰 수레의 마구리를 輗라 하고 작은 수레의 경우 軏이라 함.《論語》爲政篇에 "子曰：「人而無信, 不知其可也. 大車無輗, 小車無軏, 其何以行之哉?」"라 하였고, 注에 "輗, 轅端橫木, 縛輗以駕牛者"라 함.

【惠子】惠施. 전국시대 名家의 하나. 莊子와 같은 시대이며 魏 惠王의 재상을 지내기도 하였음.《莊子》天下篇에 惠施가 주장한 '歷物之意十條'가 실려 있음.

394(32-10)
노래를 잘 하는 자

송왕宋王이 제齊나라와 적대관계가 되자 송왕은 군사훈련을 시킬 무궁武宮을 짓고 있었다.

가수 규癸가 노래를 불러 공사를 이끌자 지나가던 사람들조차 서서 이를 구경하였고 공사에 동원된 일꾼들도 피로함을 느끼지 못할 정도였다.

왕이 이를 듣고 그를 불러 상을 내렸다.

그러자 그는 이렇게 말하였다.

"저의 스승 사계射稽의 노래가 저보다 훨씬 뛰어납니다."

왕이 사계를 불러 노래를 시켰더니 길 가던 사람이 멈추지 않고, 일하던 사람도 피로를 느끼는 것이었다.

왕이 말하였다.

"길 가던 이들이 멈추지도 아니하고 일하던 사람들이 피로를 느낀다니 그의 노래솜씨는 그대癸보다 낮지 않으니 어찌된 일인가?"

규가 대답하였다.

"왕께서 시험 삼아 일한 분량을 재어 보십시오."

규가 부를 때는 판축 네 장을 쌓았지만 사계가 부를 때는 여덟 장이었으며, 흙이 굳은 정도를 파헤쳐 보았더니 규가 부를 때는 다섯 치였지만 사계가 부를 때는 두 치밖에 굳지 않은 상태였다.

宋王與齊仇也, 築武宮.

謳癸倡, 行者止觀, 築者不倦.

王聞, 召而賜之.

對曰:「臣師射稽之謳又賢於癸.」

王召射稽使之謳, 行者不止, 築者知倦.

王曰:「行者不止, 築者知倦, 其謳不勝如癸美, 何也?」

對曰:「王試度其功. 癸四板, 射稽八板; 擿其堅, 癸五寸,
射稽二寸.」

【宋王】張榜은 "蓋王偃時築以備齊"라 함.
【仇】적대관계가 됨. 적국이 되어 혹 공격해올지도
  모를 상황이 됨.
【武宮】鍊武臺. 鍊武場. 군사를 조련시키기 위한
  마당과 지휘소.
【癸】그 무렵 노래를 잘 부르던 자의 이름.
【倡】노동판에서 힘을 돋우는 노래로 唱의 뜻.
【築者】건축 공사장에 동원된 인부를 가리킴.
【射稽】癸가 스승으로 모셔 노래를 배운 인물 이름.
【度其功】작업한 진척도를 측정함.
【板】성벽이나 담을 쌓을 때 흙을 넣고 다지는 널판쪽.
  《大戴禮記》와《韓詩外傳》에 "八尺爲板, 五板爲堵.
  板廣二尺, 積高五板爲一丈"이라 함.
【擿其堅】다진 흙벽의 硬度를 재기 위해 뚫어보거나
  헤쳐봄.

〈描金石刻武士俑〉(唐) 明器 1958
陝西 長安 楊思勗 묘 출토

> 참고 및 관련 자료

1.《太平御覽》(572)을 볼 것.

395(32-11)
양약고구良藥苦口

무릇 좋은 약은 입에 쓰나 지혜로운 자가 이를 힘써 마시는 것은 그것이
몸에 들어가면 자신의 병이 그쳐짐을 알기 때문이다.
 충고의 말이 귀에는 거슬리나 현명한 군주가 이를 듣는 것은 그것이
효과를 가져온다는 것을 알기 때문이다.

夫良藥苦於口, 而智者勸而飮之, 知其入而已己疾也.
忠言拂於耳, 而明主聽之, 知其可以致功也.

【良藥苦於口】 그 무렵 널리 알려진 성어로 많은 고전에 인용됨.
【勸】 '勉'자와 같음.
【已己疾】 자신의 질병을 치료함. 已는 병낫게 할 止자와 같은 뜻.
【拂】 '逆'자와 같음.

> ### 참고 및 관련 자료

1.《孔子家語》六本篇
 孔子曰:「良藥苦於口而利於病, 忠言逆於耳而利於行. 湯武以諤諤而昌, 桀紂以唯唯而亡. 君無爭臣, 父無爭子, 兄無爭弟, 士無爭友, 無其過者, 未之有也. 故曰: 君失之, 臣得之; 父失之, 子得之; 兄失之, 弟得之; 己失之, 友得之. 是以國無危亡之兆, 家無悖亂之惡, 父子兄弟無失, 而交友無絶也.」

2.《說苑》正諫篇

孔子曰:「良藥苦於口, 利於病; 忠言逆於耳, 利於行. 故武王諤諤而昌, 紂嘿嘿而亡, 君無諤諤之臣, 父無諤諤之子, 兄無諤諤之弟, 夫無諤諤之婦, 士無諤諤之友; 其亡可立而待. 故曰君失之, 臣得之; 父失之, 子得之; 兄失之, 弟得之; 夫失之, 婦得之; 士失之, 友得之. 故無亡國破家, 悖父亂子, 放兄棄弟, 狂夫淫婦, 絶交敗友.」

3.《漢書》劉安傳

毒藥苦口利病, 忠言逆耳利行.

4.《昔時賢文》

良藥苦口利於病, 忠言逆耳利於行.

5.《明心寶鑑》正己篇

子曰:「良藥苦於口而利於病, 忠言逆於耳而利於行.」

396(32-12)
대추나무 가시에 원숭이를 조각(1)

전문傳文 제 2조:

송宋나라 어떤 사람으로 연왕燕王을 위하여 대추나무 가시 끝에 원숭이 모습을 조각해 해드리겠노라 하면서 반드시 석 달 동안 재계齋戒를 하고 난 다음에야 그것을 볼 수 있다고 하는 사람이 있었다.

연왕이 삼승三乘의 녹을 주어 그를 받들어 모시도록 하였다.

그러자 우어右御 대장장이가 왕에게 말하였다.

"제가 듣기로 임금께서 열흘도 주연을 물리친 채 재계하고 있을 수는 없다 하더이다. 지금 왕께서는 그 긴 기간을 재계하면서까지 쓸데없는 물건을 보실 수 없으리라는 것을 그는 알기 때문에 일부러 석 달의 기간을 정한 것입니다. 무릇 조각하는 칼이란 그 대상을 깎는 것이므로 틀림없이 그 보다 작아야 될 것입니다. 지금 저는 대장장입니다만 그렇게 깎을 수 있는 작은 칼을 만들지 못합니다. 이는 실제 있을 수 있는 물건이 아닙니다. 왕께서 반드시 살피셔야 합니다."

왕이 그를 잡아 가두고 물어보았더니 과연 망녕된 짓을 하는 자였다. 이에 바로 죽여 버렸다.

대장장이가 다시 왕에게 말하였다.

"도량度量 없이 사물을 측량하면 말 잘한다는 자들로써 '가시 끝에 조각 한다'는 말을 하는 자가 많을 것입니다."

傳二:

宋人有請爲燕王以棘刺之端爲母猴者, 必三月齋然後能觀之.

燕王因以三乘養之.

右御冶工言王曰:「臣聞人主無十日不燕之齋. 今知王不能久齋以觀無用之器也, 故以三月爲期. 凡刻削者, 以其所以削必小. 今臣冶人也, 無以爲之削, 此不然物也, 王必察之.」

王因囚而問之, 果妄, 乃殺之.

冶又謂王曰:「計無度量, 言談之士多『棘刺』之說也.」

【傳二】 經文 제 2조에 대한 해설로 396~409까지 모두 14장이 들어 있음.
【棘刺之端】 '棘'은 '棗'와 같음. 대추나무 가시를 가리킴. 아주 작은 곳에 조각을 함.
【母猴】 원숭이를 가리킴. 沐猴. 沐, 獼, 母는 모두 雙聲互訓. 같은 뜻으로 쓰임. 즉 원숭이의 일종. 원숭이 형상을 대추나무 가시 끝에 조각할 수 있다고 장담한 것.
【齋】 술과 고기를 끊고 근신하는 齋戒를 뜻함. 왕으로써 3달은 할 수 없을 것이라는 것을 알기 때문에 그렇게 조건을 붙인 것임.
【三乘】 전차 세 대 분의 병력을 보유할 영지 또는 그 수준의 봉록. 《管子》에 "方六里爲一乘之地也"라 함.
【右御】 관직 이름. 기물 등을 조달하여 바치는 일을 맡음. 흔히 대장장이(冶工)가 감별하므로 이들이 이 직책을 맡음.
【燕】 '宴'과 같음.
【刻削】 조각할 때 쓰는 작은 칼을 가리킴. 조각용 工具.
【必小】 조각 공구는 조각 대상보다 작아야만 된다는 뜻.
【度量】 사물을 측정하는 표준. 길이와 양을 재는 度量衡器의 총칭.

1. 《太平御覽》(957)을 볼 것.

397(32-13)
대추나무 가시에 원숭이를 조각(2)

일설에 이렇게 전하고 있다.

연왕燕王이 공교한 기술을 가진 자들을 불러 모았다.

위衛나라 사람이 와서 대추나무 가시 끝을 원숭이 조각을 만들어 드리겠노라 청하였다.

연왕이 기꺼워하며 그를 오승五乘의 봉록을 주어 받들도록 하였다.

왕이 말하였다.

"나는 그대가 만든 대추나무 가시의 원숭이 조각을 보고 싶다."

그 객이 말하였다.

"임금께서 그것을 보시고자 하면 모름지기 반 년 동안 후궁에 들어가지 말 것이며, 술과 고기도 마시지도 먹지도 않은 다음 비가 개고 해가 뜰 때 양지와 응달사이로 보아야만 대추나무 가시로 만든 원숭이 조각이 보이실 것입니다."

연왕은 이에 위나라 사람을 먹여 주었으나 원숭이 조각이 능히 보이지를 않는 것이었다.

마침 정鄭나라 대하臺下에서 벼슬하던 대장장이가 와 있어 연왕에게 이렇게 말하는 것이었다.

"저는 나무 깎는 작은 칼을 만드는 사람입니다. 여러 세공품은 반드시 작은 칼로 깎아서 만들어야 하므로 깎이는 것은 틀림없이 깎는 칼보다 더 커야 합니다. 지금 대추나무 가시 끝은 작은 칼날을 받아들일 공간이 되지 않으니 대추나무 가시 끝을 다루기는 어려운 것입니다. 왕께서 시험삼아 그 사람의 쓰는 칼을 살펴보시면 가능한 지의 여부를 알 수 있을 것입니다."

왕이 말하였다.

"그렇다."

그리고는 그 위나라 사람에게 말하였다.

"그대는 대추나무 가시를 다루면서 어떻게 깎는가?"

그가 대답하였다.

"작은 칼로써 합니다."

왕이 말하였다.

"나는 그 칼을 보고자 하오."

객이 말하였다.

"청컨대 숙소에 가서 가지고 오겠습니다."

그리고는 달아나 버렸다.

一曰: 燕王徵巧術人.

衛人請以棘刺之端爲母猴.

燕王說之, 養之以五乘之奉.

王曰:「吾試觀客爲棘刺之母猴.」

客曰:「人主欲觀之, 必半歲不入宮, 不飮酒食肉. 雨霽日出, 視之晏陰之間, 而棘刺之母猴乃可見也.」

燕王因養衛人, 不能觀其母猴.

鄭有臺下之冶者謂燕王曰:「臣爲削者也. 諸微物必以削削之, 而所削必大於削. 今棘刺之端不容削鋒, 難以治棘刺之端. 王試觀客之削, 能與不能可知也.」

王曰:「善.」
謂衛人曰:「客爲棘, 削之?」
曰:「以削.」
王曰:「吾欲觀見之.」
客曰:「臣請之舍取之.」
因逃.

【一曰】앞에 제시한 故事나 逸話가 달리 전할 때 韓非는 다음에 같은 내용을
실되 '一曰'이라 하여 구분하였음.
【徵巧術人】〈乾道本〉에는 '好微巧'로만 되어 있음. '徵'은 '불러 모으다, 좋아
하다'의 뜻으로 풀이함. 王先愼이 다른 판본을 종합하여 구절을 정리한 것임.
【五乘之奉】전차 다섯 대 분의 병력을 보유할 정도의 祿을 주어서 고용함. 奉은
俸자와 같음.
【晏陰】하늘이 반은 개이고 반은 흐린 상태. 晏은 맑은 날씨.《漢書》揚雄傳
"天淸日晏"의 注에 "晏, 無雲也"라 함.
【臺下】宮廷 아래. 혹 臺中의 아래로 관직 이름이라고도 함.
【以削削之】〈乾道本〉에는 '以削之'라 하였으나 〈藏本〉과 〈今本〉에 의해 補入함.
앞의 '削'은 名詞, 뒤의 '削'은 動詞임.

참고 및 관련 자료

1.《藝文類聚》(95)
《韓子》曰: 燕王徵巧術人. 請以棘刺之端爲母猴, 母猴成, 巧人曰:「人主欲觀之.
必半歲不入宮, 不飮酒食肉, 雨霽日出, 視之晏陰之間, 而刺之之母猴乃可見也.」
燕王曰:「養之.」不能觀也.
2. 기타《太平御覽》(530, 910),《白孔六帖》(83, 97) 및《文選》(〈魏都賦〉注)를
볼 것.

398(32-14)
백마비마白馬非馬

예열兒說은 宋송나라 사람으로 변론에 뛰어나 '흰말은 말이 아니다'라는 논리를 주장하여 제齊나라 직하稷下의 변론자들을 굴복시켰다.

그러나 그가 흰말을 타고 관문을 지날 때면 백마이면서도 세금을 납부하였다.

그러므로 허사虛辭를 빌려 쓸 경우는 온 나라 사람을 능히 이길 수 있지만 실질을 근거하고 형태에 의거한다면 한 사람도 속일 수가 없는 것이다.

兒說, 宋人, 善辯者也, 持「白馬非馬也」服齊稷下之辯者.
乘白馬而過關, 則顧白馬之賦.
故籍之虛辭, 則能勝一國, 考實按形, 不能謾於一人.

【兒說】'兒'는 '倪'와 같으며 姓氏. 宋 元王 때 大夫이며 名家의 하나. 詭辯에 뛰어 났던 인물. 《呂氏春秋》君守篇과 《淮南子》人間訓에 그 이름이 보임.
【白馬非馬】이는 원래 대표적인 名家 公孫龍子의 주장. 말은 物名이며 白은 色名 으로 두 가지 兼名은 불가하다는 주장. 참고란의 《公孫龍子》를 볼 것.

【稷下】齊나라 도성 臨淄 稷門이 있는 주변으로 전국 시기에 많은 학자들을 모아 양성하고 토론을 벌였음.《史記》田敬仲完世家에 "宣王喜文學遊說之士. ……皆賜列第爲上大夫, 不治而議論, 是以齊稷下學士復盛, 且數百千人"이라 함.

【顧白馬之賦】'顧'는 '視'와 같음. 王先愼은 "顧, 視也. 古人馬稅當別毛色, 故過關 視馬而賦, 不能辯也"라 함. 그러나 陳奇猷는 '白'자는 衍文이어야 한다고 보았음. '아무리 그가 백마는 말이 아니라고 주장하여 천하 변사를 굴복시켰 지만 그가 관문을 통과할 때는 백마도 말인 만큼 세금을 부과 받았다'는 뜻이 어야 한다는 것임. 陳啓天은 "顧, 與雇通, 猶今言「納」也"라 함.

【籍之虛辭】빈말, 즉 공리공론으로써 빈말을 쏟아냄. '籍'은 '藉'와 같음.

【考實按形】실제를 고찰하고 구체적인 형태에 근거함.

```
┌─────────────────┐
│  참고 및 관련 자료  │
└─────────────────┘
```

1.《藝文類聚》(93)

《韓子》曰: 兒說, 宋人, 善辯者也. 持白馬之非馬也, 服齊稷下之辯者. 乘白馬 而過關, 則顧白馬之賦. 故藉空辭則能勝於一國, 實按形, 不能謗於一人.

2.《公孫龍子》跡府篇

謂白馬爲非馬也, 白馬爲非馬者, 言白所以名色, 言馬所 以名形也. 色非形, 形非色也. 夫言色則形不當與, 言形 則色不宜從. 今合以爲物, 非也. 如求白馬於廐中, 無有, 而有驪色之馬, 然不可以應有白馬也. 不可以應有白馬, 則所求之馬亡矣, 亡則白馬竟非馬. 欲推是辯以正名實 而化天下焉.

〈公孫龍〉像

399(32-15)
맞추기야 하겠지만

무릇 살시殺矢를 새로 숫돌에 갈아 큰 활을 잔뜩 당겨 쏘게 되면 비록 눈을 감고 아무렇게나 쏜다 할지라도 추호秋毫 같은 어떤 작은 물건도 그 화살 끝에 맞지 않는 경우란 없을 것이다.

그러나 두 번 다시 같은 곳을 쏘아 맞히지 못하면 훌륭한 사수라 일컬어지지 못하는 것은 그것이 정해진 과녁이 아니었기 때문이다.

다섯 치의 과녁을 만들어 열 걸음 거리를 두고 활을 당긴다면 예羿나 봉몽逢蒙이 아니면 능히 완전히 맞힐 수 없는 것은 그것은 정해진 과녁이었기 때문이다.

기준이 있으면 어렵고 기준이 없으면 쉬운 것이다.

일정한 과녁이 있으면 예나 봉몽이라도 다섯 치의 큰 과녁을 맞히는 것을 교巧라 하지만 일정한 표적이 없으면 아무렇게나 쏘아서 추호같이 아주 작은 물체를 맞혔다 해도 그것은 졸拙이라 한다.

그러므로 법도 없이 응대하면 아무리 변설이 능한 자라 해도 말이 번화해지지만, 법도를 마련하여 그것을 견지하면 비록 지혜로운 자라 할지라도 오히려 실수가 있을까 두려워 감히 아무렇게나 말하지 못한다.

지금은 임금이 변설을 들으면서 법도로 응대하지 않고 말재주만을 좋아하며 실제의 공은 헤아려 보지도 않은 채 그 행동만을 칭찬하므로 그 관문에 들어설 수 없는 것이다.

이것이야말로 임금이 오래도록 속임을 당하는 까닭이며 변설하는 자가 길이 봉양의 대접을 받게 되는 이유이다.

夫新砥礪殺矢, 彀弩而射, 雖冥而妄發, 其端未嘗不中秋毫也.

然而莫能復其處, 不可謂善射, 無常儀的也.

設五寸之的, 引十步之遠, 非羿·逢蒙不能必全者, 有常儀的也.

有度難而無度易也.

有常儀的, 則羿·逢蒙以五寸爲巧; 無常儀的, 則以妄發而中秋毫爲拙.

故無度而應之, 則辯士繁說; 設度而持之, 雖知者猶畏失也, 不敢妄言.

今人主聽說, 不應之以度而說其辯; 不度以功, 譽其行而不入關.

此人主所以長欺, 而說者所以長養也.

【羿】后羿. 夏나라 때 제후 有窮氏의 군주였으며, 有窮后羿라 부름. 활의 명수로서 하늘에 아홉 개의 해가 나타나자 이를 쏘아 하나만 남겼다는 '射滅九日', 그리고 그 아내가 달로 달아난 '嫦娥奔月' 등 많은 신화 전설을 남긴 인물. 《十八史略》(1)에는 "有窮后羿, 立其弟仲康而專其政, 羲和守義不服, 羿假王命, 命胤侯征之. 仲康崩, 子相立, 羿逐相自立. 嬖臣寒浞, 又殺羿自立. 相之后, 有仍國君女也, 方娠, 奔有仍, 而生少康"이라 하여 중강의 아들 상을 축출하고 자립하였다가 한착 등에게 죽임을 당함.

【殺矢】수렵에 쓰이는 날카로운 화살촉. 殺은 尖자와 같은 뜻. 화살 이름.《周禮》
考工記 "冶氏爲殺矢" 注에 "殺矢, 用諸田獵之矢也"라 함.

【彀弩】돌을 날리는 큰 활에 화살을 걸어 힘껏 당김. '彀'는 '張'과 같음.

【冥】'瞑'과 같음.

【中秋毫】어떤 작은 물건이라도 마침내 그 화살에 맞게 됨. 화살을 쏘았으니
어떤 물건이라도 맞는 것이 있게 마련임. 秋毫는 가을에 가늘어진 짐승의 털.
미세한 물체를 비유하는 말.《孟子》梁惠王(上)에 "曰:「有復於王者曰:『吾力足
以擧百鈞, 而不足以擧一羽; 明足以察秋毫之末, 而不見輿薪』, 則王許之乎?」"
라 함.

【儀的】표준이 되는 과녁.

【十步之遠】한 발을 '跬'라 하고 두 발을 '步'라 함. '遠'은 거리 간격을 둠.

【逢蒙】판본에 따라 '逢'자를 비슷한 글자 '逄'(방)으로 표기한 것도 있으며 蜂門,
逢門, 蜂蒙 등 여러 표기가 있음. 后羿에게서 활을 배운 名射手.《孟子》離婁(下)
에 "逢蒙學射於羿, 盡羿之道, 思天下惟羿爲愈己, 於是殺羿"라 하였고,《左傳》
襄公 4年에는 "有窮后羿, 自鉏遷於窮石. 因夏氏以伐夏政, 恃其射也, 不修民事,
而淫于原野. 用寒浞以爲己相, 將歸自田, 家衆殺而亨(烹)之"라 하여 有窮后羿의
여러 제자 가운데 하나로 뒤에 寒浞과 함께 후예를 죽였다 함.《漢書》藝文志
에는《逢門射法》2편이 저록되어 있음.

【全者】백발백중함. 완벽하게 적중시킴.

【不入關】'關'은 '衡'자와 같은 뜻으로 균형이 잡히지 않음. 그러한 범위에 들지
못함.

400(32-16)
죽지 않는 법

어떤 객 가운데 연왕燕王에게 죽지 않는 법을 가르쳐 주는 자가 있다고 하여 왕이 사람을 시켜 그것을 배워오도록 하였더니 배우러 가는 자가 미처 그곳에 도착하기도 전에 그 객은 죽고 말았다.

왕이 크게 노하여 배워 오라고 보냈던 자를 벌주었다.

왕은 객이 자기를 속인 줄도 알지 못한 채 배우러 간 자가 늦었다고 벌을 내린 것이다.

무릇 도대체 있을 수 없는 일을 믿고 죄 없는 신하를 처벌한 것은 제대로 살펴보지 못하는 해악이다.

게다가 사람에게 급한 것으로서 자신의 몸 만한 것이 없건만 스스로 자신의 몸을 죽지 않게 할 수 없으면서 어찌 왕을 오래 살게 할 수 있겠는가?

客有教燕王爲不死之道者, 王使人學之, 所使學者未
及學而客死.

王大怒, 誅之.

王不知客之欺己, 而誅學者之晩也.

夫信不然之物而誅無罪之臣, 不察之患也.

且人所急無如其身, 不能自使其無死, 安能使王長生哉?

【不然之物】될 수 없는 불가한 사물.
【所急】제일 소중한 것. 不死之術을 가진 자도 남을 살리는 일보다 자신의 몸이
 더 급함.

1.《列子》說符篇

昔人言有知不死之道者, 燕君使人受之, 不捷, 而言者死. 燕君甚怒, 其使者將加
誅焉. 幸臣諫曰:「人所憂者莫急乎死, 己所重者莫過乎生. 彼自喪其生, 安能令
君不死也?」乃不誅. 有齊子亦欲學其道, 聞言者之死, 乃撫膺而恨. 富子聞而
笑之曰:「夫所欲學不死, 其人已死而猶恨之, 是不知所以爲學」胡子曰:「富子
之言非也. 凡人有術不能行者有矣, 能行而無其術者亦有矣. 衛人有善數者, 臨死,
以決喩其子. 其子志其言而不能行也. 他人問之, 以其父所言告之. 問者用其言
而行其術, 與其父無差焉. 若然, 死者奚爲不能言生術哉?」

401(32-17)
나이를 두고 다투는 두 사람

정鄭나라 사람 가운데 나이를 두고 다투는 자가 있었다.

한사람이 말하였다.

"나는 요堯와 동갑이다."

다른 한 사람은 말하였다.

"나는 황제黃帝의 형과 동갑이다."

이로써 소송을 걸었으나 결말이 나지 않았는데 가장 늦게 쟁론을 그만둔 자를 승리자로 여겼을 뿐이다.

鄭人有相與爭年者.

一人曰:「吾與堯同年.」

其一人曰:「我與黃帝之兄同年.」

訟此而不決, 以後息者爲勝耳.

【爭年】술자리에 나이가 많은 사람 순으로 앉는 관례 때문에 나이가 많고 적은 것을 다툼.

【堯】전설상 上古시대 五帝의 하나. 陶唐氏. 唐堯로도 부름. 祁姓이며 이름은 放勳. 帝嚳의 아들. 《十八史略》(1)에 "帝堯陶唐氏: 伊祁姓, 或曰名放勳, 帝嚳子也.

其仁如天, 其知如神, 就之如日, 望之如雲, 都平陽. 茆茨不剪, 土階三等. 有草生庭,
十五日以前, 日生一葉, 以後日落一葉, 月小盡, 則一葉厭而不落, 名曰蓂莢, 觀之
以知旬朔"이라 함. 《史記》五帝本紀를 볼 것. B.C.2333년에 왕위에 오른 것으로
흔히 추정함.

【黃帝】軒轅氏, 堯임금보다 훨씬 앞선 고대 전설상의 제왕.

【後息】논쟁을 끝까지 그만두지 않고 계속하는 편을 가리킴. 맨 나중에 쟁론을
그치는 자. 《意林》에는 '息'이 '罷'로 되어 있음.

참고 및 관련 자료

1. 《意林》(1)

鄭人相與爭年. 一人云: 「吾與堯同年.」一人云: 「吾與黃帝兄同年.」爭此不決,
以後息罷爲勝.

2. 기타 《太平御覽》(496)을 볼 것.

402(32-18)
지팡이에 그린 그림

어떤 객 가운데 주군周君을 위하여 지팡이에 그림을 그려주겠다며 3년 걸려 완성하였다.

임금이 보았더니 옻칠을 한 것과 똑같은 모양이었다.

주군은 크게 노하였다.

그러자 지팡이에 그림 그린 자가 말하였다.

"판축 열 장 높이의 담장을 쌓아 여덟 자 창을 뚫어 해가 막 솟아날 때 그것을 그 위에 올려놓고 보십시오."

주군이 그대로 하여 그 형상을 보았더니 모두가 용, 뱀, 새, 짐승, 수레, 말이 되어 만물의 모양이 다 갖추어져 있었다.

주군이 크게 기꺼워하였다.

이처럼 지팡이에 그린 그 미세한 공력이 어렵지 않은 것은 아니지만 그 쓰임새로는 원래 그대로에 옻칠한 지팡이와 같다.

客有爲周君畫莢者, 三年而成.

君觀之, 與髹莢者同狀.

周君大怒.

畫莢者曰:「築十版之牆, 鑿八尺之牖, 而以日始出時加之其上而觀.」

周君爲之, 望見其狀, 盡成龍蛇禽獸車馬, 萬物之狀備具.
周君大悅.
此筴之功非不微難也, 然其用與素髤筴同.

【畫筴】'筴'에 대해서는 여러 설이 있음. 우선 콩의 껍질로 투명하고 얇아 여기에
그림을 그려 장식용으로 밑그림으로 썼으며 그 위에 옻칠을 하여 여러 가지
무늬를 내었다는 설. 陳奇猷는 "筴, 蓋豆筴·楡筴之筴. 凡筴皆有薄膜, 古者無
玻璃, 故取筴膜而制底片, 取其易于透光也"라 하였음. 盧文弨는 "筴譌, 下同.
前作策, 策·筴同"이라 하여 筴(策)으로 보았으며, 邵增樺는 나아가 아예 원문을
'筴'으로 바꾸고 "筴, 通策, 或以爲馬筆, 或以爲簡策. 今按似爲手杖"이라 하여
策杖, 즉 지팡이로 보았음. 여기서는 이에 따라 잠정 풀이하였음.
【髤】옻칠을 뜻함. 王先愼은 "髤, 本作髹.《玉篇》:「髹, 同髤」《史記》貨殖傳「木器
髤者千枚」, 注:「徐廣云:『髤, 漆也.』」《漢書》皇后傳「殿上髤漆」, 師古云:「以漆
漆物謂之髤, 今關東俗器物一再著漆者, 謂之捎漆, 捎卽髤聲之轉」此渭所畫不辨
黑白, 與漆筴同也"라 함.
【十版】성곽을 쌓는 版築 열 장 분량의 높이를 말함.
【牖】牖는 햇빛을 방안에 비쳐들게 만든 둥근 창.《說文》段玉裁 注에 "在墻曰牖,
在屋曰窗"이라 함.
【素】그림이 그려지지 않은 상태. 王先愼은 "素, 未畫也. 此言畫筴之用, 何異素髤?"
라 함.

403(32-19)
그리기 가장 쉬운 것

어떤 객이 제왕齊王을 위하여 그림을 그리는 자가 있어 제왕이 물었다.
"그림에서 어떤 것이 가장 어려운가?"
그가 대답하였다.
"개나 말이 가장 어렵습니다."
"어느 것이 가장 쉬운가?"
그가 말하였다.
"도깨비가 가장 쉽습니다."
무릇 개나 말은 사람이 알고 있는 것이며 아침저녁으로 눈앞에 보여
그것을 똑같게 그릴 수 없으니 그 때문에 어려운 것이요, 도깨비는 형체가
없는 것이며 눈앞에 보이지도 않으니 그 때문에 쉬운 것이다.

客有爲齊王畫者, 齊王問曰:「畫孰最難者?」
曰:「犬馬最難.」
「孰易者?」
曰:「鬼魅最易.」
夫犬馬, 人所知也, 旦暮罄於前, 不可類之, 故難; 鬼魅,
無形者, 不罄於前, 故易之也.

【鬼魅】귀신이나 도깨비. 다른 판본에는 '鬼神'으로 되어 있음.

【罄】사람 눈앞에 나타나 보임. '罄'은 '俔', '覵'자의 뜻으로 봄.《太平御覽》에는 '覵'로 되어 있음.

【不可類之】《韓非子校釋》에는 "不可不類之"라 하여 '不'자를 더 넣었으며 "똑같이 그리지 않으면 안 된다"로 보았음.

reference
참고 및 관련 자료

1.《藝文類聚》(74)

《韓子》曰: 客爲齊王畫者,. 問之:「畫孰最難?」對曰:「狗馬最難.」「孰最易?」曰:「鬼魅最易.」狗馬人所知也, 旦暮於前, 不可類之, 故難; 鬼魅無形, 無形者不可睹, 故易.

2.《意林》(1)

客有爲齊王畫者, 王問:「何者最難?」對曰:「畫狗馬爲最難, 鬼魅最易. 狗馬人共知, 鬼魅無形像也.」

3. 기타《太平御覽》(750)을 볼 것.

404(32-20)
너무 단단한 표주박

제齊나라에 거사居士 전중田仲이란 자가 있었는데 송宋나라 굴곡屈穀이 그를 만나보고 이렇게 말하였다.

"제가 듣기로 선생의 의로움이란 남에게 기대어 먹지 않는다라고 하더이다. 지금 저는 표주박 심는 방법을 알고 있습니다. 단단하기가 돌과 같으며 두꺼워 구멍이 나지 않습니다. 이것을 드립니다."

그러자 전중이 말하였다.

"무릇 그것이 귀한 바란 그것으로 담을 수 있기 때문입니다. 지금 두껍고 구멍이 나 있지 않으면 이를 쪼개어 물건을 담을 수 없을 것이며 무겁기가 마치 돌과 같다면 이를 쪼개어 물을 뜰 수도 없습니다. 나는 그런 표주박은 필요없습니다."

굴곡이 말하였다.

"그렇습니다. 저도 앞으로 그것을 버리려던 참이었습니다."

지금 전중은 남의 도움으로 먹지는 않지만 역시 사람의 나라에 도움도 되지 않으니 그 또한 단단한 표주박과 같은 것이다.

齊有居士田仲者, 宋人屈穀見之, 曰:「穀聞先生之義, 不恃人而食. 今穀有樹瓠之道, 堅如石, 厚而無竅, 獻之.」

仲曰:「夫瓠所貴者, 謂其可以盛也. 今厚而無竅, 則不可以剖以盛物; 而任重如堅石, 則不可以剖而以斟. 吾無以瓠爲也.」

曰:「然, 穀將棄之.」

今田仲不恃人而食, 亦無益人之國, 亦堅瓠之類也.

【田仲】盧文弨《群書拾補》에 田仲子(陳仲子), 즉 결벽증이 심했던 於陵仲子, 於陵子仲이라 하였음. 齊나라 귀족으로 형 陳戴(田戴)가 世祿을 받는 것을 부끄럽게 여겨 어머니와 함께 오릉(於陵)에 살며 時宜에 맞지 않은 節義를 지킨 인물로 널리 알려짐. 孟子는 그를 심하게 비난하였음.

【屈穀】屈轂으로도 표기함. 구체적으로는 알 수 없음. 盧文弨《群書拾補》에 "文選七命注, 引穀作轂"이라 함.

【恃人】각 판본에는 '恃仰人'으로 되어 있으나〈集解〉에 "先愼曰: 各本恃下有仰字, 盧文弨云:「仰字疑衍, 下選注引無.」今據刪"이라 하여《文選》注의 인용을 근거로 刪去하였음.

〈오릉중자(於陵仲子)〉

【瓠】박. 바가지를 만들어 쓸 수 있는 것. 葫蘆박.

【厚而無竅】표주박 속살이 두텁게 차 있어 비어 있지 않음.

【謂】'爲'와 같음. 陳啓天은 "謂, 猶爲也, 讀去聲"이라 함.

【盛】'물건 등을 담다'의 動詞.

【任重】顧廣圻는 "任重二字涉下節而衍"이라 함.

【斟】물이나 술을 퍼서 마심.

참고 및 관련 자료

1.《文選》(〈七命〉注)를 볼 것.

《韓子》曰: 齊有居士田仲者, 宋人屈轂往見之, 謂仲曰:「轂有巨瓠, 堅如石,

厚而無竅, 願效先生.」田仲曰:「堅如石, 不可剖而斵; 厚而無竅, 不可以受水漿,
吾無用此瓠爲也!」屈穀曰:「然其棄物乎?」曰:「然.」「今先生雖不恃人之食,
亦無益於人之國矣, 猶可棄之瓠也!」田仲若有所失, 憗而不對.

2.《孟子》滕文公(下)

匡章曰:「陳仲子豈不誠廉士哉? 居於陵, 三日不食, 耳無聞, 目無見也. 井上有李,
螬食實者過半矣, 匍匐往將食之, 三咽, 然後耳有聞, 目有見.」孟子曰:「於齊國
之士, 吾必以仲子爲巨擘焉. 雖然, 仲子惡能廉? 充仲子之操, 則蚓而後可者也.
夫蚓, 上食槁壤, 下飲黃泉. 仲子所居之室, 伯夷之所築與? 抑亦盜跖之所築與?
所食之粟, 伯夷之所樹與? 抑亦盜跖之所樹與? 是未可知也.」曰:「是何傷哉?
彼身織屨, 妻辟纑, 以易之也.」曰:「仲子, 齊之世家也. 兄戴, 蓋祿萬鍾. 以兄之
祿爲不義之祿而不食也, 以兄之室爲不義之室而不居也, 辟兄離母, 處於於陵.
他日歸, 則有饋其兄生鵝者, 己頻顣曰:『惡用是鶃鶃者爲哉?』他日, 其母殺是
鵝也, 與之食之. 其兄自外至, 曰:『是鶃鶃之肉也.』出而哇之. 以母則不食, 以
妻則食之; 以兄之室則弗居, 以於陵則居之. 是尙爲能充其類也乎? 若仲子者,
蚓而後充其操者也.」

3.《列女傳》賢明傳 楚於陵妻

楚於陵子終之妻也. 楚王聞於陵子終賢, 欲以爲相, 使使者持金百鎰往聘迎之,
於陵子終曰:「僕有箕帚之妾, 請入與計之.」即入, 謂其妻曰:「楚王欲以我爲相,
遣使者持百金來. 今日爲相, 明日結駟連騎, 食方丈於前, 可乎?」妻曰:「夫子織
屨以爲食, 非與物無治也. 左琴右書, 樂亦在其中矣. 夫結駟連騎, 所安不過容膝;
方丈於前, 所甘不過一肉. 今以容膝之安, 一肉之味, 而懷楚國之憂, 其可乎?
亂世多害, 妾恐先生之不保命也.」於是子終出謝使者而不許也, 遂相與逃而爲
人灌園. 君子謂:「於陵妻爲有德行.」詩云:『愔愔良人, 秩秩德音.』此之謂也.
頌曰:『於陵處楚, 王使聘焉. 入與妻謀, 懼世亂煩. 進往遇害, 不若身安. 左琴
右書, 爲人灌園.』

4.《莊子》逍遙遊篇

惠子謂莊子曰:「魏王貽我大瓠之種, 我樹之成而實五石, 以盛水漿, 其堅不能自
舉也; 剖之以爲瓢, 則瓠落無所容. 非不呺然大也, 吾爲其無用而掊之.」莊子曰:
「夫子固拙於用大矣. 宋人有善爲不龜手之藥者, 世世以洴澼絖爲事. 客聞之,
請買其方以百金. 聚族而謀曰:『我世世爲洴澼絖, 不過數金; 今一朝而鬻技百金,
請與之.』客得之, 以說吳王. 越有難, 吳王使之將, 冬與越人水戰, 大敗越人,
裂地而封之. 能不龜手, 一也; 或以封, 或不免於洴澼絖, 則所用之異也. 今子

有五石之瓠, 何不慮以爲大樽而浮乎江湖, 而憂其瓠落無所用? 則夫子猶蓬之
心也夫!」惠子謂莊子曰:「吾有大樹, 人謂之樗. 其大本擁腫而不中繩墨, 其小
枝卷曲而不中規矩, 立之塗, 匠者不顧. 今子之言, 大而無用, 衆所同去也.」
莊子曰:「子獨不見狸狌乎? 卑身而伏, 以候敖者; 東西跳梁, 不辟高下; 中於
機辟, 死於罔罟. 今夫斄牛, 其大若垂天之雲. 此能爲大矣, 而不能執鼠. 今子
有大樹, 患其無用, 何不樹之於无何有之鄉, 廣莫之野, 彷徨乎无爲其側, 逍遙
乎寢臥其下. 不夭斤斧, 物无害者, 无所可用, 安所困苦哉!」

5.《高士傳》(皇甫謐) 仲卷 陳仲子

陳仲子者, 齊人也. 其兄戴爲齊卿, 食祿萬鍾, 仲子以爲不義, 將妻子適楚,
居於陵. 自謂於陵仲子. 窮不苟求不義之食. 不食遭歲饑乏糧, 三日乃匍匐而食
井上李實之蟲者, 三咽而能視. 身自織屨, 妻擘纑以易衣食. 楚王聞其賢, 欲以
爲相. 遣使持金百鎰至於陵聘仲子. 仲子入謂妻曰:「楚王欲以我爲相. 今日
爲相, 明日結駟連騎, 食方丈於前, 意可乎?」妻曰:「夫子左琴右書, 樂在其
中矣. 結駟連騎, 所安不過容膝; 食方丈於前, 所甘不過一肉. 今以容膝之安·
一肉之味, 而懷楚國之憂, 亂世多害, 恐先生不保命也.」於是出謝使者, 遂相與
逃去, 爲人灌園.

6.《戰國策》齊策(4)

於陵子仲尚存乎? 是其爲人也, 上不臣於王, 下不治其家, 中不索交諸侯. 此率民
而出於無用者, 何爲至今不殺乎?

〈莊子(莊周)〉《三才圖會》

405(32-21)
우경虞卿의 집짓기 간섭

우경虞慶이 집을 지으면서 장인匠人에게 이렇게 일러 말하였다.

"지붕이 너무 높다."

장인이 대답하였다.

"이것은 새집입니다. 흙이 젖어 있고 서까래가 생나무입니다. 무릇 젖은 흙은 무겁고 생나무 서까래는 굽기 쉽습니다. 굽은 서까래가 무거운 흙을 떠받치고 있으니 이것은 당연히 낮아질 것입니다."

우경이 말하였다.

"그렇지 않다. 날이 오래 지나면 흙도 마르고 서까래도 마른다. 흙이 마르면 가벼워질 것이며, 서까래가 마르면 곧게 펴질 것이다. 곧은 서까래로 가벼운 흙을 떠받치게 되니 이것은 더욱 높아질 것이다."

목수는 굴복하고 그가 시키는 대로 하였더니 집이 무너지고 말았다.

虞慶爲屋, 謂匠人曰:「屋太尊.」

匠人對曰:「此新屋也, 塗濡而椽生. 夫濡塗重而生椽撓, 以撓椽任重塗, 此宜卑.」

虞慶曰:「不然, 更日久, 則塗乾而椽燥. 塗乾則輕, 椽燥則直, 以直椽任輕塗, 此益尊.」

匠人詘, 爲之而屋壞.

【虞慶】虞卿. ‘慶’은 ‘卿’과 같음. 전국시대 유명한 유세가. 趙나라 上卿을 지냈으며 長平之戰을 해결한 것으로 유명함.《史記》虞卿傳 등에 널리 그의 일화가 실려 있음. 그러나 그의 이름은《呂氏春秋》에는 ‘高陽應’,《淮南子》에는 ‘高陽魋’로 되어 있음.

【匠人】여기서는 집을 짓는 도편수, 목수를 가리킴.

【塗濡】塗는 지붕 위에 올리는 진흙. 濡는 습기가 많아 축축함.

【詘】‘屈’과 같음. 굴복함. 말이 궁해져 마침내 그의 말을 듣게 됨을 뜻함.

참고 및 관련 자료

1.《呂氏春秋》別類篇

高陽應將爲室家, 匠對曰:「未可也. 木尙生, 加塗其上, 必將撓. 以生爲室, 今雖善, 後將必敗.」高陽應曰:「緣子之言, 則室不敗也. 木益枯則勁, 塗益乾則輕, 以益勁任益輕則不敗.」匠人無辭而對, 受令而爲之. 室之始成也善, 其後果敗. 高陽應好小察, 而不通乎大理也.

2.《淮南子》人間訓

或直於辭而不害於事者, 或虧於耳・忤於心而合於實者. 高陽魋將爲室, 問匠人. 匠人對曰:「未可也. 木尙生, 加塗其上, 必將撓. 以生材任重塗, 今雖成, 後必敗.」高陽魋曰:「不然. 夫木枯則益勁, 塗乾則益輕. 以勁材任輕塗, 今雖惡, 後必善.」匠人窮於辭, 無以對, 受令而爲室. 其始成竘然善也, 而後果敗. 此所謂直於辭而不可用者也.

406(32-22)
무너진 집

일설에는 이렇게 전하고 있다.

우경虞慶이 앞으로 집을 지으려 하자 장인이 말하였다.

"재목은 생나무이며 흙이 젖어 있습니다. 무릇 재목이 생나무이면 굽기 쉽고 흙이 젖어 있으면 무겁습니다. 굽은 나무로 무거운 흙을 떠받치고 있으니 지금 비록 완성했다 해도 오래 지나면 틀림없이 무너지고 말 것입니다."

그러자 우경이 말하였다.

"재목이 마르면 곧아지고 흙이 마르면 가벼워진다. 지금 만약 집을 다 지어 마르게 되면 날로 가벼워지고 곧아져서 비록 오래되더라도 틀림없이 무너지지 않을 것이다."

장인은 말이 막혀 그의 말대로 집을 지었는데 얼마 지나 그의 집은 과연 무너지고 말았다.

一曰: 虞慶將爲屋.

匠人曰:「材生而塗濡. 夫材生則撓, 塗濡則重, 以撓任重, 今雖成, 久必壞.」

虞慶曰：「材乾則直, 塗乾則輕. 今誠得乾, 日以輕直, 雖久, 必不壞.」

匠人詘, 作之成, 有間, 屋果壞.

【一曰】앞에 제시한 故事나 逸話가 달리 전할 때 韓非는 다음에 같은 내용을 싣되 '一曰'이라 하여 구분하였음.
【有間】시간적으로 얼마 지나지 않음을 말함.

407(32-23)
부러진 활

범저范且가 말하였다.

"활이 부러지는 것은 반드시 그것을 다 만들었을 때에 일어나는 일이지 만들기 시작하는 처음에 부러지는 것은 아니다. 무릇 공인工人이 활을 잡아 당길 때 삼십 일 동안 그것을 도지개에 끼워 두었다가 발로 활시위를 밟고 하루에 그것을 쏘아 보게 된다. 이는 처음에는 절도 있게 하다가 끝에는 거칠게 다루는 셈이니 어찌 부러지지 않겠는가? 그러나 나且의 활 당기는 법은 그렇지 않다. 하루 그것을 도지개에 끼워 두었다가 발로 활시위를 밟고 삼십 일이 되어 쏘아 본다. 이는 처음에는 거칠게 다루고 끝에 가서 절도 있게 하는 것이다."

공인이 궁하여 시키는 대로 하였더니 활이 그만 부러지고 말았다.

范且曰:「弓之折, 必於其盡也, 不於其始也. 夫工人張弓也, 伏檃三旬而蹈弦, 一日犯機, 是節之其始而暴之其盡也, 焉得無折? 且張弓不然: 伏檃一日而蹈弦, 三旬而犯機, 是暴之其始而節之其盡也.」

工人窮也, 爲之, 弓折.

【范且】范雎. 전국시대 魏나라 사람으로 처음에 魏나라 中大夫 須賈를 섬겨 그를 따라 齊나라에 사신으로 갔다가 제나라와 내통했다는 오해를 받아 위나라 相國 魏齊에게 폭행을 당하여 죽을 고비를 넘긴 다음 이름을 張祿으로 바꾸고 秦나라에 들어가 遠交近攻策으로 秦 昭襄王에게 유세, 재상에 올라 應侯에 봉해진 인물.《史記》范雎蔡澤列傳을 참조할 것. 한편 '范雎'는 '范雎'로 표기하고 '범수'로 읽어왔으나《戰國策考證》에《史記》와《韓非子》를 인용하여 '范且, 范雎也, 且, 雎同字'라 하였음. '范雎'를 '范雎'로 표기하고 읽기 시작한 것은《通鑑》의 周 赧王 四十五年後 胡三省의 注에 "范雎의 雎는 音이 雖이다" 라 하여 이때부터 '범수'로 읽기 시작한 것임. 그러나 淸 錢大昕의《通鑑》注 辨正에 "武梁祠 畫像에 范且의 且는 雎와 같은데〈雎〉字 왼쪽의 部는 '且'이며 '目'이 아니다. 그러므로 '雎'는 심한 誤謬이다"라 하였음.

【其盡】'盡'은 '終'의 뜻. '다 만들고 나서'의 뜻.

【工人】여기서는 弓匠을 가리킴. 활 만드는 사람.

【伏檠】'檠'은 활의 형태를 바로잡는 도구. 도지개. 伏은 그 틀 속에 끼워 고정된 상태로 굳어지도록 함.

【犯機】시험삼아 활을 쏘아봄. 機는 활 쏘는 틀. 機具.

【節之】절도에 맞추어 신중히 함.

【且】范且 자신을 스스로 가리킴.

【窮】王先愼은 "工窮於詞, 依且爲之"라 함.

408(32-24)
이론만 밝아서야

범저范且나 우경虞慶이 했던 말은 모두가 화려한 변설로써 말은 그럴듯하게 뛰어나지만 일의 실정에는 어긋난 것이다.

임금이 이를 좋아하면서 금하지 않으니 이것이 실패하는 원인이다.

무릇 잘 다스리고 강해지려는 공력은 도모하지 않으면서 변설이 화려하고 아름답다는 명성만을 부러워하고 있으니 이는 법술을 익힌 사람은 물리치고 집을 부수거나 활을 부러뜨리는 사람에게 모든 것을 맡기는 셈이다.

그러므로 임금이 나라를 다스림에는 모두가 공장工匠이 집을 짓고 활을 잡아당기는 기술에 통달하지 못하고 있다.

그럼에도 법술을 익힌 사람이면서도 도리어 범저나 우경 같은 자에게 궁해지는 것은 그들의 허망한 말이 쓸모가 없음에도 더 나아보이고, 실제 일은 바꿈이 없는데도 대응이 궁해지기 때문이다.

임금이 쓸데없는 변설을 중히 여기고 변할 수 없는 말은 업신여기고 있으니 이것이 패란을 가져오는 원인이다.

오늘날 세상에 범저나 우경같은 일을 저지르는 자가 사라지지 않건만 임금은 그런 자를 좋아하면서 막을 줄 모르고 있으니 이것이 집을 부수고 활을 부러뜨리는 따위의 말은 귀히 여기면서 법술을 가진 사람은 마치 공장 취급하듯이 하고 있다.

그들이 자신의 기교를 펴 볼 수 없으므로 집은 무너지고 활은 부러지는 것이며, 다스릴 줄 아는 사람이 자신의 방술方術을 실행해 볼 수 없으므로 나라는 어지러워지고 임금은 위험해지는 것이다.

范且·虞慶之言, 皆文辯辭勝, 而反事之情.

人主說而不禁, 此所以敗也.

夫不謀治强之功, 而豔乎辯說文麗之聲, 是卻有術之士而任「壞屋」·「折弓」也.

故人主之於國事也, 皆不達乎工匠之搆屋張弓也.

然而士窮乎范且·虞慶者, 爲虛辭, 其無用而勝; 實事, 其無易而窮也.

人主多無用之辯, 而少無易之言, 此所以亂也.

今世之爲范且·虞慶者不輟, 而人主說之不止, 是貴「敗」·「折」之類而以知術之人爲工匠也.

不得施其技巧, 故屋壞弓折; 知治之人不得行其方術, 故國亂而主危.

【豔】'艷'과 같음. '羨'의 뜻. 부러워함.
【無易】'不易'과 같음. 원리가 變易될 수 없음.
【輟】철회되지 않고 계속 성행함. '輟'은 '止'의 뜻.
【方術】통치술. 정치 방법. '法術'과 같은 말로 쓰인 것임.

409(32-25)
소꿉놀이

무릇 어린아이가 서로 소꿉놀이를 할 때 진토塵土를 밥이라 하고 젖은 흙을 국이라 하며 나무를 고기라 하며 놀다가도 날이 저물어 저녁때가 되면 반드시 돌아와 밥을 먹는 것은 흙밥과 진흙국은 가지고 놀 수는 있어도 먹을 수는 없기 때문이다.

무릇 상고 시대의 전설과 송축하는 말은 말로 떠들기만 할 뿐으로 정성을 담지 않거나, 선왕의 인의를 행한다면서 능히 나라를 바로잡지 못한다면 이 또한 놀이는 될 수 있어도 다스림으로 여길 수는 없다.

무릇 인의를 사모하면서 나라를 약화시키고 혼란에 빠뜨린 나라는 삼진三晉이며, 아무것도 사모하지 않으면서 강한 다스림을 이룬 나라는 진秦나라이다. 그러나 진나라가 아직 제왕帝王이 되지 못한 것은 통치술을 다 마치지 못하였기 때문이다.

夫嬰兒相與戱也, 以塵爲飯, 以塗爲羹, 以木爲戲, 然至日晩必歸饟者, 塵飯塗羹可以戱而不可食也.

夫稱上古之傳頌, 辯而不愨, 道先王仁義而不能正國者, 此亦可以戱而不可以爲治也.

夫慕仁義而弱亂者, 三晉也; 不慕而治强者, 秦也, 然而未帝者, 治未畢也.

【塵】塵土. 여기서는 작은 흙뭉치를 가리킴.

【胾】고깃점. 片肉.《禮記》曲禮 "左殽右胾"의 注에 "胾, 大臠"이라 함.

【不憼】憼은 삼갈 謹자의 뜻이나 誠자로도로 통함.

【道先王仁義】'道'는 '말하다'의 뜻으로 보았으나《荀子》王霸篇 "故古之人有 大功名者, 必道是者也"의 注에 "道, 行也"라 하여 실행함을 뜻함.

【三晉】春秋時代 晉나라에는 知(智), 韓, 魏, 趙, 范, 中行 등 여섯 씨족이 모두 卿에 올라 이들의 권세가 대단하였으며 국권을 마음대로 하였음. 마침내 뒤에 이들이 다툼을 벌여 韓, 魏, 趙가 승리하여 흔히 이들을 '三晉'이라 부르며 晉나라는 망하고 이들 三晉이 戰國時代 七雄의 반열에 오르게 됨.

【未帝】여기서 帝는 천하 통일의 主役이 되는 帝王의 지위를 뜻함.

【治】韓非가 주장하는 자신의 이론 '法術'을 가리킴.

410(32-26)
이익이 되기에

전문傳文 제 3조:

사람이 어린아일 때 부모가 양육을 소홀히 하면 아이는 어른이 되어 원망하며, 자식이 자라서 어른이 되어 부모 봉양을 소홀히 하면 부모가 노여워하고 꾸짖는다.

자식과 부모는 가장 가까운 사이임에도 혹 원망을 하고 혹 꾸짖기도 하는 것은 모두 서로를 위한다는 마음만을 가지면서 자신을 위하는 생각에는 주밀하지 못하였기 때문이다.

무릇 일꾼을 사서 씨를 뿌리고 농사지을 경우 주인은 자신의 집 돈을 써서 맛있는 음식을 해주고 베를 조달하여 이를 돈으로 바꾸어 품삯을 주는 것은 그 일꾼을 사랑해서가 아니라 "이렇게 해야 밭을 갈 때 깊이 갈고 김을 맬 때 잘 해내기 때문"이라고 말한다.

한편 일꾼은 있는 힘을 다하여 애써서 김매고 농사짓는 것과, 공교함을 다하여 밭두둑과 논길을 바르게 정리하는 것은 주인을 사랑해서가 아니라 "이렇게 해야만 주인이 끓여주는 국이 맛이 있고 돈도 또한 잘 벌 수 있기 때문"이라고 말한다.

이는 그 한 쪽은 힘을, 한 쪽은 공효를 서로 제공하는 것으로써 부자 사이에는 은택이 있지만, 그럼에도 마음이 그 쓰임에 따라 조절의 차이가 있는 것은 모두가 자신을 위해야겠다는 마음을 품고 있기 때문이다.

그러므로 사람이 일을 하거나 남에게 베풀어 줄 때에 자신에게 이익이 된다는 마음으로 하면 월越나라 사람과도 쉽게 화합을 이룰 수 있으나,

자신에게 손해가 된다는 마음으로써 하면 부자 사이라 해도 멀어지고
게다가 원망까지 하게 되는 것이다.

傳三:

人爲嬰兒也, 父母養之簡, 子長而怨; 子盛壯成人, 其供
養薄, 父母怒而誚之.

子·父, 至親也, 而或誚或怨者, 皆挾相爲而不周於爲
己也.

夫賣庸而播耕者, 主人費家而美食, 調布而求易錢者,
非愛庸客也, 曰:「如是, 耕者且深, 耨者熟耘也.」

庸客致力而疾耘耕者, 盡巧而正畦陌畦畤者, 非愛主
人也, 曰:「如是, 羹且美, 錢布且易云也.」

此其養功力, 有父子之澤矣, 而心調於用者, 皆挾自爲
心也.

故人行事施予, 以利之爲心, 則越人易和, 以害之爲心,
則父子離且怨.

【傳三】 經文 제3조에 대한 해설로 410~428까지 모두 19장이 들어 있음.
【簡】 간략하게 적당히 함. 簡忽하게 함.
【挾相爲】 상대방을 위한다는 생각을 품고 있음.
【誚·譙】 두 글자 모두 '꾸짖다'는 뜻으로 서로 바꾸어 써도 되는 互用字.
【不周】 周到하지 못함. 철저히 하지 않음.
【買庸】 품 파는 사람을 고용하여 씀. '庸'은 '傭'과 같음.
【調布】 여기서 布는 옛날의 화폐. 調는 마련하여 줌. 조달함.

【畦陌畦時】밭두둑과 논고랑 등 농작물을 기르는 토지의 형태를 가리키는 말.
【養功力】功은 주인이 원하는 功效, 力은 일꾼이 제공하는 勞動力. 서로가
이익이 되는 것이 있음으로 해서 음식과 품삯, 노동력으로서 서로를 봉양함.
【心調於用】쓰임에 따라 자신 마음의 조절에 차이가 있음. 부자 사이에 은택이
있음에도 그것만으로 모든 것이 해결되는 것이 아니며 이해에 따라 생각의
차이가 있게 마련임을 뜻함.

411(32-27)
무도한 송군宋君

    문공文公이 송宋나라를 치면서 먼저 이렇게 선언하였다.

    "나는 송군宋君이 무도하여 장로들을 경멸하고 재물 분배가 알맞지 않으며 명령이 신임을 받지 못한다고 들었다. 내가 백성을 위해 그를 벌주려고 온 것이다."

    文公伐宋, 乃先宣言曰:「吾聞宋君無道, 蔑侮長老, 分財不中, 敎令不信. 余來爲民誅之.」

【文公】周 文王(姬昌)의 오류. 顧廣圻는 "公當作王, 宋當作崇, 見《說苑》指武篇"이라 하여 다음의 '宋' 역시 '崇'의 오류라 하였음. '崇'은 殷나라 말 崇侯를 가리킴. 그러나 王先愼은 "經亦作文公, 疑非文王伐崇事"라 하여 '文王伐崇'의 고사와는 다른 것이라 보았음. 그런가 하면 尹桐陽은 "文王即齊湣王, 宋君即王偃"이라 하여 저마다 견해가 다름.

【不中】공정하게 균형 잡히지 않음. 맞지 않음.

1.《說苑》指武篇

文王欲伐崇, 先宣言曰:「余聞崇侯虎, 蔑侮父兄, 不敬長老, 聽獄不中, 分財不均, 百姓力盡, 不得衣食, 余將來征之, 唯爲民.」乃伐崇, 令毋殺人, 毋壞室, 毋塡井, 毋伐樹木, 毋動六畜, 有不如令者死無赦. 崇人聞之, 因請降.

412(32-28)
무도한 오왕吳王

월越나라가 오吳나라를 치면서 먼저 이렇게 선언하였다.

"나는 오왕吳王이 여황대如皇臺를 짓고 연천지淵泉池를 만들면서 백성들을 피로에 지쳐 괴롭도록 하며, 재화를 모두 써서 백성의 힘을 탕진하고 있다고 들었다. 내가 온 것은 백성을 위하여 그를 벌주려는 것이다."

越伐吳, 乃先宣言曰:「我聞吳王築如皇之臺, 掘淵泉
之池, 罷苦百姓, 煎靡財貨, 以盡民力, 余來爲民誅之.」

【如皇臺】 누대 이름. 다른 기록에는 보이지 않음.
【淵泉池】 못 이름을 보임. 그러나 역시 다른 기록에는 보이지 않으며 尹桐陽은
《左傳》哀公 9년 傳의 "吳城邗, 溝通江淮"의 일을 말하는 것이라 하였음.
【罷苦】 罷는 '疲'와 같음. 피곤에 지쳐 고통스러움.
【煎靡】 지지고 볶고 하며 사치를 부리느라 재화를 탕진함.

──────────
　참고 및 관련 자료
──────────

1.《太平御覽》(177)을 볼 것.

413(32-29)
환공桓公과 채녀蔡女의 물놀이

채蔡나라 공녀公女가 환공桓公의 처가 되어 환공이 그녀와 함께 배를 타고 뱃놀이를 할 때 그녀가 배를 흔들었다.

환공이 크게 무서워하며 이를 말렸으나 그치지 않자 화를 내며 그를 축출해 버렸지만 앞으로 그를 다시 부를 참이었다.

그런데 채나라에서는 이를 모른 채 그녀를 다시 다른 곳으로 시집보내 버렸다.

환공은 크게 노하여 앞으로 채나라를 칠 참이었다.

중보仲父, 管仲가 이렇게 간언하였다.

"무릇 침석寢席의 놀이를 이유로 남의 나라를 치기에는 명분이 부족할 뿐더러 공을 이루는 업적도 기대할 수 없습니다. 청컨대 이런 일로 뜻을 펴려 하지는 마십시오."

환공은 듣지 않았다.

관중이 말하였다.

"그래도 그만둘 수 없다면 초楚나라가 천자에게 청모菁茅를 조공으로 바치지 않은 지 3년이나 되었으니 임금께서는 천자를 위하여 군사를 일으켜 초나라를 치느니만 못합니다. 초나라가 항복하면 그대로 군사를 돌려 채나라를 습격하면서 '내 천자를 위하여 초나라를 치는데 채나라는 군사를 이끌고 나를 따르지 않았다'라고 하시고 마침내 그를 멸망시켜 버리십시오. 이는 명분에도 의義가 있으며 실질에도 이利가 있게 되는 것입니다. 그러므로 반드시 천자를 위하여 주벌한다는 명분을 세워야 원한을 갚는 실질을 차지하게 됩니다."

蔡女爲桓公妻, 桓公與之乘舟, 夫人蕩舟.

桓公大懼, 禁之不止, 怒而出之, 乃且復召之.

因復更嫁之.

桓公大怒, 將伐蔡.

仲父諫曰:「夫以寢席之戲, 不足以伐人之國, 功業不可冀也, 請無以此爲稽也.」

桓公不聽.

仲父曰:「必不得已, 楚之菁茅不貢於天子三年矣, 君不如擧兵爲天子伐楚. 楚服, 因還襲蔡, 曰:『余爲天子伐楚, 而蔡不以兵聽從, 因遂滅之.』此義於名而利於實, 故必有爲天子誅之名, 而有報讐之實.」

【蔡女】蔡나라 公女 姬君. 蔡 繆侯(穆侯)의 누이동생. 齊 桓公에게는 王姬, 徐嬴, 蔡姬 등 세 부인이 있었으며 모두 아이가 없었다 함. 한편 蔡나라는 姬姓이며 周 武王이 아우 叔度을 봉한 나라. 지금의 河南 上蔡縣 서남쪽에 있었으며 平侯 때 楚나라의 침략을 받아 新蔡로, 昭侯 때에는 초나라 공격을 받아 다시 吳나라 州來(지금의 安徽 鳳臺縣)로 옮겨 下蔡라 불리다가 결국 초나라에게 망함.

【桓公】齊 桓公. 小白. 春秋五霸의 首長. 管仲의 도움을 받아 九合諸侯, 一匡 天下함. 《史記》齊太公世家 참조. BC.685~BC.644년 재위.

【蕩舟】배를 흔들어서 물을 뿌리며 장난을 침. '蕩'은 '搖'와 같음.

【因復更嫁】내쫓았다는 이유를 들어 바로 그녀를 다른 데로 다시 시집보냄.

【仲父】管仲. 管夷吾. 管子. 桓公이 존대하여 부르던 칭호. 작은 아버지 항렬로

대우한다는 뜻으로 보아 '중부'로 읽기도 하나《十八史略》陳殷〈音釋〉에
"父, 音甫"라 하여 '보'로 읽음.
【寢席之戲】'寢席'은 '夫婦'를 가리킴. 부부간에 사사롭게 戲謔하는 놀이.
【功業】功勳과 業績.
【稽】계획을 세움. 뜻을 펼침. 指向함. '旨', '指'와 같은 뜻임.
【菁茅】띠 풀의 일종. 楚나라의 특산으로 제사 때 술을 거르는 풀. '苞茅'와
같으며《尚書》禹貢의 菁茅. 풀을 묶은 것. 제사에서 降神할 때 쓰는 띠 묶음.
여기에 술을 부어 찌꺼기를 걸러내었음. 楚나라에서 周室에 바쳐야 할 공물이
었으며 齊 桓公은 패자가 되어 주 왕실을 보호한다는 명분으로 초나라를
제압하였음.

참고 및 관련 자료

1.《左傳》僖公 3年 傳
齊侯與蔡姬乘舟于囿, 蕩公. 公懼, 變色; 禁之, 不可. 公怒, 歸之, 未之絶也.
蔡人嫁之.

2.《史記》齊世家
二十九年, 桓公與夫人蔡姬戲船中. 蔡姬習水, 蕩公, 公懼, 止之, 不止, 出船, 怒,
歸蔡姬, 弗絶. 蔡亦怒, 嫁其女. 桓公聞而怒, 興師往伐. 三十年春, 齊桓公率
諸侯伐蔡, 蔡潰. 遂伐楚. 楚成王興師問曰:「何故涉吾地?」管仲對曰:「昔召
康公命我先君太公曰:『五侯九伯, 若實征之, 以夾輔周室.』賜我先君履, 東至海,
西至河, 南至穆陵, 北至無棣. 楚貢包茅不入, 王祭不具, 是以來責. 昭王南征
不復, 是以來問」楚王曰:「貢之不入, 有之, 寡人罪也, 敢不共乎! 昭王之出不復,
君其問之水濱」齊師進次于陘. 夏, 楚王使屈完將兵扞齊, 齊師退次召陵. 桓公
矜屈完以其衆. 屈完曰:「君以道則可; 若不, 則楚方城以爲城, 江·漢以爲溝,
君安能進乎?」乃與屈完盟而去. 過陳, 陳袁濤塗詐齊, 令出東方, 覺. 秋, 齊伐陳.
是歲, 晉殺太子申生.

3.《史記》蔡世家
繆侯以其女弟爲齊桓公夫人. 十八年, 齊桓公與蔡女戲船中, 夫人蕩舟, 桓公止之,
不止, 公怒, 歸蔡女而不絶也. 蔡侯怒, 嫁其弟. 齊桓公怒, 伐蔡; 蔡潰, 遂虜繆侯,
南至楚邵陵. 已而諸侯爲蔡謝齊, 齊侯歸蔡侯. 二十九年, 繆侯卒, 子莊侯甲午立.

414(32-30)
병졸의 고름을 빨아준 오기吳起

오기吳起가 위魏나라 장수가 되어 중산中山을 쳤다.

병사 가운데 종기를 앓는 자가 있어 오기가 꿇어 앉아 직접 그 고름을 빨아 주었다.

그러자 종기 앓던 병사의 어머니가 그 자리에 서서 울음을 터뜨렸다.

사라들이 물었다.

"장군께서 너의 자식에게 이와 같이 대해 주시는데 도리어 어찌 울음을 터뜨리는가?"

그녀가 대답하였다.

〈吳起〉

"오기가 저 아이의 아버지의 고름을 빨아 주어 그의 애비는 그 은덕을 갚겠노라 죽어라 싸우다가 죽었다오. 지금 이 아이도 또한 앞으로 죽게 될 것이오. 나는 그래서 우는 것이라오."

吳起爲魏將而攻中山.

軍人有病疽者, 吳起跪而自吮其膿.

傷者母立而泣, 人問曰:「將軍於若子如是, 尚何爲而泣?」

對曰:「吳起吮其父之創而父死, 今是子又將死也, 今吾是以泣.」

【吳起】孫子(孫臏)와 더불어 대표적인 병법가. 戰國時代 衛나라 左氏(지금의 山東
曹縣) 출신으로 용병과 병법에 뛰어나 처음 魯나라 장수를 거쳐 魏 文侯의
장수가 되어 中山을 정벌하고 秦나라 5개성을 점령하여 西河太守가 되기도 함.
그러나 武侯가 즉위하여 미움을 받자 楚나라로 달아나, 楚 悼王을 도와 개혁
정책을 실현하고 令尹에 오름. 그러나 悼王이 죽고 宗室의 亂에 枝解(支解)의
형을 당하여 생을 마침. 병법서《吳子》6편을 남김.《史記》吳起列傳 참조.
【中山】전국시대 지금의 河北 定縣을 중심으로 있었던 나라. 白狄이 세웠으며
처음에는 鮮虞國으로 불렀으나 뒤에 中山으로 이름을 바꿈. 趙나라와 접경을
이루고 있었으며《戰國策》에 中山策이 있음.
【病疽】疽는 등창. 악성 종기.
【創】'瘡'의 가차자. 종기나 부스럼.

참고 및 관련 자료

1.《史記》吳起列傳

起之爲將, 與士卒最下者同衣食. 臥不設席, 行不騎乘, 親裹贏糧, 與士卒分勞苦.
卒有病疽者, 起爲吮之. 卒母聞而哭之. 人曰:「子卒也, 而將軍自吮其疽, 何哭爲?」
母曰:「非然也. 往年吳公吮其父, 其父戰不旋踵, 遂死於敵. 吳公今又吮其子,
妾不知其死所矣. 是以哭之.」

2.《說苑》復恩篇

吳起爲魏將, 攻中山, 軍人有病疽者, 吳子自吮其膿, 其母泣之, 旁人曰:「將軍於
而子如是, 尙何爲泣?」對曰:「吳子吮此子父之創而殺之於注水之戰, 戰不旋
踵而死, 今又吮之, 安知是子何戰而死, 是以哭之矣.!」

3.《十八史略》(一)

起與士卒同衣食, 卒有病疽, 起吮之. 卒母聞而哭曰:「往年吳公吮其父, 不旋
踵死敵. 今又吮其子, 妾不知其死所矣.」

4.《藝文類聚》(59)

《韓子》曰: 吳起爲魏將, 而攻中山. 軍人有病疽者, 吳起自吮其膿. 傷者母立而泣,
人曰:「將軍於若子如是. 何爲泣乎?」對曰:「吳子吮其父之傷, 而殺之涇水之上,
今安知不殺是子乎?」

5. 기타《太平御覽》(477)을 볼 것.

415(32-31)
파오산播吾山의 글씨

조趙 주보主父가 공인으로 하여금 갈고리로 줄사다리를 설치하여 타고 파오산播吾山을 기어 올라가 그 꼭대기에 사람의 흔적을 새기도록 하였는데 너비가 석 자, 길이가 다섯 자나 되었다.

그리고 거기에 이렇게 글자를 새기도록 하였다.

"주보가 일찍이 이곳에서 노닐었노라."

趙主父令工施鉤梯而緣播吾, 刻疎人迹其上, 廣三尺, 長五尺.

而勒之曰:「主父常遊於此.」

【趙主父】전국시대 趙나라 肅侯를 이어 임금이 된 武靈王. 이름은 雍. B.C.325~B.C.299년까지 27년간 재위하였으며 胡服으로 기마병을 길러 군력을 강화하였으며 조나라 영토를 크게 넓혔음. 살아 있을 때 아들 何(惠文王)에게 왕위를 넘겨주고 자신은 主父라 일컬었음. 그러나 公子 成과 李兌가 난을 일으켜 군사를 이끌고 沙丘宮을 포위, 석 달을 풀어주지 않아 결국 餓死하고 말았음. 《史記》趙世家 및 《戰國策》趙策 등을 참조할 것.

【鉤梯】 갈고리가 달린 줄사다리.

【播吾】 산 이름. 番吾, 鄱吾, 潘吾 등으로도 표기함. 戰國시대 趙나라 播吾邑이
있었으며 漢나라 때 蒲吾縣을 설치한 곳. 지금의 河北 平山의 房山.

【刻疎】 '疏'로도 표기하며 역시 '刻', '契', '勒'의 뜻. 尹桐陽은 "疎, 刻鏤也"라 함.
그러나 盧文弨는 "疎, 卽疋之異文. 疋, 足也. 下「人迹」二字, 當本是注, 誤入正文"
이라 하여 '흔적'의 뜻이며 아래의 '人迹'은 그에 대한 注文이 正文으로 잘못
삽입된 것이라 하였음.

【勒】 역시 '刻'과 같은 뜻임. 바위나 돌에 글자 따위를 새겨 넣음.

【常】 '嘗'과 같음.

416(32-32)
화산華山의 박희博戲

진秦 소왕昭王이 공인으로 하여금 갈고리로 줄사다리를 설치하여 화산
華山에 오르도록 하여 송백의 심으로 박博을 만들도록 하였는데 그 전箭의
길이가 여덟 자, 기棊의 길이가 여덟 치나 되었다.
그리고 거기에 이렇게 새기도록 하였다.
"소왕이 일찍이 천신天神과 더불어 여기에서 박희博戲를 하였노라."

秦昭王令工施鈞梯而上華山, 以松柏之心爲博, 箭長
八尺, 棊長八寸.
而勒之曰:「昭王嘗與天神博於此矣.」

【秦昭王】秦 昭襄王. 昭王, 襄王 등으로 줄여서 부르기도 함. 이름은 稷(側).
秦 武王의 배다른 아우. B.C.306~B.C.251년까지 56년간 재위하고 惠文王,
莊襄王을 거쳐 始皇(嬴政)으로 이어짐.
【松柏之心】소나무나 잣나무의 심. 광솔 부분에 해당하는 것으로 썩지 않음.
'心'은 '芯'과 같음.
【博】'簙'으로도 표기하며 고대 일종의 局戲. 六箸十二棊로써 승부를 가르는
내기라 함. 지금의 바둑과는 다른 것으로 여겨짐.

【箭】六箸에 해당하는 나무로 만든 簙戲 용구.

【棊】十二棊에 해당하는 簙戲(博戲) 용구. 八尺八寸의 길이로 만들었다는 것은
매우 크게 하였음을 부풀린 것.

참고 및 관련 자료

1.《太平御覽》(39)을 볼 것.

417(32-33)
사당을 짓는 자

문공文公이 나라로 돌아오면서 황하에 이르자 변두籩豆를 버리고 석욕席蓐도 버리고, 손발에 굳은살이 박히고 얼굴이 검게 탄 자는 뒤로 세우도록 명하였다.

그러자 구범咎犯이 이를 듣고 밤에 울었다.

문공이 물었다.

"내가 망명한 지 20년 만에 이제야 돌아올 수 있게 되었소. 그런데 구씨께서는 이를 즐거워하지도 않고 도리어 울고 계시니 생각건대 내가 돌아가지 않기를 바라는 것인가요?"

구범이 대답하였다.

"변두는 밥을 차려 먹었던 것인데 그대는 버리라 하시며, 석욕은 잠자던 것인데 그대께서 버리라 하시며, 손발에 굳은살이 박히고 얼굴이 검게 탄 자는 고생하며 공을 세운 자들인데 그대께서 뒤로 세우라 하십니다. 지금 저도 함께 뒤에 있게 되었으니 마음속으로 그 슬픔을 이겨낼 수 없어서 그 때문에 운 것입니다. 게다가 제가 그대를 위하여 나라로 돌아갈 수 있도록 속임수를 부렸던 일도 많았습니다. 저도 오히려 제 자신이 미운데 그대께서야 하물며 저에게 어떻겠습니까?"

그리고 재배하고 물러났다.

문공이 말리며 이렇게 말하였다.

"속담에 '사당을 짓는 자는 낡은 옷을 마구 신상에 걸어놓지만 사당이 완성된 뒤에는 의관을 갖추고 제사를 지낸다'라 하였소. 지금 그대와 내가 나라를 차지해 놓고 나에게 다스릴 기회를 주지 아니하는 것은 나에게 그런 옷을 신상에 걸어놓기는 하되 나와 더불어 제사는 지내지 않겠다는 것이니 어찌 옳은 일이겠소?"

그리고는 왼쪽 곁말을 풀어 황하 신에게 희생으로 바치며 맹세하였다.

文公反國, 至河, 令籩豆捐之, 席蓐捐之, 手足胼胝·面目黧黑者後之.

咎犯聞之而夜哭.

公曰:「寡人出亡二十年, 乃今得反國. 咎犯聞之不喜而哭, 意不欲寡人反國邪?」

犯對曰:「籩豆, 所以食也, 而君捐之; 席蓐, 所以臥也, 而君弃之; 手足胼胝, 面目黧黑, 勞有功者也, 而君後之. 今臣與在後, 中不勝其哀. 故哭. 且臣爲君行詐僞以反國者衆矣, 臣尚自惡也, 而况於君?」

再拜而辭.

文公止之曰:「諺曰:『築社者, 攓撅而置之, 端冕而祀之』今子與我取之, 而不與我治之; 與我置之, 而不與我祀之, 焉可?」

解左驂而盟于河.

【文公】晉 文公. 重耳. 獻公의 둘째 아들. 驪姬의 핍박으로 19년간 해외 망명을 거쳐 귀국, 왕위에 오름. 뒤에 齊 桓公에 이어 春秋五霸의 지위에 오름. B.C.636~B.C.628년까지 9년간 재위함. 《史記》 晉世家에 "重耳母, 翟之狐女也;

夷吾母, 重耳母女弟也. …自獻公爲太子時, 重耳固以成人矣"라 하였고,《國語》는 重耳의 망명 생활에 대하여 매우 많은 양을 자세히 싣고 있으며 晉語(4)에는 "狐氏出自唐叔. 狐姬, 伯行之子也, 實生重耳"라 함.《左傳》,《國語》,《史記》 등을 참조할 것.

【籩豆】 굽 높은 음식 그릇. 대나무로 만들어 마른 과실 등을 담는 것은 籩, 나무로 만들어 육제품을 담는 것은 豆라 함.《漢書》劉歆傳 注에 "籩豆, 禮食之器也. 以竹曰籩, 以木曰豆"라 함.〈藏本〉에는 '籩笠'로 되어 있음.

【席蓐】 앉거나 누울 때 쓰는 방석이나 요. 깔개, 자리.

【胼胝】 일하느라고 손발에 생긴 굳은살. 못이 박힘.

【黧黑】 땡볕에 일을 하거나 일에 지쳐서 검게 탄 얼굴의 형상.

【咎犯】 舅犯. 狐偃. 狐突의 아들이며 重耳의 외삼촌. 重耳의 19년 망명을 따라 다닌 忠臣으로 자는 子犯. '咎'는 '舅'자와 같음.

【攓撅】 '攓'은 '攐'과 같음. 이 구절에 대해서는 '사당을 짓는 신성한 일이지만 옷을 걷어 올리고 작업을 편하게 함'이라 보기도 하고, 뒤의 '置之'를 근거로 '작업을 하는 동안 옷을 신성한 神像에 걸어놓고 일을 해도 될 만큼 禮에 얽매이지 않음'의 뜻으로 보기도 함.

【端冕】 단정한 예복 차림의 의관을 갖춤. 端은 玄端의 복장, 冕은 玄冕의 禮帽.

【不與我祀之, 焉可? 乃解左驂】〈集解〉에는 "乾道本「乃」作「可」, 誤"라 하여 전체 구절을 "不與我祀之焉.」乃解左驂"으로 표점 정리를 하였으나〈乾道本〉을 그대로 하는 것이 훨씬 의미상 순통하다고 여겨 그에 맞추어 풀이하였음.

【左驂】 세 말이 수레를 끌 경우 좌우 두 곁말을 왼쪽은 驂, 오른쪽을 騑라 함. 이를 풀어 희생으로 사용한 것.

【盟于河】 황하의 신 河伯에게 咎犯을 버리지 않겠다고 맹세함.

참고 및 관련 자료

1.《太平御覽》(709, 759) 및 《群書治要》를 볼 것.

418(32-34)
헌 바지

정현鄭縣 사람 복자卜子가 처로 하여금 바지를 만들게 하자 그의 처가 물었다.

"이번 바지를 어떻게 만들까요?"

남편이 말하였다.

"내 입던 바지처럼 하라."

처는 그래서 새것을 헐어 그것을 헌 바지처럼 되도록 하였다.

鄭縣人卜子使其妻爲袴, 其妻問曰:「今袴何如?」

夫曰:「象吾故袴.」

妻子因毀新, 令如故袴.

【鄭縣】韓 哀侯 때 鄭나라를 멸한 뒤 그 지역을 鄭縣이라 불렀음. 지금의 河南 鄭州市 일대.

【袴】바지. '褲', '絝' 등과 같음.

【象】'象'은 '寫'의 뜻으로 모뜸. '故'는 '弊'와 같음.

【妻子】다른 기록에는 '妻'로 되어 있음.

1. 본 장은 王先謙은 "此條宜經當在「衛人佐弋」後"라 하여 이곳에 넣어 순서를
바로 잡은 것임.

2. 기타 《太平御覽》(695) 및 《北堂書鈔》(129)를 볼 것.

419(32-35)
주운 수레 멍에

정현鄭縣 사람이 수레의 멍에를 주웠는데 그 이름을 알 수 없어 다른 사람에게 이렇게 물었다.

"이것이 무슨 물건입니까?"

그가 대답하였다.

"이것은 수레의 멍에라는 것입니다."

잠시 뒤 그는 다시 하나를 또 주워 그에게 물었다.

"이것은 무슨 물건입니까?"

그가 대답하였다.

"이것도 수레의 멍에입니다."

그러자 물었던 자가 크게 화를 내며 이렇게 말하였다.

"방금 것도 수레의 멍에라 하더니 이번에도 수레의 멍에라 하시니 같은 물건이 어찌 이렇게 많소? 이는 그대가 나를 속이는 것이오."

그러면서 드디어 그와 다투었다.

鄭縣人有得車軶者, 而不知其名, 問人曰:「此是何種也?」

對曰:「此車軶也.」

俄又復得一, 問人曰:「此何種也?」

對曰:「此車軛也.」

問者大怒曰:「曩者曰車軛, 今又曰車軛, 是何衆也? 此女欺我也!」

遂與之鬪.

【車軛】소나 말의 목에 걸어서 수레를 끌게 하는 멍에.
【種】어떤 품종의 물건을 가리킴.
【曩者】시간을 나타내는 부사. '앞서, 지난 번, 일전, 종전'의 뜻.

420(32-36)
사냥을 돕는 자

위衛나라 사람 가운데 주살로 새를 잡는 사냥을 돕는 자가 있어 새가
나타나자 바로 먼저 두건을 휘둘러, 새가 놀라 달아나는 바람에 사냥하는
자가 쏘지 못하였다.

衛人有佐弋者, 鳥至, 因先以其帣麾之, 鳥驚而不射也.

【佐弋】주살로 새잡는 일을 보조하는 이를 가리킴. 弋은 화살 끝에 실을 달아
　새나 짐승을 잡는 사냥 방법.
【帣】'帣'과 같음. 두건, 모자. 또는 머리띠를 뜻함.
【麾】'揮'와 같음.

421(32-37)
자라를 풀어준 사람

정현鄭縣 사람 복자卜子의 처가 시장에 갔다가 자라를 사가지고 돌아오는 길이었다.

그녀는 영수潁水 가를 지나다가 자라가 목마를 것이라고 여겨 자라를 풀어 물을 마시도록 놓아주자 그만 자라가 달아나고 말았다.

鄭縣人卜子妻之市, 買鼈以歸.

過潁水, 以爲渴也, 因縱而飮之, 遂亡其鼈.

【卜子】다른 판본에는 '卜'자가 '乙'자로 또는 '卜子毒'으로도 되어 있음.
【之市】之는 實辭 動詞.
【潁水】물 이름. 지금의 河南 登封縣 潁谷에서 발원하여 安徽 正陽關을 거쳐 淮水로 들어감.
【縱】풀어놓음. '放'과 같음.
【亡】자라를 놓침. 자라가 사라짐.《太平御覽》에는 '失'자로 되어 있음.

> 참고 및 관련 자료

1.《太平御覽》(63, 932)을 볼 것.

422(32-38)
어른들 술 마시는 모습

어떤 젊은이가 나이든 어른을 모시고 술을 마시는데 어른이 마시면
자기도 또한 마셨다.

夫少者侍長者飲, 長者飲, 亦自飲也.

【夫】 발어사. 뜻은 없음.

423(32-39)
흉내

일설에는 이렇게 전하고 있다.

　노魯나라 어떤 사람 가운데 스스로 남의 멋진 흉내를 잘 내는 자가 있어 어른과 술을 마시면서 그 어른이 다 마실 수가 없어 뱉어버리자 그 또한 그 행동을 흉내내어 뱉어버렸다.

　一曰: 魯人有自喜者, 見長年飮酒不能釂則唾之, 亦效唾之.

【一曰】 앞에 제시한 故事나 逸話가 달리 전할 때 韓非는 다음에 같은 내용을 싣되 '一曰'이라 하여 구분하였음.
【自喜】 여기서 喜는 善자의 뜻. 선을 행하려고 힘씀. 王先愼은 "「自喜」二字, 疑 「效善」之譌"라 하여 남의 흉내를 잘 내는 자며 그것이 멋인 줄 아는 경우를 뜻함.
【能釂】 술잔을 남김없이 비움. '釂'(조)는 잔의 술을 다 마심. 《禮記》 曲禮 注에 "盡酌曰釂"라 함.

424(32-40)
술 마시기 흉내

또 일설에는 이렇게 전하고 있다.

송宋나라 어떤 젊은이가 남의 흉내 내는 것을 멋으로 여겨 어른이 술을 마시면서 남기지 않는 것을 보고 자신의 주량을 헤아리지도 않고 모두 마시겠다고 나섰다.

一曰: 宋人有少者亦欲效善, 見長者飲無餘, 非斟酒飲也而欲盡之.

【一曰】 앞에 제시한 故事나 逸話가 달리 전할 때 韓非는 다음에 같은 내용을 싣되 '一曰'이라 하여 구분하였음.

【非斟酒】 자신의 주량을 헤아리지 않음. 또는 술을 마시지 못함. '斟'자를 '堪' 자로 보기도 함. 한편 《太平御覽》에는 '非'자 아래에 "亦自飲而盡之"로 되어 있음.

> 참고 및 관련 자료

1. 《太平御覽》(845)을 볼 것.

425(32-41)
잘못된 해석

《서書》에 말하였다.

"띠를 두르고 묶어라."

송宋나라 사람 가운데 이 책을 연구하는 자가 있어 겹겹이 띠를 두르고 스스로를 꽁꽁 묶었다.

다른 사람이 물었다.

"이 어찌 된 일이오?"

그는 이렇게 대답하였다.

"책에서 말한 대로 진실로 그렇게 하는 것입니다."

《書》曰:『紳之束之.』

宋人有治者, 因重帶自紳束也.

人曰:「是何也?」

對曰:「書言之, 固然.」

【書】여기서는《尙書》(書經)가 아닌 다른 옛 기록을 말함.

【紳】큰 띠를 두름.《禮記》內則의 鄭玄 注에 "紳, 大帶, 所以自紳約也"라 함.

【治者】글 배우는 자. 治는 學習을 가리킴. 그 책을 연구하는 자.
【重帶】紳과 束을 별개의 띠를 두르라는 것으로 잘못 알고 두 가지 띠를 겹쳐
두름.

426(32-42)
실질을 잃고 만 학자

《서書》에 말하였다.

"이윽고 옥을 다듬고 또 쪼았다면 원래의 질박한 아름다움으로 돌아가거라."

양梁나라에 이 글을 익히는 자가 있어 동작과 언어, 학문과 일을 모두 그 구절에 의거하였지만 날이 갈수록 어려워졌으며 그 진실을 잃고 있었다.

어떤 사람이 물었다.

"이 어찌 된 것이오?"

그는 이렇게 말하였다.

"책에서 말한 대로 진실로 그렇게 하는 것입니다."

《書》曰:『旣雕旣琢, 還歸其樸.』

梁人有治者, 動作言學, 擧事於文, 日難之, 顧失其實.

人曰:「是何也?」

對曰:「書言之, 固然.」

【其樸】 본래 다듬지 않았을 때의 그 질박한 아름다움으로 되돌아가야 함을 강조한 것. '樸'은 '璞'과 같음.

【梁】 魏나라의 별칭. 魏나라는 惠王 때 安邑(지금의 山西 夏縣)에서 大梁(지금의 河南 開封)으로 천도하여 그 때문에 나라 이름을 '梁'으로도 부름.

【動作言學, 擧事於文】 혹 '동작마다 그 학문을 들먹이고 일을 할 때마다 그 문장을 거론하다'의 뜻으로도 봄.

【曰難之】 〈集解〉에는 "顧廣圻曰:「曰」當作「日」, 人質切"이라 하여 '曰'자는 '日' 자로 보아야 한다고 여겼음. '날이 갈수록 어려워짐'. 또는 '날이 갈수록 난처한 행동으로 변해감'의 뜻.

427(32-43)
촛불을 올려라

　영郢 땅 사람 가운데 연燕나라 재상에게 편지를 보내려는 자가 있어 밤에 글을 쓰는데 불빛이 밝지 않자 촛불을 잡은 사람에게 이렇게 일렀다.

　"촛불을 올려라!"

　그리고는 그만 편지글에 '촛불을 올리라' 잘못 써 버렸다.

　촛불을 올리라는 것은 편지의 본뜻이 아니었다.

　연나라 재상이 편지를 받고 이를 풀이하면서 말하였다.

　"촛불을 올리라 한 것은 밝음을 숭상함이며, 밝음을 숭상한다는 것은 어진 이를 천거하여 임용하라는 뜻이다."

　연나라 재상이 이를 왕에게 아뢰자 왕은 크게 기꺼워하였으며 나라가 그로써 잘 다스려졌다.

　다스려지기는 잘 다스려졌지만 이는 편지의 본뜻이 아니었다.

　지금 세상의 학자들 가운데는 이런 유와 비슷한 사람이 많다.

　郢人有遺燕相國書者, 夜書, 火不明, 因謂持燭者曰: 「擧燭!」

　而誤書「擧燭」.

　擧燭, 非書意也.

燕相國受書而說之, 曰:「擧燭者, 尚明也; 尚明也者, 擧賢而任之.」

燕相白王, 王大說, 國以治.

治則治矣, 非書意也.

今世學者多似此類.

【郢】春秋시대 楚나라의 도읍. 지금의 湖北 江陵縣. 그러나《藝文類聚》등 다른 기록에는 '鄭'으로 되어 있음. 글자가 비슷하여 혼효를 일으킨 것으로 보임.

【說之】뜻을 풀어서 이해함. '說'은 '解'와 같음. 그러나〈乾道本〉과 다른 전재 기록에는 '悅之'로 되어 있어 '기꺼워하다'의 뜻으로 보아야 할 것임.

【尙明】'尙'은 '중시하다'의 뜻. 다른 기록에는 '高'로 되어 있음.

참고 및 관련 자료

1.《藝文類聚》(80)

《韓子》曰: 鄭人有遺燕相書者. 夜書, 火不明, 因謂持燭者曰:「擧燭!」而過書「擧燭」, 非書意也. 燕相國受書而悅之曰:「擧燭者, 高明也. 擧賢任之. 司以治.

2. 기타《太平御覽》(595, 870) 및《白孔六帖》(14)을 볼 것.

428(32-44)
신발 치수

정鄭나라에 신발을 사려고 하는 자가 있어 먼저 자신이 발 치수를 재고 그것을 앉았던 자리에 놓아둔 채 시장을 가면서 그만 가지고 가는 것을 잊고 말았다.

이미 신발을 구하고 이렇게 말하였다.

"내 치수 잰 것을 가지고 오는 것을 잊었구나."

그리하여 되돌아가서 그것을 가지고 왔더니 시장이 이미 파하여 결국 신발을 살 수 없었다.

다른 사람이 물었다.

"어찌하여 그곳에서 발로 재어 보지 않았는가?"

그는 이렇게 대답하였다.

"차라리 치수 잰 것을 믿을지언정 내 스스로는 믿을 수 없다."

鄭人有欲買履者, 先自度其足而置之其坐, 至之市而忘操之.

已得履, 乃曰:「吾忘持度.」

反歸取之.

及反, 市罷, 遂不得履.

人曰:「何不試之以足?」
曰:「寧信度, 無自信也.」

【欲買】 다른 판본에는 '且置'로 되어 있음.
【坐】 '座'와 같음.
【無自信】 자신의 발 크기를 스스로 믿을 수 없음. 先王을 법으로 여길 것이지
 當代 말 잘하는 儒家를 믿을 것이 못 된다는 뜻이라 함.

참고 및 관련 자료

1. 《太平御覽》(496, 697, 827)을 볼 것.

429(32-45)
중모中牟의 현령 임등任登

전문傳文 제 4조:

임등任登이 중모中牟의 현령이 되어 양주襄主에게 말씀을 올렸다.

"중모에 중장中章과 서기胥己라고 하는 선비들이 있어 스스로 그 몸가짐을 아주 잘 닦고 그 학문이 아주 해박하건만 임금께서는 어찌 그들을 거용하지 않으십니까?"

양주가 말하였다.

"그대가 그들을 만나보라. 내 앞으로 중대부中大夫로 삼으리라."

그러자 상실相室이 이렇게 간언하였다.

"중대부는 진晉나라에서 중요한 자리입니다. 지금 공로도 없이 그들을 받게 되면 진나라 신하의 뜻에 어긋납니다. 그대께서 듣기만 하셨지 아직 보지는 않으셨습니다!"

양주는 이렇게 말하였다.

"내가 임등을 발탁할 때 이미 귀로 듣고 눈으로 보았다. 임등이 발탁한 바를 내가 다시 귀로 듣고 눈으로 보아야 한다면 이는 귀와 눈이 하는 일이 언제까지라도 그치지 않을 것이다."

임등은 하루만에 두 중대부를 만나보고 그들에게 논밭과 택지를 주었다.

그러자 중모 사람들 가운데 농사를 버리고 집과 밭을 팔아 학문을 따르하는 자가 읍의 절반이나 되었다.

傳四:

壬登爲中牟令, 上言於襄主曰: 「中牟有士曰中章 · 胥己者, 其身甚修, 其學甚博, 君何不擧之?」

主曰: 「子見之, 我將爲中大夫.」

相室諫曰: 「中大夫, 晉重列也, 今無功而受, 非晉臣之意. 君其耳而未之目邪!」

襄主曰: 「我取登, 旣耳而目之矣; 登之所取, 又耳而目之. 是耳目人絶無已也.」

壬登一日而見二中大夫, 予之田宅.

中牟之人弃其田耘 · 賣宅圃而隨文學者, 邑之半.

【傳四】 經文 제 4조에 대한 해설로 429~432까지 모두 4장이 들어 있음.

【壬登】 趙 襄子의 신하. 다른 판본에는 왕등으로 되어 있으나 '王'은 '壬'의 오기임. 顧廣圻는 "'王'當作「壬」.《呂氏春秋》知度篇作任, 「壬」·「任」同字"라 함.

【中牟】 춘추시대 晉나라 읍. 지금의 河北 邢臺와 邯鄲 중간 지역. 六卿 가운데 趙氏의 관할 구역이었음.

【襄主】 趙襄子. 전국시대 趙나라 건국자. B.C.475~B.C.425년까지 51년간 재위함. 이름은 毋恤. 趙簡子의 아들이며 晉 六卿의 하나였으나 晉나라를 셋으로 나누어 三晉이 되었으며 邯鄲에 도읍을 두고 戰國七雄의 하나가 됨.

【中章 · 胥己】 中牟에서 덕행과 학문이 뛰어난 두 사람.《呂氏春秋》에는 '膽胥己' 라 하여 한 사람으로 보았으나 王先愼은 "中章 · 胥己, 二人名. 下文「一日而見 二中大夫」, 是其證.《呂》作「膽」, 卽爲一人, 誤"라 함.

【中大夫】 궁중 일을 맡아보는 부서의 장관.

【相室】 원래 相室은 卿의 大夫로써 주인을 돕는 최고 보좌관. 三晉은 諸侯國이 되어서도 相國(재상)을 흔히 '相室'로 그대로 불렀음.

【重列】 요직을 가리킴. 列은 位자와 같은 뜻.

【晉臣之意】晉에서 신하를 임명하는 기본 취지를 말함. '晉'은 '趙'나라를 가리킴.
 三晉은 흔히 '晉'으로 일컬었음.
【田耘】농사일.
【文學】儒家나 墨家의 고전. 法令(法家)에 상대되는 학문.

참고 및 관련 자료

1.《呂氏春秋》知度篇

趙襄子之時, 以任登爲中牟令, 上計, 言於襄子曰:「中牟有士曰膽·胥己, 請見之.」
襄子見而以爲中大夫. 相國曰:「意者君耳而未之目邪? 爲中大夫若此其見也,
非晉國之故.」襄子曰:「吾擧登也, 已耳而目之矣. 登所擧, 吾又耳而目之, 是耳
目人終無已也.」遂不復問, 而以爲中大夫. 襄子何爲任人, 則賢者畢力. 人主之患,
必在任人而不能用之, 用之而與不知者議之也.

430(32-46)
숙향叔向의 참을성

숙향叔向이 평공平公을 모시고 앉아 평공과 정치에 대하여 논하였다.

평공은 장딴지가 마비되고 발이 저려 근육을 떨면서도 앉은 자세를 함부로 흐트러뜨리지 않았다.

진晉나라 사람들이 듣고 모두가 말하였다.

"숙향은 현자다. 평공이 그를 예우하여 근육을 떨면서도 감히 앉은 자세를 흐트러뜨리지 않았다."

그러자 진나라에 벼슬을 그만두고 숙향을 사모하여 모여드는 자가 나라의 삼분의 일이나 되었다.

叔向御坐平公請事, 公腓痛足痺轉筋而不敢壞坐.

晉國聞之, 皆曰:「叔向賢者, 平公禮之, 轉筋而不敢壞坐.」

晉國之辭仕託慕叔向者, 國之錘矣.

【叔向】羊舌肸. 晉나라 公室의 일족이며 上大夫. 土渥濁을 이어 太傅에 오름. 그러나 《國語》晉語(7)에 의하면 悼公(周)이 이미 그 무렵 태자였던 豹(平公)를 위해 叔向을 불러 태부로 삼았었으며 그 뒤 진나라에 큰 영향을 미친 인물. '叔嚮'으로도 표기함.

【平公】晉 平公. 이름은 彪. 平公은 師曠과 叔向이 많은 보필을 받았음. 悼公
 (周)을 이어 B.C.577~B.C.532년까지 26년간 재위하였으며 그 뒤를 昭公(夷)이
 그 뒤를 이음.
【請事】신하가 군주에게 국사에 관한 자기 의견을 진언함. 함께 국사를 의논함.
【轉筋】경련이 일어나 근육을 떨게 됨.
【辭仕託】벼슬하거나 식객이 되어 몸을 의탁하던 일을 그만둠.
【錘】원래 고대의 무게 단위. 8銖가 1錘이며 24銖가 1兩이므로 3분의 1을 가리
 키는 말이라 함. 그러나 王先愼은 '垂'의 誤記라 하였고, 高亨의 《韓非子補箋》
 에는 "古者, 謂三分之一爲垂. 《淮南子》原道訓篇:「文王砥德修政三年, 而天下
 二垂歸之」 高注:「文王三分天下有其二.」 是其證"이라 함.

┌─────────────────┐
│ 참고 및 관련 자료 │
└─────────────────┘

1. 《太平御覽》(372)

晉平公與唐彦坐而出, 叔向入, 公曳一足, 叔向問之, 公曰:「吾侍唐子, 腓痛足痺
而不敢伸.」 叔向不悅, 公曰:「子欲貴, 吾爵子; 欲富, 吾祿子. 夫唐先生無欲也,
非正坐吾無以養之.」

431(32-47)
굴공屈公

정현鄭縣 사람 굴공屈公이란 자가 있었는데 '적敵'이라는 말만 듣고도
두려워 기절하였다가 두려움이 그치면 다시 되살아났다.

鄭縣人有屈公者, 聞敵, 恐, 因死, 恐已, 因生.

【鄭縣】韓 哀侯 때 鄭나라를 멸한 뒤 그 지역을 鄭縣이라 불렀음. 지금의 河南省
일대.
【屈公】임의로 내세운 가공의 인물. 別名이나 綽號. 愚公, 威公 등과 같음.
【恐已】공포심이 멈춤. '已'는 '止'와 같음.

432(32-48)
주보主父와 이자李疵

조趙나라 주보主父가 이자李疵로 하여금 중산中山을 칠 만한지의 여부를 살펴보고 오도록 하였다.

그가 돌아와 이렇게 보고하였다.

"중산은 칠 만합니다. 임금께서 서둘러 치지 않으면 앞으로 제齊나라나 연燕나라에게 뒤질 것입니다."

주보가 말하였다.

"무슨 이유로 가히 칠 만하다고 하는가?"

이자가 대답하였다.

"그 군주는 암혈巖穴의 선비를 만나 보기 좋아하여, 수레 덮개를 기울이고 함께 타고 궁벽한 마을의 선비를 만나 본 것이 수십 번이나 되며, 대등한 예우로 포의布衣의 선비에게 몸을 낮춘 것이 수백 번이나 됩니다."

주보가 말하였다.

"그대의 말대로라면 이는 현군인데 어찌 가히 칠 수 있겠는가?"

이자가 말하였다.

"그렇지 않습니다. 무릇 암혈의 선비를 드러내기 좋아하여 그러한 자를 조정에 세운다면 전사들은 싸움터에서 게을러지게 마련이며, 학자를 높이 여겨 낮은 선비를 조정에 불러들인다면 농부는 농사에 태만해질 것입니다. 전사가 싸움터에서 게을러지면 병력이 약해질 것이며, 농부가 농사에 태만해지면 나라가 가난해질 것입니다. 병력은 상대에게 약하고 나라는 안으로 가난하면서 망하지 아니한 나라는 이제껏 없었습니다. 그러니 친다는 것이 역시 불가하겠습니까?"

주보가 말하였다.

"좋소."

그리하여 군사를 일으켜 중산을 쳐 마침내 멸하였다.

趙主父使李疵視中山可攻不也.

還報曰:「中山可伐也. 君不亟伐, 將後齊·燕.」

主父曰:「何故可攻?」

李疵對曰:「其君見好巖穴之士, 所傾蓋與車以見窮閭隘巷之士以十數, 伉禮下布衣之士以百數矣.」

君曰:「以子言論, 是賢君也, 安可攻?」

疵曰:「不然. 夫好顯巖穴之士而朝之, 則戰士怠於行陳; 上尊學者, 下士居朝, 則農夫惰於田. 戰士怠於行陳者, 則兵弱也; 農夫惰於田者, 則國貧也. 兵弱於敵, 國貧於內, 而不亡者, 未之有也. 伐之不亦可乎?」

主父曰:「善.」

擧兵而伐中山, 遂滅也.

【主父】전국시대 趙나라 肅侯를 이어 임금이 된 武靈王. 이름은 雍. B.C.325~B.C.299년까지 27년간 재위하였으며 胡服으로 기마병을 길러 군력을 강화하였으며 조나라 영토를 크게 넓혔음. 살아 있을 때 아들 何(惠文王)에게 왕위를 넘겨주고 자신은 主父라 일컬었음. 그러나 公子 成과 李兌가 난을 일으켜 군사를 이끌고 沙丘宮을 포위, 석 달을 풀어주지 않아 마침내 餓死하고 말았음. 《史記》 趙世家 및 《戰國策》 趙策 등을 참조할 것.

【李疵】趙 武靈王의 신하. 구체적인 사적은 알 수 없음.

【中山】전국시대 지금의 河北 定縣을 중심으로 있었던 나라. 白狄이 세웠던 나라로 趙나라와 접경을 이루고 있었고 武靈王 21년 中山을 공격하였으며 惠文王 3년에 멸망함.《戰國策》에 中山策이 있음.

【巖穴之士】깊은 산속에 숨어 사는 사람. 巖居하는 은자.

【傾蓋與車】길에서 사람을 만나 가까이 말하느라고 수레 위를 덮은 덮개가 기울어 지거나 혹은 수레를 함께 타고 돌아옴. '傾蓋而語', '傾蓋而交', '傾蓋相交'라고도 하며 반가운 사람을 길에서 만나 수레의 일산을 마주대어 기울여 놓고 시간 가는 줄 모른 채 서로 정담을 나누는 것을 뜻하는 고사성어. '蓋'는 수레의 천막, 일산.《韓詩外傳》(2),《說苑》(尊賢篇),《孔子家語》(致思篇),《孔叢子》(雜訓),《子華子》등에 널리 실려 있음.

【伉禮】대등하게 예우를 함.

【行陳】군대의 行伍와 陳列. '항진'으로 읽음. '陣'은 晉나라 이전에는 '陳'으로 표기하였음.《論語》衛靈公篇에 "衛靈公問陳於孔子. 孔子對曰:「俎豆之事, 則嘗 聞之矣; 軍旅之事, 未之學也.」明日遂行. 在陳絶糧, 從者病, 莫能興. 子路慍見曰: 「君子亦有窮乎?」子曰:「君子固窮, 小人窮斯濫矣.」"이라 하였고, 集註에 "陳, 謂軍師行伍之列"라 하였음. 이 '陳'자가 '陣'자로 군사학에서 '진을 치다'는 전 용어로 바뀐 것에 대한 이론은 매우 많으며 그중《顔氏家訓》書證篇에는 "太公《六韜》, 有天陳·地陳·人陳·雲鳥之陳.《論語》曰:「衛靈公問陳於孔子.」 《左傳》:「爲魚麗之陳」俗本多作阜傍車乘之車. 案諸陳隊, 並作陳·鄭之陳. 夫行 陳之義, 取於陳列耳, 此六書爲假借也,《蒼》·《雅》及近世字書, 皆無別字; 唯王 羲之〈小學章〉, 獨阜傍作車, 縱復俗行, 不宜追改《六韜》·《論語》·《左傳》也라 함.

【朝居士】벼슬하지 않은 처사를 불러 조정에 서게 함.

[참고 및 관련 자료]

1.《戰國策》中山策

主父欲伐中山, 使李疵觀之. 李疵曰:「可伐也. 君弗攻, 恐後天下.」主父曰: 「何以?」對曰:「中山之君, 所傾蓋與車而朝窮閭隘巷之士者, 七十家.」主父曰: 「是賢君也, 安可伐?」李疵曰:「不然. 舉士, 則民務名不存本; 朝賢, 則耕者惰 而戰士懦. 若此不亡者, 未之有也.」

2. 기타《太平御覽》(291)을 볼 것.

433(32-49)
보라색 옷의 유행

전문傳文 제 5조:

제齊 환공桓公이 자주색 옷을 즐겨 입자 온 나라가 모두 자주색 옷을 입게 되었다.

이때는 흰 비단 다섯 필로 자주색 한 필을 바꿀 수가 없었다.

환공이 걱정되어 관중管仲에게 말하였다.

"내가 자주색 옷을 즐겨 입어 자주색 비단 값이 매우 비싸졌소. 온 나라 백성이 자주색 옷 즐겨 입기를 멈추지 않으니 과인이 어찌 하면 되겠소?"

관중이 말하였다.

"임금께서 그것을 막고 싶으시다면 어찌 자주색 옷을 입지 않아 보실 생각은 아니하십니까? 좌우 측근에게 '나는 자주색 옷의 냄새가 아주 싫다'라고 말해보십시오. 그리고 측근 가운데 마침 자주색 옷을 입은 채 들어오는 자가 있으면 임금께서는 반드시 '조금 물러서시오. 나는 자주색 옷에서 나는 냄새가 아주 싫소'라고 말하십시오."

환공이 말하였다.

"좋소."

바로 그날에 낭중郎中으로써 자주색 옷을 입은 자가 없게 되었고, 그 다음날에는 도성 안에 자주색 옷을 입은 자가 없게 되었으며, 사흘째 되는 날에는 국경 안에 자주색 옷을 입은 사람이 없게 되었다.

傳五:

齊桓公好服紫, 一國盡服紫.

當是時也, 五素不得一紫.

桓公患之, 謂管仲曰:「寡人好服紫, 紫貴甚, 一國百姓好服紫不已, 寡人奈何?」

管仲曰:「君欲止之, 何不試勿衣紫也? 謂左右曰:『吾甚惡紫之臭.』於是左右適有衣紫而進者, 公必曰:『少卻, 吾惡紫臭.』」

公曰:「諾.」

於是日, 郎中莫衣紫, 其明日, 國中莫衣紫; 三日, 境內莫衣紫也.

【傳五】經文 제 5조에 대한 해설로 433~443까지 모두 11장이 들어 있음.
【齊桓公】春秋五霸의 첫 首長. 이름은 小白. 齊나라에 난이 일어나자 鮑叔이 모시고 莒나라로 피신, 管仲은 公子 糾를 모시고 魯나라로 피신함. 뒤에 난이 진압되고 먼저 귀국하는 자가 왕이 될 수 있는 기회에 小白이 오는 길을 管仲 일행이 막고 활을 쏘아 소백의 허리띠 고리에 맞추자 소백은 죽은 척 쓰러져 있다가 지름길로 귀국하여 왕위에 오름. 뒤에 포숙의 추천으로 관중을 등용하여 제나라를 부강하게 하여 九合諸侯, 一匡天下하여 첫 패자가 됨. B.C.685~B.C.643년까지 43년간 재위함.《史記》齊太公世家를 참조할 것.
【五素】素는 생명주실로 짠 비단. 다섯 필의 흰 색 비단.
【管仲】춘추시대 齊나라 인물. 이름은 夷吾. 자는 仲. 齊 桓公을 첫 霸者로 성취시킨 인물. 처음 齊나라에 난이 일어나 公子들이 뿔뿔이 흩어질 때 管仲은 公子 糾를 모시고 魯나라로 피신하였으며 鮑叔은 小白을 모시고 거나라로 피신함. 뒤에 난이 끝나고 먼저 귀국하는 자가 왕위에 오르게 되어 있었으며 이 때 管仲은 小白 일행이 오는 길목을 지키다가 활로 小白을 쏘았으나 小白이

허리띠 고리에 맞고 죽은 척 쓰러져 있다가 지름길로 들어가 먼저 왕위에 올랐으며 이가 환공임. 이에 공자 규와 관중 일행은 귀국하지 못하고 처벌을 기다렸으나 鮑叔의 추천으로 환공의 재상이 되어 제나라를 부강하게 만들었으며 재상에 오름. 환공이 그를 높여 仲父라 일컬었음. 《史記》 管晏列傳 및 《列子》 등을 참조할 것. '管鮑之交' 등의 많은 고사를 남겼으며 그의 사상과 언행을 기록한 《管子》가 전함.

【適】 '或' 또는 '若'과 같음. 또는 부사 '마침'의 뜻으로 '會'와 같음.

【郞中】 벼슬 이름. 궁 안의 임금과 가장 가까운 측근들을 가리킴.

【國中】 國은 國城, 都城을 뜻함.

【境內】 국경 안. 나라 안 전체.

참고 및 관련 자료

1. 《太平御覽》(389, 814)을 볼 것.

434(32-50)
몸소 실천하면

일설에는 이렇게 전하고 있다.

제왕齊王이 자주색 옷 입기를 좋아하자 제나라 사람들 모두가 그처럼 하기를 좋아하였다.

제나라에서는 흰 비단 다섯 필을 가지고도 자주색 한 필과 바꿀 수 없었다.

제왕은 자주색 비단 값이 비싸지는 것을 걱정하였다.

모시던 이가 왕을 설득하여 말하였다.

"《시詩》에 '몸소 하지도 않고 직접 하지도 않으면 서민들은 믿지 않는다' 라 하였습니다. 지금 왕께서 백성들이 자주색 옷을 입지 않기를 바라신 다면 왕께서 청컨대 스스로 자주색 옷을 벗고 조회를 보십시오. 그리고 신하들 중에 자주색 옷을 입고 나오는 자가 있으면 '더 멀리 있으라. 나는 냄새가 싫다'라고 말해보십시오."

이날로 낭중은 자주색 옷을 입지 않게 되었고, 그 달로 도성에 자주색 옷을 입은 자가 없게 되었으며, 그 해로 나라 영역 안에 자주색 옷을 입는 사람이 없게 되었다.

一曰: 齊王好衣紫, 齊人皆好也.

齊國五素不得一紫.

齊王患紫貴.

傅說王曰:「《詩》云:『不躬不親, 庶民不信.』今王欲民無衣紫者, 王請自解紫衣而朝. 群臣有紫衣進者, 曰:『益遠! 寡人惡臭.』」

是日也, 郎中莫衣紫, 是月也, 國中莫衣紫; 是歲也, 境內莫衣紫.

【一曰】앞에 제시한 故事나 逸話가 달리 전할 때 韓非는 다음에 같은 내용을 신되 '一曰'이라 하여 구분하였음.

【傅】시종 드는 신하. 太傅, 少傅를 뜻함. 여기서는 구체적으로 管仲을 가리킴.

【詩】《詩經》小雅 節南山에 "弗躬弗親, 庶民弗信. 弗問弗仕, 勿罔君子. 式夷式已, 無小人殆. 瑣瑣姻亞, 則無膴仕"라 함.

【益遠】거리 간격을 좀더 멀리 떨어지게 함.

435(32-51)
간공簡公과 자산子産

정鄭 간공簡公이 자산子産에게 말하였다.

"나라는 작은데 초楚나라와 진晋나라 사이에 끼여 있소. 지금 성곽이 온전하지 못하고 무기도 제대로 갖추지 못하였으니 뜻하지 않은 일에 대비할 수가 없소."

자산이 말하였다.

"제가 밖을 막는 일을 미리 멀리까지 하였으며 안을 지키는 일도 이미 튼튼하게 해 두었습니다. 비록 나라가 작다 하나 오히려 위험하지 않습니다. 임금께서는 걱정하지 마십시오."

이 때문에 간공은 죽을 때까지 그 자신에게 우환이 없었다.

鄭簡公謂子産曰:「國小, 迫於荆·晋之間. 今城郭不完, 兵甲不備, 不可以待不虞.」

子産曰:「臣閉其外也已遠矣, 而守其內也已固矣, 雖國小, 猶不危之也. 君其勿憂.」

是以沒簡公身無患.

【簡公】鄭 簡公. 이름은 嘉. 春秋時代 鄭나라 군주. B.C.565~B.C.530년까지 36년간 재위하였으며 子産의 도움으로 나라를 안정시킴. 그 뒤를 定公(寧)이 이음.

【子産】公孫僑. 子國(公孫成)의 아들. 뒤에 鄭나라의 훌륭한 宰相이 되어 孔子가 자주 칭찬한 인물. 東里에 살아 東里子産으로도 불렸으며 簡公과 定公을 보필하여 40여년 정나라는 안정을 누렸음.《左傳》및《史記》鄭世家 참조.

【迫】국토가 강대국 사이에 끼여서 압박을 받음.

【不虞】헤아리지 못하는 不意의 사태를 말함.

【閉其外】외적이 쳐들어오지 못하도록 외교수단을 강구함.

【守其內】인민을 잘 따르게 하여 국내의 안정을 꾀함.

【沒】'歿'과 같음.

436(32-52)
도적이 사라지고

일설에는 이렇게 전하고 있다.

자산子産이 정鄭나라 재상이었을 때 간공簡公이 자산에게 말하였다.

"술을 마셔도 즐겁지 않거나 제물 그릇이 크지 않거나 종고鍾鼓와 우슬竽瑟이 제대로 울리지 않는다면 이는 과인의 잘못이오. 그러나 일처리가 일관되지 못하고, 국가가 안정되지 못하며, 백성이 다스려지지 않거나 농사나 전쟁에 서로 화합을 이루지 못한다면 이는 또한 그대의 죄가 되오. 그대가 맡은 직분이 있고 과인 역시 내가 맡은 직분이 있으니 각기 그 직분을 지켜 나가도록 합시다."

자산이 물러나와 정치에 힘쓴 지 5년, 나라 안에 도적이 없어지고 길에는 떨어진 물건도 줍지 않으며 복숭아나 대추가 거리에 그늘을 이루어 매달려도 이를 따는 이가 없었으며, 송곳칼 하나를 길에 떨어뜨려도 사흘 안에 주인에게 되돌아와 찾을 수 있었다.

이렇게 3년 동안 재변도 없어 백성들은 굶주리는 이가 없었다.

一曰: 子産相鄭, 簡公謂子産曰:「飮酒不樂也. 俎豆不大, 鍾鼓竽瑟不鳴, 寡人之罪; 事不一, 國家不定, 百姓不治, 耕戰不輯睦, 亦子之罪. 子有職, 寡人亦有職, 各守其職.」

子産退而爲政五年, 國無盜賊, 道不拾遺, 桃棗之蔭於
街者莫援也, 錐刀遺道三日可反.
三年不變, 民無飢也.

【一曰】王先愼은 “「患」下當有「一曰」二字”라 하여 앞 절 끝 글자 ‘患’ 다음에
‘一曰’이 있어야 한다고 하였으며 이에 따라 補入하여 分章함. 그러나 陳啓猷
등은 이에 대해 반대 의견을 제시하였음.

【俎豆】고대 祭祀나 宴禮 등을 행사에 음식을 차리는 상이나 禮器.

【寡人之罪, 事】원래 ‘罪’자는 없으나 顧廣圻의 《韓非子識誤》에 “「之」下當有
「罪」字, 「事」上當有脫字, 未詳”라 하여 補入해 넣음. 그러나 王先愼 〈集解〉에는
오히려 ‘任’자를 넣어야 한다고 여겼음.

【輯睦】화목함. ‘輯’은 ‘和’와 같은 뜻임. 협력함.

【蔭於街】길거리를 가득 채움. ‘蔭’은 ‘覆’과 같으며 그늘을 이룰 정도임.

【援】나무를 잡고 올라가 과일을 땀. ‘攀摘’과 같음.

【錐刀】송곳 칼. 별것 아닌 하찮은 물건임을 말함.

【不變】‘變’은 ‘災變’을 뜻함. 기후가 순조롭지 못함. 따라서 불변은 재변이 없이
雨順風調하였음을 말함.

(참고 및 관련 자료)

1. 《說苑》 政理篇

子産相鄭, 簡公謂子産曰:「內政毋出, 外政毋入. 夫衣裘之不美, 車馬之不飾,
子女之不潔, 寡人之醜也; 國家之不治, 封疆之不正, 夫子之醜也.」子産相鄭,
終簡公之身, 內無國中之亂, 外無諸侯之患也; 子産之從政也, 擇能而使之: 馮簡子
善斷事, 子太叔善決而文, 公孫揮知四國之爲而辨於其大夫之族姓, 班位能否.
又善爲辭令, 裨諶善謀, 於野則獲, 於邑則否, 有事乃載裨諶與之適野, 使謀可否,
而告馮簡子斷之, 使公孫揮爲之辭令, 成乃受子太叔行之, 以應對賓客, 是以鮮
有敗事也.

2. 기타 《太平御覽》(965) 및 《事類賦》(26)를 볼 것.

437(32-53)
송양지인宋襄之仁

송宋 양공襄公이 초楚나라와 탁곡涿谷 가에서 전투를 벌였다.

송나라 군사는 이미 전열을 갖추었으나 초나라 군사는 아직 물을 다 건너오지 못하였다.

우사마右司馬 구강購强이 뛰어와 이렇게 간하였다.

"초나라 군사는 많고 우리 송나라 군사는 적습니다. 청컨대 초나라 군사로 하여금 물을 반쯤 건너 아직 진열을 가다듬지 않도록 하고 그 때 공격하시면 틀림없이 패배시킬 수 있습니다."

양공이 말하였다.

"내 듣기로는 군자는 '두 번 거듭 상처를 주지 않으며 늙은이를 잡지 아니하며, 남을 험한 곳으로 몰아붙이지 아니하며, 곤액에 빠진 자를 압박하지 아니하며 전열을 갖추지 않은 적에게 공격의 북을 울리지 않는다' 라 하였소. 지금 초나라 군사가 아직 물을 건너오지 않았는데 이를 공격한다면 이는 의義를 해치는 것이오. 청컨대 초나라 군사로 하여금 물을 모두 건너 진열을 가다듬은 다음 병사들에게 북을 울려 진격하도록 하시오."

우사마가 말하였다.

"임금께서는 송나라 백성을 사랑하지 아니하고 장사將士들도 안전하지 않도록 하면서 다만 의를 위한다고 하실 뿐입니다."

양공이 말하였다.

"전열로 돌아가지 않으면 앞으로 군법을 행하리라."

우사마가 전열로 되돌아가고 초나라 군사들이 이윽고 전열을 이루어 포진을 갖추자 양공은 그제야 진격의 북을 울렸다.

송나라 군사들은 크게 패하고 양공도 허벅다리에 상처를 입어 사흘 만에 죽고 말았다.

이는 곧 제 스스로 인의를 사모하다가 당한 앙화이다.

무릇 반드시 군주 자신이 직접 행한 다음에야 백성이 따르게 될 것이라 믿는다면 이는 앞으로 임금으로 하여금 직접 농사를 지어 먹을 것을 마련하고, 직접 전투에 나가 진열을 이루어 싸워야만 백성들이 그를 따라 농사도 짓고 전투도 하게 된다는 것이 된다. 이렇게 되면 임금은 너무 위험하고, 백성과 신하는 너무나 편안하지 않겠는가?

宋襄公與楚人戰於涿谷上.

宋人旣成列矣, 楚人未及濟.

右司馬購强趨而諫曰:「楚人衆而宋人寡, 請使楚人半涉未成列而擊之, 必敗.」

襄公曰:「寡人聞君子曰:『不重傷, 不擒二毛, 不推人於險, 不迫人於阸. 不鼓不成列.』今楚未濟而擊之, 害義. 請使楚人畢涉成陳而後鼓士進之.」

右司馬曰:「君不愛宋民, 腹心不完, 特爲義耳.」

公曰:「不反列, 且行法.」

右司馬反列, 楚人已成列撰陳矣, 公乃鼓之.

宋人大敗, 公傷股, 三日而死.

此乃慕自仁義之禍.

夫必恃人主之自躬親而後民聽從, 是則將令人主耕以爲食·服戰鴈行也, 民乃肯耕戰, 則人主不泰危乎? 而人臣不泰安乎?

【襄公】 宋 襄公. 이름은 玆父(玆甫). 桓公(御說)을 이어 왕위에 올랐으며 B.C.650~B.C.637년까지 14년간 재위함.《史記》에는 春秋五霸의 하나로 여겼으며 宋世家에 "三十一年春, 桓公卒, 太子玆甫立, 是爲襄公. 以其庶兄目夷爲相"이라 함.

【涿谷】 지금의 河南 涿縣 서쪽을 흐르는 강물. 그러나 '泓水'의 오기로 보고 있음.《左傳》僖公 22년을 볼 것. 泓水는 지금의 河南 柘城縣을 흐르는 渙水의 지류. 지금은 묻히고 없다 함.

【右司馬購强】 司馬는 군사령관. 좌우 둘이 있었으며 여기서의 司馬는 公孫高를 가리키며 '購强'은 '構强'으로도 쓰며 公孫高의 字.《史記》宋世家〈正義〉에는 《世本》을 인용하여 "宋莊公孫名固, 爲大司馬"라 하였고,《國語》晉語(4)에도 公孫固가 大司馬가 되었다 하였음.

【二毛】 머리카락 색깔이 두 가지인 늙은 사람을 뜻함. '半白, 斑白, 頒白'의 뜻.《穀梁傳》에 "古者不重創, 不禽二毛"라 하였고,《淮南子》氾論訓에도 "古之伐國, 不殺黃口, 不獲二毛, 於古爲義, 於今爲笑"라 함.

【腹心不完】 '腹心'은 '武士', '將士'를 가리킴. 임금에게 있어서 배나 심장과 같은 존재라는 뜻.《詩經》周南 兎置篇에 "赳赳武夫, 公侯腹心"이라 함.

【且行法】 앞으로 항명죄를 적용시켜 군법을 집행할 것이라 위협한 것.

【撰陳】 '撰'은 '具'와 같음. 포진하여 전투준비를 갖춤.

【人主耕以爲食】 원문에는 '人主耕以爲上'으로 되어 있으나 王先愼은 "「上」, 當作「食」"이라 하여 이를 근거로 수정함.

【服戰鴈行】 '服戰'은 전투에 복무함. '鴈行'은 '雁列'과 같으며 '陳雁'처럼 나란히 함께 나아감.

참고 및 관련 자료

1. 《左傳》僖公 22年 傳

○楚人伐宋以救鄭. 宋公將戰, 大司馬固諫曰:「天之弃商久矣, 君將興之, 弗可赦也已」弗聽.

○冬十有一月己巳朔, 宋公及楚人戰于泓, 宋師敗績.

○冬十一月己巳朔, 宋公及楚人戰于泓. 宋人既成列, 楚人未既濟. 司馬曰:「彼衆我寡, 及其未既濟也, 請擊之」公曰:「不可」既濟而未成列, 又以告. 公曰:「未可」既陳而後擊之, 宋師敗績. 公傷股, 門官殲焉. 國人皆咎公. 公曰:「君子不重傷, 不禽二毛. 古之爲軍也, 不以阻隘也. 寡人雖亡國之餘, 不鼓不成列」子魚曰:「君未知戰. 勍敵之人, 隘而不列, 天贊我也; 阻而鼓之, 不亦可乎? 猶有懼焉. 且今之勍者, 皆吾敵也. 雖及胡耈, 獲則取之, 何有於二毛? 明恥·教戰, 求殺敵也. 傷未及死, 如何勿重? 若愛重傷, 則如勿傷; 愛其二毛, 則如服焉. 三軍以利用也, 金鼓以聲氣也. 利而用之, 阻隘可也; 聲盛致志, 鼓儳可也」

2. 《公羊傳》僖公 22年

宋公與楚人期戰于泓之陽, 楚人濟泓而來, 有司復曰:「請迨其未畢濟而擊之」宋公曰:「不可. 吾聞之也, 君子不厄人. 吾雖喪國之餘, 寡人不忍行也」既濟, 未畢陳, 有司復曰:「請迨其未畢陳而擊之」宋公曰:「不可. 吾聞之也, 君子不鼓不成列」已陳, 然後襄公鼓之, 宋師大敗.

3. 《史記》宋微子世家

冬, 十一月, 襄公與楚成王戰于泓. 楚人未濟, 目夷曰:「彼衆我寡, 及其未濟擊之」公不聽. 已濟未陳, 又曰:「可擊」公曰:「待其已陳」陳成, 宋人擊之. 宋師大敗, 襄公傷股. 國人皆怨公. 公曰:「君子不困人於阸, 不鼓不成列」子魚曰:「兵以勝爲功, 何常言與! 必如公言, 卽奴事之耳, 又何戰爲?」楚成王已救鄭, 鄭享之; 去而取鄭二姬以歸. 叔瞻曰:「成王無禮, 其不沒乎? 爲禮卒於無別, 有以知其不遂霸也」

438(32-54)
안영晏嬰의 죽음

제齊 경공景公이 소해少海로 나가 노닐고 있을 때 말을 타고 도성으로부터 달려온 전갈이 이렇게 보고하였다.

"안영晏嬰의 병이 심하여 죽게 되었습니다. 임금께서 늦으실까 걱정입니다."

경공이 급하게 일어설 때 또 다른 전갈이 도착하였다.

경공이 말하였다.

"서둘러 번저煩且의 수레에 오를 테니 한추韓樞로 하여금 몰도록 하라."

수백 보를 달려가다가 마부가 빨리 몰지 못한다고 여겨 고삐를 빼앗아 대신 몰았으며, 다시 수백 보를 가다가 말이 잘 달리지 못한다고 여겨 수레를 버리고 달려갔다.

번저와 같은 훌륭한 말과 한추 같은 마부의 뛰어난 솜씨도 수레에서 내려 달려가는 것보다 못하다고 여긴 것이다.

齊景公遊少海, 傳騎從中來謁曰:「嬰疾甚, 且死, 恐公後之.」

景公遽起, 傳騎又至.

景公曰:「趨駕煩且之乘, 使騶子韓樞御之.」

行數百步, 以驥爲不疾, 奪轡代之御; 可數百步, 以馬
爲不進, 盡釋車而走.

以煩且之良而驥子韓樞之巧, 而以爲不如下走也.

【景公】齊 景公. 이름은 杵臼. 靈公과 穆孟姬 사이에 난 莊公의 배다른 아우.
莊公이 시해를 당하고 崔杼에 의해 임금 자리에 올라 B.C.547~490년까지
58년간 재위하였으며 晏子(晏嬰)를 재상으로 훌륭한 보필을 받음. 晏孺子(荼)가
그 뒤를 이었으나 1년이 되지 않아 悼公(陽生)으로 이어짐.
【少海】동쪽 바닷가의 한 지명. 王先愼은 "少海, 卽渤海"라 함. 다른 기록에는
'菑'로 되어 있음.
【傳騎】소식을 빨리 전하는 역참의 말을 타고온 騎士. 傳喝.
【嬰】晏嬰. 晏子(?~B.C.500)는 管仲과 더불어 春秋時代를 대표하는 齊나라
두 名宰相 가운데 하나. 자는 平仲. 晏弱의 아들. 靈公(재위 B.C.581~B.C.554),
莊公(재위 B.C.553~B.C.548), 景公(재위 B.C.547~B.C.490)을 섬겨 기울어져가는
세기말의 禮敎를 바로잡아 보려고 애쓴 인물로 최저를 거부하고 공자와 부딪
치기도 하였음. 그의 언행을 모아 편찬한 《晏子春秋》가 널리 알려져 있음.
司馬遷은 《史記》管晏列傳에 그의 傳記를 실어 높이 평가하고 있음.
【煩且】良馬의 이름.《晏子春秋》에는 '繁駔'으로 되어 있음.
【驥子】말이나 수레를 부리는 마부. 馭夫.
【韓樞】韓子休. 그 무렵 말을 잘 몰던 사람.

> ### 참고 및 관련 자료

1.《晏子春秋》內篇 諫上

景公游于菑, 聞晏子死, 公乘侈輿服繁駔驅之. 自以爲遲, 下車而趨; 知不若車
之遫, 則又乘. 比至于國者, 四下而趨, 行哭而往. 至, 伏尸而號, 曰:「子大夫
日夜責寡人, 不遺尺寸, 寡人猶且淫佚而不收, 怨罪重積于百姓. 今天降禍于齊,
不加于寡人, 而加于夫子. 齊國之社稷危矣! 百姓將誰告夫?」

2.《說苑》君道篇

齊景公游於蓔, 聞晏子卒, 公乘輿素服, 驛而驅之, 自以爲遲, 下車而趨, 知不若車之速, 則又乘, 比至於國者四下而趨, 行哭而往矣, 至伏屍而號曰:「子大夫日夜責寡人, 不遺尺寸, 寡人猶且淫洙而不收, 怨罪重積於百姓. 今天降禍於齊國, 不加寡人而加夫子, 齊國之社稷危矣, 百姓將誰告矣?」

3.《文選》(58) 王仲寶〈褚淵碑〉注

晏子曰: 齊景公遊於菑. 晏子死. 公繁駟而馳, 自以爲遲, 下車而趨, 知不如車之馴, 則又乘之, 比至國四下. 而趨至則伏尸而哭曰:「百姓誰復告我惡邪?」

4.《文選》(59) 沈休文〈齊故安陸昭王碑〉注

晏子曰: 齊景公遊於淄. 晏子死. 公繁駟而馳, 自以爲遲, 下車而趨, 知不如車之馴, 則又乘之, 比至國四下. 而趨至, 則伏尸而哭:「百姓誰復告我惡邪?」

5. 기타《太平御覽》(487, 549) 및《群書治要》를 볼 것.

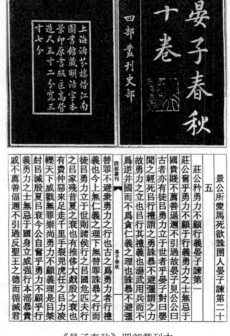

《晏子春秋》四部叢刊本

439(32-55)
위魏 소왕昭王과 맹상군孟嘗君

위魏 소왕昭王이 관리의 일에 간여하고 싶어 맹상군孟嘗君에게 말하였다.

"나는 관리의 일에 간여하고 싶소."

그러자 맹상군이 말하였다.

"왕께서 관리의 일에 간여하고 싶으시다면 어찌 법전을 시험 삼아 공부하지 않으십니까?"

소왕이 법전 십여 간簡을 읽다가 그만 졸음이 밀려와 누워버렸다.

그러면서 왕은 이렇게 말하였다.

"나는 이 법전을 읽어낼 수가 없구나."

무릇 자신이 직접 행사해야 할 권력의 자루는 놓아둔 채 신하고 의당 해야할 일이나 하고자 하니 잠이 쏟아지는 것 또한 당연하지 않겠는가?

魏昭王欲與官事, 謂孟嘗君曰:「寡人欲與官事.」

君曰:「王欲與官事, 則何不試習讀法?」

昭王讀法十餘簡而睡臥矣.

王曰:「寡人不能讀此法.」

夫不躬親其勢柄, 而欲爲人臣所宜爲者也, 睡不亦宜乎?

【魏昭公】 戰國시대 魏나라 군주. 이름은 遨. 魏 襄王의 아들로 B.C.295~
B.C.277년까지 19년간 재위하였으며 安釐王이 그 뒤를 이음.

【孟嘗君】 전국시대 齊나라 귀족이며 실권자. 이름은 田文. 靖郭君(田嬰)의 서자로
아버지를 이어 薛(지금의 山東 滕縣)에 봉해져 '薛公'이라고도 부르며 號는
孟嘗君. 齊 湣王 때 재상에 올랐으며 平原君(趙), 信陵君(魏), 春申君(楚)과
더불어 戰國四公子의 하나. 3천 식객을 거느려 많은 고사와 일화를 낳음. 湣王
7년(B.C.294) 田甲의 반란에 연루되어 魏나라로 달아나, 魏 昭王의 재상이 됨.
《史記》孟嘗君列傳,《戰國策》등을 참조할 것.

【簡】 형법을 기록한 대쪽. 竹簡을 말함. 그 무렵 종이가 없어 竹簡이나 木簡에
기록하였음.

440(32-56)
임금은 그릇, 백성은 물

공자가 말하였다.

"남의 군주가 된 자는 그릇과 같고 백성은 물과 같다. 그릇이 모가 나면 물의 모양도 모가 나고, 그릇이 둥글면 물의 모양도 둥글다."

孔子曰:「爲人君者, 猶盂也; 民, 猶水也. 盂方水方, 盂圜水圜.」

【盂】음식을 담는 그릇. 즉 사발. 鉢盂.
【圜】'圓'과 같음.

참고 및 관련 자료

1. 《尸子》處道篇
孔子曰:「君者, 盂也; 民者, 水也. 盂方則水方, 盂圓則水圓.」
2. 기타 《太平御覽》(760) 및 《群書治要》를 볼 것.

441(32-57)
갓끈 매기를 좋아한 추鄒나라 임금

추鄒나라 임금이 갓끈을 길게 매기를 좋아하자 좌우 측근들도 모두 갓끈을 길게 매어 갓끈 값이 아주 비싸졌다.

추나라 임금이 이를 걱정하여 좌우에 묻자 좌우들이 이렇게 말하였다.

"임금께서 매기를 좋아하셔서 백성들 또한 길게 매는 자가 많아 그 때문에 비싸진 것입니다."

임금이 이에 먼저 갓끈을 스스로 잘라 버리고 나타나자 도성 안에 모두가 긴 갓끈을 매는 자가 없게 되었다.

임금은 명령을 내려 백성의 복장 제도를 만들어 이를 금지하는 것은 할 수 없었으므로 이에 갓끈을 잘라 버리고 나와서 백성들에게 시범을 보였던 것이니 이는 자신이 먼저 욕을 봄으로써 백성에게 임하는 방법이다.

鄒君好服長纓, 左右皆服長纓, 纓甚貴.

鄒君患之, 問左右, 左右曰:「君好服, 百姓亦多服, 是以貴.」

君因先自斷其纓而出, 國中皆不服長纓.

君不能下令爲百姓服度以禁之, 乃斷纓出以示民, 是先戮以蒞也.

【鄒】고대 나라 이름. 邾, 邾婁라고도 불렀으며 이름을 鄒로 바꿈. 원래 周 武王이 祝融 八姓의 하나였던 邾俠(曹俠)을 封하여 부용국으로 삼았었으며 지금의 山東 鄒縣. 이 때문에 전국시대에 이름을 '鄒'로 바꾸었음. 曹姓이며 子爵 작위를 받았으나 魯나라에 예속되었다가 뒤에 楚나라에게 망함.

【戮】經文에는 '僇'으로 되어 있으며 '辱'과 같음. 모욕을 당함.《禮記》鄭玄 注에 "戮, 猶辱也"라 함.

【莅】'涖', '臨'과 같음.

参고 및 관련 자료

1.《太平御覽》(389, 686) 및《事類賦》(12)를 볼 것.

442(32-58)
사냥 결과물

숙향叔向은 사냥한 짐승을 나눌 때 공이 많은 자는 많이 받고 공이 적은 자는 적게 받도록 하였다.

叔向賦獵, 功多者受多, 功少者受少.

【叔向】羊舌肹. 晉나라 公室의 일족이며 上大夫. 士渥濁을 이어 太傅에 오름. 그러나 《國語》晉語(7)에 의하면 悼公(周)이 이미 그 무렵 태자였던 豹(平公)를 위해 叔向을 불러 태부로 삼았으며 그 뒤 진나라에 큰 영향을 미친 인물. '叔嚮'으로도 표기함.
【賦獵】 '賦'는 '分'(雙聲)의 뜻. 사냥의 성과물을 분배할 때 그 공에 따라 공평하게 함. 그러나 '獵'은 '祿'(두 글자 雙聲 관계)으로 풀이하기도 함. 《國語》晉語에 "賦祿任功"이라 한 것이 그 예임.

443(32-59)
한韓 소후昭侯와 신불해申不害

한韓 소후昭侯가 신자申子에게 말하였다.

"법도대로 하기란 실행하기가 무척 어렵군요."

신자가 말하였다.

"법이란 공이 드러나면 상을 주고, 능력에 따라 관직을 주는 것입니다. 지금 임금께서는 법도를 만들어 놓고는 도리어 좌우 측근들의 청탁을 들어주고 있으니 이것이 바로 실행하기 어려운 이유입니다."

소후가 말하였다.

"내 이제부터 법을 실행하는 방법을 알았소. 내 어찌 청탁을 받아들이겠소?"

어느 날 신자가 자신의 종형從兄을 관직에 나가 벼슬할 수 있도록 해달라고 청하였다.

소후는 이렇게 말하였다.

"그대에게 배운 것과는 다르오. 그대의 청탁을 들어주고 대신 그대의 도를 허물어뜨릴까요? 아니면 그대의 청탁을 거부할까요?"

신자는 집으로 돌아가 물러나 앉아 죄를 청하였다.

韓昭侯謂申子曰:「法度甚不易行也.」

申子曰:「法者, 見功而與賞, 因能而受官. 今君設法度而聽左右之請, 此所以難行也.」

　昭侯曰:「吾自今以來知行法矣, 寡人奚聽矣?」

　一日, 申子請仕其從兄官.

　昭侯曰:「非所學於子也. 聽子之謁, 敗子之道乎, 亡其
用子之謁?」

　申子辟舍請罪.

【韓昭侯】 전국시대 韓나라 군주. B.C.362~B.C.333년까지 30년간 재위함.
申不害를 재상으로 삼아 法家의 法術로써 나라를 잘 다스렸음.

【申子】 申不害. 그 무렵 韓나라 재상이었음. 韓非보다 백여 년 앞선 인물로 法家
사상으로 韓나라 昭侯를 도왔음.《史記》老莊申韓列傳에 "申不害者, 京人也,
故鄭之賤臣. 學術以干韓昭侯, 昭侯用爲相. 內脩政敎, 外應諸侯, 十五年. 終申子
之身, 國治兵彊, 無侵韓者. 申子之學本於黃老而主刑名. 著書二篇, 號曰《申子》"
라 함.

【謁】 請謁과 같음. 권력자에게 청탁함.

【亡】 '거절하다'의 뜻으로 보았으나 원래 이 구절은《戰國策》韓策에는 "又亡
其行子之術, 而廢子之謁乎?"라 하여 '抑'의 뜻으로 보아야 할 것임.

참고 및 관련 자료

1.《戰國策》韓策(1)

申子請仕其從兄官, 昭侯不許也. 申子有怨色. 昭侯曰:「非所謂學於子者也.
聽子之謁, 而廢子之道乎? 又亡其行子之術, 而廢子之謁(請)乎? 子嘗敎寡人
功勞, 視次第. 今有所求, 此我將奚聽乎?」申子乃辟舍請罪, 曰:「君眞其人也!」

444(32-60)
열흘 치의 식량

전문傳文 제 6조:

진晉 문공文公이 원原을 치면서 열흘 분의 식량을 싸도록 하고 대부들과 그 열흘을 기약하였다.

원에 이르러 열흘이 되었으나 원이 함락되지 않자 종을 치고 퇴각시켜 싸움을 그만두고 철수하려 하였다.

사병 가운데 원의 성안으로부터 탈출한 자가 있어 이렇게 말하였다.

"원은 사흘 안에 무너질 것입니다."

신하들과 좌우 측근들이 간하였다.

"무릇 원은 식량이 바닥나고 싸울 힘도 다하였습니다. 임금께서는 잠시만 기다려보시지요."

그러자 문공은 이렇게 말하였다.

"나는 병사들과 열흘을 기약하였다. 철수하지 않는다면 이는 나의 신의를 잃는 것이 된다. 원을 얻고 신의를 잃는 일이라면 나는 하지 않겠다."

드디어 싸움을 그만두게 하고 되돌아갔다.

원 사람이 이를 듣고 말하였다.

"임금이 되어 저렇게 신의가 있다면 그에게로 귀의하지 않을 수 있겠는가?"

그리고는 문공에게 항복하였다.

위衞나라 사람들도 이를 듣고 이렇게 말하였다.

"임금으로써 저렇게 신의가 있다면 그를 따르지 않을 수 있겠는가?"

그리고는 곧 문공에게 항복하였다.

공자가 이를 듣고 이렇게 기록하였다.
"원을 공격하여 위나라까지 얻은 것은 신의 때문이었다."

傳六:
晉文公攻原, 裹十日糧, 遂與大夫期十日.
至原十日而原不下, 擊金而退, 罷兵而去.
士有從原中出者, 曰:「原三日卽下矣.」
群臣左右諫曰:「夫原之食竭力盡矣, 君姑待之.」
公曰:「吾與士期十日, 不去, 是亡吾信也. 得原失信,
吾不爲也.」
遂罷兵而去.
原人聞曰:「有君如彼其信也, 可無歸乎?」
乃降公.
衛人聞曰:「有君如彼其信也, 可無從乎?」
乃降公.
孔子聞而記之曰:「攻原得衛者, 信也.」

【傳六】經文 제 6조에 대한 해설로 444~453까지 모두 10장이 들어 있음.
【文公】晉 文公. 重耳. 獻公의 둘째 아들. 驪姬의 핍박으로 19년간 해외 망명을
거쳐 귀국, 왕위에 오름. 뒤에 齊 桓公에 이어 春秋五霸의 지위에 오름.
B.C.636~B.C.628년까지 9년간 재위함.《史記》晉世家에 "重耳母, 翟之狐女也;
夷吾母, 重耳母女弟也. …自獻公爲太子時, 重耳固以成人矣"라 하였고,《國語》는
重耳의 망명 생활에 대하여 매우 많은 양을 자세히 싣고 있으며 晉語(4)에는
"狐氏出自唐叔. 狐姬, 伯行之子也, 實生重耳"라 함.《左傳》,《國語》,《史記》 등을
참조할 것.

【原】 지금의 河南 濟源縣 서북쪽 지역의 작은 나라.

【大夫】 여기서는 군의 지휘관 장교를 말함.

【擊金】 金은 鐘. 전투 때에 퇴각 명령은 종을, 진격 명령은 북을 사용함. 그러나
  兵法에는 퇴각시 '鑼'(징)를 울리는 것으로 되어 있음.

【士】 적정을 염탐하러 들어간 첩자.

【有君】 '爲君'과 같음.

【衛】 春秋戰國 시대의 나라 이름으로 원래 唐叔이 봉을 받았던 나라이며 지금의
  楚丘(河南 滑縣)를 도읍으로 하였음.

참고 및 관련 자료

1.《左傳》僖公 25年 傳

冬, 晉侯圍原, 命三日之糧. 原不降, 命去之. 諜出, 曰:「原將降矣.」軍吏曰:
「請待之.」公曰:「信, 國之寶也, 民之所庇也. 得原失信, 何以庇之? 所亡滋多.」
退一舍而原降. 遷原伯貫于冀. 趙衰爲原大夫, 狐溱爲溫大夫.

2.《國語》晉語(4)

文公伐原, 令以三日之糧. 三日而原不降, 公令疏軍而去之. 諜出曰:「原不過
一二日矣!」軍吏以告, 公曰:「得原而失信, 何以使人? 夫信, 民之所庇也, 不可失.」
乃去之, 及孟門, 而原請降.

3.《淮南子》道應訓

晉文公伐原, 與大夫期三日, 三日而原不降. 文公令去之, 軍吏曰:「原不過一二
日將降矣.」君曰:「吾不知原三日而不可得下也. 以與大夫期, 盡而不罷失信,
得原吾弗爲也.」原人聞之, 曰:「有君若此, 可弗降也.」遂降, 溫人聞亦請降.
故老子曰:「窈兮冥兮, 其中有精.」其精甚眞, 其中有信. 故美言可以市尊, 美行
可以加人.

4.《新序》雜事(四)

晉文公伐原, 與大夫期五日, 五日而原不降, 文公令去之. 吏曰:「原不過三日,
將降矣, 君不如待之.」君曰:「得原失信, 吾不爲也.」原人聞之, 曰:「有君義若此,
不可不降也.」遂降. 溫人聞之, 亦請降. 故曰:「伐原而溫降.」此之謂也. 於是
諸侯歸之, 遂侵曹伐衛, 爲踐土之會·溫之盟. 後南破强楚, 尊事周室, 遂成霸功,
上次齊桓, 本信由伐原也.

5.《呂氏春秋》爲欲篇

晉文公伐原, 與士期七日而原不下. 命去之. 謀士言曰:「原將下矣.」師吏請待之.
公曰:「信, 國之寶也. 得原失寶, 吾不爲也.」遂去之. 明年復伐原, 與士期必得
原然後反. 原人聞之, 乃下. 衛人聞之, 以文公之信爲至矣. 乃歸文公. 故曰:
「攻原得衛者, 此之謂也.」文公非不欲得原也, 以不信得言, 不若勿得也. 必誠
信以得之, 歸之者非獨衛也. 文公可謂知求欲矣.

6. 기타《資治通鑑》(周顯王 50年)을 볼 것.

445(32-61)
진晉 문공文公과 기정箕鄭

문공文公이 기정箕鄭에게 물었다.

"기아를 구제하려면 어찌하면 되겠소?"

기정이 대답하였다.

"신의를 지켜야 합니다."

문공이 물었다.

"어떤 신의인가?"

그가 말하였다.

"명칭에 신의를 지켜야 합니다. 그 명칭에 신의가 있으면 신하들이 직분을 지킬 것이요, 선악을 넘나들지 못할 것이며, 온갖 일에 게으름이 없게 될 것입니다. 일에 신의를 지키면 천시天時를 잃지 않게 될 것이요, 백성들은 자신의 일을 뛰어넘지 않게 될 것입니다. 그리고 의에 신의를 지키면 근신과 친척들은 부지런히 힘을 쓰고 멀리 있는 자는 찾아올 것입니다."

文公問箕鄭曰:「救餓奈何?」

對曰:「信.」

公曰:「安信?」

曰:「信名, 信名, 則群臣守職, 善惡不踰, 百事不怠;
信事, 則不失天時, 百姓不踰; 信義, 則近親勸勉而遠者
歸之矣.」

【文公】晉 文公. 重耳. 獻公의 둘째 아들. 驪姬의 핍박으로 19년간 해외 망명을
거쳐 귀국, 왕위에 오름. 뒤에 齊 桓公에 이어 春秋五霸의 지위에 오름.
B.C.636~B.C.628년까지 9년간 재위함.《史記》晉世家에 "重耳母, 翟之狐女也;
夷吾母, 重耳母女弟也. ……自獻公爲太子時, 重耳固以成人矣"라 하였고,
《國語》는 重耳의 망명 생활에 대하여 매우 많은 양을 자세히 싣고 있으며
晉語(4)에는 "狐氏出自唐叔. 狐姬, 伯行之子也, 實生重耳"라 함.《左傳》,《國語》,
《史記》등을 참조할 것.
【箕鄭】晉 文公을 섬긴 大夫. 箕鄭父로도 부르며, 士穀, 蒯得 등과 내란을 일으켰
다가 죽임을 당함.《左傳》을 참조할 것.
【信名】名은 관의 명칭. 명목과 명분을 바르게 세워 실제와 부합하도록 함. 戰國
시대 名家의 학설이기도 함. 한편 兪樾은 이 '信名' 다음에 '信義' '信事' 4글자가
있어야 한다고 보았음.

446(32-62)
오기吳起의 식사 약속

오기吳起가 외출하였다가 옛 친구를 만나자 가던 길을 멈추게 하고 함께 식사를 하기로 하였다.

친구가 말하였다.

"좋다. 방금 돌아와서 함께 식사를 하자."

오기가 말하였다.

"그대가 오기를 기다려 식사를 하겠노라."

그런데 친구가 저물도록 오지 않자 오기는 밥을 먹지 않고 그를 기다렸다.

이튿날 일찍 사람을 시켜 친구를 찾았다.

친구가 오자 비로소 그와 더불어 함께 식사를 하였다.

吳起出, 遇故人而止之食.

故人曰:「諾, 期返而食.」

吳子曰:「待公而食.」

故人至暮不來, 吳起至暮不食而待之.

明日早, 令人求故人.

故人來, 方與之食.

【吳起】孫子(孫臏)와 더불어 대표적인 병법가. 戰國時代 衛나라 左氏(지금의 山東
曹縣) 출신으로 용병과 병법에 뛰어나 처음 魯나라 장수를 거쳐 魏 文侯의
장수가 되어 中山을 정벌하고 秦나라 5개성을 점령하여 西河太守가 되기도 함.
그러나 武侯가 즉위하여 미움을 받자 楚나라로 달아나, 楚 悼王을 도와 개혁
정책을 실현하고 令尹에 오름. 그러나 悼王이 죽고 宗室의 亂에 枝解(支解)의
형을 당하여 생을 마침. 병법서《吳子》6편을 남김.《史記》吳起列傳 참조.
【期返而食】〈乾道本〉에는 "令返而御"로 되어 있으나《太平御覽》에 의해 수정함.

> 참고 및 관련 자료

1.《太平御覽》(849)을 볼 것.

447(32-63)
우인虞人과의 사냥 약속

위魏 문후文侯가 우인虞人과 사냥을 약속하였다.

이튿날 마침 날씨가 바람이 심하여 좌우 측근들이 말렸으나 문후는 듣지 않고 이렇게 말하였다.

"안 되오. 바람이 심하다고 해서 신의를 잃는 일을 나는 하지 않겠소."

그리하여 직접 수레를 몰아 달려가 바람을 무릅쓰고 우인을 쉬게 하였다.

魏文侯與虞人期獵.

明日, 會天疾風, 左右止, 文侯不聽, 曰:「不可. 以風疾之故而失信, 吾不爲也.」

遂自驅車往, 犯風而罷虞人.

【魏文侯】 전국시대 魏나라의 영명한 군주. 武侯의 아버지. 卜子夏·段干木·田子方, 翟璜 등을 보필로 삼아 가장 먼저 개혁정책을 폈으며, 七雄 가운데 최초로 부국강병을 꾀함. B.C.445~B.C.396년까지 50년간 재위함. 이름은 '斯'. 《史記》에는 '都'로 되어 있음.

【虞人】 왕후의 사냥터인 山澤과 苑囿를 관리하는 직책의 우두머리.
【罷虞人】 우인을 만나 사냥을 그치고 쉬도록 말함. 그러나 '우인이 나타나지 않아 그를 파면시켰다'는 뜻으로도 봄. 한편 '罷'는 '會'자의 오류로 '우인을 만났다'의 뜻으로도 봄.

참고 및 관련 자료

1.《戰國策》魏策(1)

文侯與虞人期獵. 是日, 飮酒樂, 天雨. 文侯將出, 左右曰:「今日飮酒樂, 天又雨, 公將焉之?」文侯曰:「吾與虞人期獵, 雖樂, 豈何不一會期哉?」乃往, 身自罷之. 魏於是乎始強.

2.《資治通鑑》周 威烈王 23년

文侯與羣臣飮酒, 樂, 而天雨. 命駕將適野. 左右曰:「今日飮酒樂, 天又雨, 君將安之?」文侯曰:「吾與虞人期獵, 雖樂, 豈可無一會期哉?」乃往, 身自罷之.

3. 기타《群書治要》를 볼 것.

448(32-64)
약속대로 돼지를 잡은 증자曾子

증자曾子의 아내가 시장에 가는데 그 아들이 따라오며 우는 것이었다. 어머니가 말하였다.

"너는 돌아가거라. 돌아와서 너를 위하여 돼지를 잡아주겠다."

처가 시장에 갔다 오자 증자가 돼지를 붙잡아 곧 잡으려 하고 있었다. 처가 말리며 말하였다.

"다만 어린아이와 농담으로 그랬을 뿐이라오."

증자가 말하였다.

"어린아이라고 해서 그와 거짓말을 하면 안 되오. 어린아이란 아는 것이 없어 부모를 의지하여 배우기 때문에 부모의 가르침을 듣는 것이오. 만약 자식을 속인다면 이는 자식에게 속임수를 가르치는 것이오. 어머니가 자식을 속이면 자식이 되어 어머니를 믿지 않게 될 터인 즉 가르침을 성취시키는 것이 못되오."

그리고는 돼지를 잡아 삶았다.

曾子之妻之市, 其子隨之而泣.

其母曰:「女還, 顧反爲女殺彘.」

妻適市來, 曾子欲捕彘殺之.

妻止之曰:「特與嬰兒戲耳.」

曾子曰:「嬰兒非與戲也. 嬰兒非有知也, 待父母而學者也, 聽父母之教. 今子欺之, 是教子欺也. 母欺子, 子而不信其母, 非以成教也.」

遂烹彘也.

【曾子】曾參. 자는 子輿. 춘추시대 魯나라 南武城 출신으로 曾點(曾晳)의 아들이며 曾元의 아버지. 公子 제자로 효성으로 이름이 높았음. 子思(孔伋)에게 학문을 전하여《大學》을 짓도록 하였다 하며《孝經》은 증자가 정리한 것이라 함. 한편 본장의 이 고사와 비슷한 이야기는 孟子(孟軻)의 일로 실려 있음.
【顧反】'顧'와 '反' 두 글자 모두 되돌아옴을 뜻함.

참고 및 관련 자료

1.《韓詩外傳》(9)

孟子少時, 東家殺豚. 孟子問其母曰:「東家殺豚, 何以爲?」母曰:「欲啖汝.」其母自悔而言曰:「吾懷妊是子, 席不正, 不坐; 割不正, 不食; 胎教之也. 今適有知而欺之, 是教之不信也.」乃買東家豚肉以食之, 明不欺也.《詩》曰:『宜爾子孫, 繩繩兮.』言賢母使子賢也.

2.《藝文類聚》(94)

《韓詩外傳》曰: 孟子少時, 東家嘗殺猪, 孟子問其母曰:「東家殺猪, 何以爲?」其母曰:「欲啖汝.」其母悔失言曰:「吾懷妊是子, 席不正, 不坐; 割不正, 不食; 胎教之也. 今適有知而欺之, 是教之不信也.」乃買東家猪肉以食之, 明不欺也.

3. 기타《群書治要》(40)를 볼 것.

449(32-65)
잘못 울린 북소리

초楚 여왕厲王은 경보를 내릴 때면 북을 쳐서 백성과 함께 경계하였다.
그런데 술을 마셔 취한 끝에 잘못 북을 쳐서 백성들이 크게 놀랐다.
그러자 사람을 시켜 저지하며 이렇게 말하도록 하였다.
"내가 술에 취하여 측근들과 장난을 하다가 잘못 친 것이다."
그리하여 백성들이 모두 흩어졌다.
몇 달이 지나 경계할 일이 있어 북을 쳤으나 백성들이 달려오지 않는
것이었다.
이에 다시 명령을 내려 분명히 전한 다음에야 백성들은 이를 믿게
되었다.

楚厲王有警, 鼓與百姓爲戒.
飮酒醉, 過而擊, 民大驚.
使人止之, 曰:「吾醉而與左右戲, 而擊之也.」
民皆罷.
居數月, 有警, 擊鼓而民不赴.
乃更令明號而民信之.

【楚厲王】蚡冒. 楚나라 군주. 霄敖의 아들이며 이름은 熊眴, 시호는 厲王.
B.C.757~741년까지 17년간 재위함. 楚 武王의 아버지.《史記》楚世家에 “霄敖
六年卒, 子熊眴立, 是爲蚡冒. 蚡冒十七年卒, 蚡冒弟熊通弑蚡冒子而代立, 是爲
楚武王”이라 하여 武王(熊通)의 형이라고도 함.

【有警】비상시 경보장치. 적의 침입을 알림.

【爲戒】다른 판본에는 ‘爲戌’로 되어 있으나 ‘戒’와 ‘戌’의 두 글자가 비슷하여
混淆를 일으킨 것임.

【明號】호령을 확실하게 함.

참고 및 관련 자료

1.《太平御覽》(582) 및《事類賦》(21)를 볼 것.

450(32-66)
불신의 결과(1)

이회李悝가 군문軍門의 좌우 병사들에게 이렇게 경계하였다.

"엄격하게 경계하라! 적군이 곧 다가와서 너희들을 칠 것이다."

이렇게 하기를 두 번 세 번, 그러나 적은 오지 않았다.

좌우 군문의 병사들은 군기가 해이해지고 태만해져서 이회의 말을 믿지 않게 되었다.

몇 달이 지나 진秦나라 군대가 습격해 와서 그 군대가 거의 전멸하기에 이르렀다.

이는 불신으로 인해 벌어진 재앙이다.

李悝警其兩和, 曰:「謹警! 敵人旦暮且至擊汝.」

如是者再三而敵不至.

兩和懈怠, 不信李悝.

居數月, 秦人來襲之, 至幾奪其軍.

此不信患也.

【李悝】 '悝'는 '회'로 읽음. 李克으로도 알려짐. 子夏의 제자. 전국초기 魏나라 사람으로 法家의 초기 인물. 일찍이 魏 文侯의 재상이 되어 變法을 시행, 世卿

世祿의 제도를 폐지하고 功過와 能力에 따라 상벌을 내리는 행정을 실천함.
이로써 魏나라 강국으로 발전하게 되었으며 《晉書》刑法志에 "律文起自李悝,
撰次諸國法, 著《法經》"이라 하여 각국 법률을 참작, 최초의 법전 《法經》이라는
책을 편찬하기도 하였으나 지금은 전하지 않음. 그의 언론은 《漢書》食貨志
에도 실려 있음. 《漢書》藝文志에는 《李子》(32篇 名悝, 相魏文侯, 富國彊兵)가
저록되어 있음.
【兩和】 좌우 軍門의 병사를 가리킴. '和'는 군의 진지를 표시하려고 세운 기둥.
'桓', 혹은 '華'로도 표기함.
【旦暮】 아침 저녁. 여기서는 막 눈앞에 다가옴을 뜻함.

451(32-67)
불신의 결과(2)

일설에는 이렇게 전하고 있다.

이회李悝가 진秦나라 군대와 전투를 하면서 왼쪽 군문의 병사들에게 말하였다.

"속히 올라가라. 오른쪽 병사들은 이미 모두 올라갔다."

그리고 다시 달려가서 오른쪽 군문에게 말하였다.

"왼쪽 병사들은 벌써 다 올라갔다."

좌우 군문의 병사들이 말하였다.

"올라가자."

그리하여 서로 다투어 올라갔다.

그 이듬해 다시 진나라 군대와 전투가 벌어져 진나라 군사가 습격하여 거의 군사를 전멸시키기에 이르렀다.

이는 불신으로 인해 벌어진 재앙이다.

一曰: 李悝與秦人戰, 謂左和曰:「速上! 右和已上矣.」

又馳而至右和曰:「左和已上矣.」

左右和曰:「上矣.」

於是皆爭上.

其明年, 與秦人戰.

秦人襲之, 至幾奪其軍.
此不信之患.

【一曰】 앞에 제시한 故事나 逸話가 달리 전할 때 韓非는 다음에 같은 내용을
실되 '一曰'이라 하여 구분하였음.

【李悝】 '悝'는 '회'로 읽음. 李克으로도 알려짐. 子夏의 제자. 전국초기 魏나라
사람으로 法家의 초기 인물. 일찍이 魏 文侯의 재상이 되어 變法을 시행, 世卿
世祿의 제도를 폐지하고 功過와 能力에 따라 상벌을 내리는 행정을 실천함.
이로써 魏나라 강국으로 발전하게 되었으며 《晉書》 刑法志에 "律文起自李悝,
撰次諸國法, 著《法經》"이라 하여 각국 법률을 참작, 최초의 법전 《法經》이라는
책을 편찬하기도 하였으나 지금은 전하지 않음. 그의 언론은 《漢書》 食貨志
에도 실려 있음. 《漢書》 藝文志에는 《李子》(32篇 名悝, 相魏文侯, 富國彊兵)가
저록되어 있음.

【上】 성벽 위로 올라가 적을 공격하거나 방어에 나섬.

452(32-68)
진술을 거꾸로

서로 소송을 벌이는 자가 있어 자산子産이 따로 떼어 놓아 말을 서로 통할 수 없도록 하고는 그 말을 거꾸로 일러서 사실을 알아내었다.

有相與訟者, 子産離之而毋使通辭, 到至其言以告而知也.

【子産】公孫僑. 子國(公孫成)의 아들. 뒤에 鄭나라의 훌륭한 宰相이 되어 孔子가 자주 칭찬한 인물. 東里에 살아 東里子産으로도 불렸으며 簡公과 定公을 보필하여 40여년 정나라는 안정을 누렸음.《左傳》및《史記》鄭世家 참조.
【相與訟】두 사람이 서로 함께 소송을 제기함.
【到其言】'到'는 '倒'와 같음. 한 쪽의 진술을 거꾸로 다른 쪽에 말해줌.

> **참고 및 관련 자료**

1.《韓非子》317에도 같은 내용이 실려 있어 顧廣圻는 "藏本同. 今本無自此至末. 按皆複出〈七術〉, 不當有也"라 함.

뇌물을 주고 관문을 통과

위衛 사공嗣公이 사람을 위장시켜 관문을 통과하도록 하였더니 관문지기가 그를 꾸짖는 것이었다. 이에 관문지기에게 돈을 주자 관문지기가 그를 통과시켜 주었다.

사공이 관문지기에게 말하였다.

"모시某時에 통과하는 객이 있었는데 너에게 돈을 주자 그제야 통과시켜 주었다."

관문지기가 크게 놀라 사공을 명찰한 분이라 여겼다.

惠嗣公使人僞關市, 關市呵難之; 因事關市以金, 關市乃舍之.

嗣公謂關市曰:「某時有客過而予汝金, 因譴之.」

關市大恐, 以嗣公爲明察.

【惠嗣公使人僞關市】王先愼은 "惠, 當作衛; 僞, 當作過"라 하여 "衛嗣公使人過關市"가 되어야 함.

【呵難之】꾸짖으며 통과시키지 않음. '難'은 통과를 어렵게 만듦.

【譴之】'譴'은 '遣'과 같음. 그러나 〈集解〉에는 '舍之'로 되어 있음.